权威 · 前沿 · 原创

皮书系列为
“十二五”“十三五”国家重点图书出版规划项目

吉林省社会科学院智库项目

吉林省城市竞争力蓝皮书

BLUE BOOK OF
JILIN PROVINCE'S URBAN COMPETITIVENESS

吉林省城市竞争力报告（2018~2019）

ANNUAL REPORT ON URBAN COMPETITIVENESS OF JILIN PROVINCE (2018-2019)

城市辐射半径、网络地图数据与城市竞争力

主　　编／崔岳春　张　磊
副 主 编／赵光远　徐　嘉　徐海东　孙葆春
特邀主编／王树贵　孙克强　徐剑锋

社会科学文献出版社
SOCIAL SCIENCES ACADEMIC PRESS (CHINA)

图书在版编目(CIP)数据

吉林省城市竞争力报告. 2018 ~2019：城市辐射半径、网络地图数据与城市竞争力 / 崔岳春，张磊主编. -- 北京：社会科学文献出版社，2019. 4
（吉林省城市竞争力蓝皮书）
ISBN 978 -7 -5201 -4351 -6

Ⅰ. ①吉… Ⅱ. ①崔… ②张… Ⅲ. ①城市 - 竞争力 - 研究报告 - 吉林 - 2018 - 2019 Ⅳ. ①F299. 273. 4

中国版本图书馆 CIP 数据核字（2019）第 031932 号

吉林省城市竞争力蓝皮书

吉林省城市竞争力报告（2018 ~2019）

——城市辐射半径、网络地图数据与城市竞争力

主　　编 / 崔岳春　张　磊
副 主 编 / 赵光远　徐　嘉　徐海东　孙葆春
特邀主编 / 王树贵　孙克强　徐剑锋

出 版 人 / 谢寿光
责任编辑 / 王玉霞
文稿编辑 / 杨　木

出　　版 / 社会科学文献出版社 · 城市和绿色发展分社（010）59367143
地址：北京市北三环中路甲 29 号院华龙大厦　邮编：100029
网址：www. ssap. com. cn
发　　行 / 市场营销中心（010）59367081　59367083
印　　装 / 三河市东方印刷有限公司

规　　格 / 开 本：787mm × 1092mm　1/16
印 张：20. 75　字 数：309 千字
版　　次 / 2019 年 4 月第 1 版　2019 年 4 月第 1 次印刷
书　　号 / ISBN 978 -7 -5201 -4351 -6
定　　价 / 98. 00 元

感谢中国社会科学院城市与竞争力研究中心对吉林省城市竞争力报告提供数据支持。

感谢吉林省财政厅提供专项经费支持。

《吉林省城市竞争力报告（2018～2019）》
编 委 会

吉林省社会科学院
城乡发展研究中心简介

吉林省社会科学院城乡发展研究中心（以下简称“研究中心”）成立于2015年1月，由吉林省社会科学院农村发展研究所和城市发展研究所联合成立，致力于开展以新型城镇化发展、城市（镇）功能提升、新农村建设等为重点的研究工作，以应对新型城镇化发展需要，推进吉林省统筹发展进程，深入支撑新型智库建设。

研究中心自成立以来，与吉林省省直部门和各市（州）政府等政策需求部门展开合作，与其他智库机构和高校进行学术交流。目前，研究中心正在开展吉林省城乡经济、城市管理、城市竞争力以及县域经济发展等方面研究。

吉林省社会科学院
城乡空间演化实验室简介

吉林省社会科学院城乡空间演化实验室（以下简称“实验室”）是依托于吉林省社会科学院城乡发展研究中心的数据分析平台和科学研究平台。实验室的主要任务是建设三大平台：一是统计数据、空间数据和问卷调查数据的整合平台；二是以计量经济模型、空间经济模型、竞争力评价模型等为基础，将系统内置模型与自主设计模型相结合的模型设计平台；三是以数据整合平台和模型设计平台为基础，展示学术观点和成果影像的成果展示平台。从数据整合、模型设计、成果展示三个层面深化研究、打造品牌、提升竞争力。

自成立以来，实验室研究团队在新型城镇化发展、城乡功能提升、新农村建设等领域积极进行有益探索，通过问卷调查等形式开展省情调查和研究工作，对现有城乡发展规划的实施和政策的落实开展评估工作。实验室将陆续与发改、农业、民政、城建、科技、财政等政策需求部门展开合作，与中国社会科学院、广东省社会科学院等国内智库机构以及俄罗斯、韩国等国的智库机构开展学术交流。

主要编撰者简介

崔岳春　男，1964 年生，吉林省长春市人。现任吉林省社会科学院城市发展研究所所长、研究员，中国软科学研究会第五届理事会常务理事，吉林省数量经济学会理事。1985 年 7 月毕业于吉林农业大学。主要从事数量经济、区域经济研究。1992 年设计吉林省首个数量经济学模型，并多年参与《吉林蓝皮书》总报告编写。发表《演化经济地理学：新范式还是“新瓶装旧酒”》等文章 40 余篇。出版《吉林省中部城市群集合效能研究》等专著 3 本。负责《吉林省科技发展第十二个五年规划》初稿的起草工作，并承担相关的前期研究课题。主持多项省级课题的研究。

张　磊　男，1962 年生，辽宁省黑山县人。现任吉林省社会科学院农村发展研究所所长、研究员，中共吉林省委决策咨询委员会委员，吉林省有突出贡献的中青年专家。北华大学、吉林财经大学客座教授、硕士研究生导师，吉林省农业农村经济研究会会长。长期从事“三农”问题和区域经济研究。1990 年以来，共完成科研成果 100 余项，其中主持国家科委软科学课题 1 项、主持省部级课题 10 余项，在省级以上报刊发表论文 60 余篇，出版 2 部学术著作，获省部级优秀成果奖 6 项，多篇咨询报告获得中共吉林省委领导肯定性批示。

赵光远　男，1980 年生，满族。吉林省社会科学院城市发展研究所副所长、副研究员，中国软科学研究会第五届理事会常务理事。主要从事科技创新与区域发展研究。出版著作《科技创新引领区域发展》《农业信息化与新农村建设》，在省级以上报刊发表《吉林省科技创新投入对经济增长贡献的跟踪研究》《新时期科技创新引领区域发展案例研究》《赋予评价体系以人文精神》等论文10余篇。主持、负责完成多项省部级课题。《新时期大图们江地区开发与东北亚经济技术合作研究》获吉林省第九届哲学社会科学优秀成果（论文奖）一等奖，《吉林省提升自主创新能力的20条建议》获吉林省第十届哲学社会科学优秀成果（咨询成果类）一等奖。

徐　嘉　女，1983年生，吉林省长春市人，先后就读于吉林大学和东北师范大学，获研究生学历。现就职于吉林省社会科学院城市发展研究所，副研究员，主要从事城市发展与产业经济研究。先后主持及参与国家社科基金等各级各类课题70余项。多次参与《东北蓝皮书》和《吉林蓝皮书》的编写工作，主持和参与编著了多部著作。在省级以上报纸、杂志发表论文20余篇。

徐海东　男，1991年生，江苏宿迁人。中国社会科学院研究生院博士研究生，安徽大学理学学士，华侨大学经济学硕士，主要从事城市经济学和房地产经济学研究。《全球城市竞争力报告》课题组、《中国城市竞争力报告》课题组成员，《中国城市竞争力报告No. 16》副主编，先后参与国家自然科学基金项目、中央及地方科研项目多项，参与撰写《全球城市竞争力报告（2017～2018）》《全球城市竞争力报告（2018～2019）》《中国城市竞争力报告No. 16》等书。

孙葆春　女，1975年生，山东省潍坊市人。吉林省社会科学院农村发展研究所副研究员。主要从事农业经济理论与政策、农村发展研究。发表论文、研究报告30余篇，其中《中国地理标志产品发展运行机制与完善》《订单农业中诚信影响因素的结构分析》《对农村经济个体失信行为加强监管的困惑与对策》等17篇文章发表在中文核心期刊上。主持科研项目15项，其中省级项目5项。参与国家社科基金、教育部人文社科项目、省级及地方各级项目多项。主持项目获得山东软科学优秀成果三等奖2项，沈阳市社会科学立项管理课题优秀成果二等奖1项。

摘　要

本书分为主题报告、综合报告、地级市竞争力报告、县级市竞争力报告和专题报告五个部分。主题报告以“城市辐射半径、网络地图数据与城市竞争力”为主题，提出数字经济时代，城市发展离不开“朋友圈”，更离不开网络数据平台。城市的辐射半径能否衔接重合，是城市间能否形成伙伴关系的关键；城市的形象数据能够在网络平台体现，并为其他城市、群众所搜索，是建立城市间信任关系的重要因素。综合报告包括2017年度吉林省地级市和县级市的竞争力排名和情况综述，全面总结了全省各市竞争力的发展概况和综合表现。地级市竞争力报告汇总了吉林省8个地级市的竞争力报告，深入分析各市竞争力发展的现状与优势、问题与不足、现象与规律等，从而有针对性地提出促进城市竞争力提升的政策建议。县级市竞争力报告包括吉林省4个主要县级市的竞争力报告，从综合经济竞争力、宜居竞争力、可持续竞争力等方面分析主要县级市的竞争力发展现状及趋势，为全省各县级市明确发展方向提供决策参考。专题报告包括吉林市与绵阳市、宜昌市比较研究，浙江环杭州湾城市群城市竞争力评价，江苏城市竞争力的评价分析与提升途径3篇研究报告，从不同角度提出了实现吉林省城市竞争力提高的对策建议。

目　录

Ⅰ　主题报告

B.1　城市辐射半径、网络地图数据与城市竞争力 …………… 赵光远 / 001

Ⅱ　综合报告

B.2　吉林省城市竞争力（地级市）2017年度排名 …………………… / 036
B.3　吉林省城市竞争力（地级市）2017年度综述 …… 崔岳春　徐　嘉 / 038
B.4　吉林省城市竞争力（县级市）2017年度排名 …………………… / 056
B.5　吉林省城市竞争力（县级市）2017年度综述 …………… 孙葆春 / 059

Ⅲ　地级市竞争力报告

B.6　吉林省城市竞争力（长春市）报告 ……………………… 姚震寰 / 080
B.7　吉林省城市竞争力（吉林市）报告 ……………………… 王晓群 / 099
B.8　吉林省城市竞争力（四平市）报告 ……………………… 李　平 / 117
B.9　吉林省城市竞争力（松原市）报告 ……………………… 张丽娜 / 132
B.10　吉林省城市竞争力（通化市）报告 …………………… 吴　妍 / 148
B.11　吉林省城市竞争力（辽源市）报告 …………………… 刘　恋 / 162

B.12 吉林省城市竞争力（白城市）报告 …………………… 常春辉 / 176
B.13 吉林省城市竞争力（白山市）报告 …………………… 王天新 / 192

Ⅳ 县级市竞争力报告

B.14 吉林省城市竞争力（梅河口市）报告 ………………… 于 凡 / 207
B.15 吉林省城市竞争力（集安市）报告 …………………… 李冬艳 / 221
B.16 吉林省城市竞争力（延吉市）报告 …………………… 丁 冬 / 236
B.17 吉林省城市竞争力（敦化市）报告 …………………… 倪锦丽 / 252

Ⅴ 专题报告

B.18 吉林市与绵阳市、宜昌市比较研究 …………………… 张立巍 / 265
B.19 浙江环杭州湾城市群城市竞争力评价 ………………… 吴晓露 / 274
B.20 江苏城市竞争力的评价分析与提升途径 ……………… 方维慰 / 287

B.21 后记 …………………………………………………………… / 296

Abstract …………………………………………………………… / 297
Contents …………………………………………………………… / 298

皮书数据库阅读**使用指南**

主题报告

Subject Report

B.1 城市辐射半径、网络地图数据与城市竞争力

——兼论新时代吉林省城市发展的突破口

赵光远*

摘　要： 城市的辐射半径能否衔接重合，是城市间能否形成伙伴关系的关键；城市的形象数据能够在网络平台体现，并为其他城市、群众所搜索，是建立城市间信任关系的重要因素。为此，从城市辐射半径、网络地图数据两个角度对城市竞争力的原因进行剖析，具有一定的理论价值和实践意义，能够对城市竞争力研究发挥一定的补充作用，同时也能另辟蹊径加速吉林省城市发展步伐。

* 赵光远，吉林省社会科学院城市发展研究所副所长，副研究员，研究方向：科技创新与区域发展。

关键词： 吉林省 城市群 城市竞争力

数字经济时代，更是共享经济时代，城市发展离不开“朋友圈”，更离不开网络数据平台。城市的辐射半径能否衔接重合，是城市间能否形成伙伴关系的关键；城市的形象数据能够在网络平台体现，并为其他城市、群众所搜索，是建立城市间信任关系的重要因素。本文依托作者近两年来对网络地图数据（主要是百度地图数据）的采集和关注，从城市辐射半径、网络地图数据两个角度对城市竞争力的原因进行了剖析，并针对吉林省城市发展进行了典型分析，提出一系列对策建议。

一 城市辐射半径与城市群发展态势

城市的辐射半径是一个难以精确测算的概念，但不可否认的是，城市的辐射半径与其城区人口规模、城市经济体量具有很强的正相关关系。为此，本文在一定的假设前提下对城市辐射半径与城市群发展态势进行了分析。

（一）三个假设前提

（1）以城区人口规模、城市经济总量、城市经济密度三者的几何平均数确定城市辐射半径参数。

（2）由于统计数据可比性原因，本文仅分析城区人口在20万以上的地级以上城市（含暂住人口）。

（3）假设国内城市辐射最远距离为400公里（相当于上海到合肥的距离），并以此将城市辐射半径参数调整为城市辐射距离。

（二）城市辐射半径

本文以2018年上半年各城市GDP和《2016年城市建设统计年鉴》公布的城区人口数据以及网络查询的各城市土地面积数，对全国城区人口在

20万人以上的城市（共计311个）的辐射能力进行了测算。

在311个城市中，北、上、广、深四个一线城市辐射半径均超过200公里，辐射半径超过100公里但低于200公里的城市有10个，辐射半径超过50公里但低于100公里的城市有20个，辐射半径超过20公里但低于50公里的城市有66个。其余211个城市的辐射半径均小于20公里，有47个城市的辐射半径小于5公里。

在辐射半径大于50公里的34个城市中，除四大直辖市外，江苏有6个城市，广东有5个城市，山东有4个城市，浙江、辽宁、河南、福建各有2个城市，湖北、湖南、河北、江西、四川、陕西、安徽各有1个城市。

在辐射半径大于20公里的100个城市中，除四大直辖市外，山东有16个城市，江苏有13个城市，广东有12个城市，浙江、河南各有9个城市，河北有5个城市，福建有4个城市，安徽、湖北、湖南各有3个城市，四川、内蒙古、辽宁、黑龙江、广西各有2个城市，甘肃、贵州、海南、吉林、江西、陕西、山西、新疆、云南各有1个城市（见表1）。

（三）五个重要态势

通过在地图上标注以上前100位城市的辐射范围，可以发现中国城市格局正呈现出“三带六圈（群）”的新态势。

第一，沿海城市连绵带已经基本形成。由环渤海城市群，沿黄海、东海、南海诸城市组成的沿海城市连绵带已经基本形成，除辽宁、广西、海南三省区沿海城市以及苏鲁两省交会地区城市辐射能力相对略弱外，其他地区沿海城市辐射能力均已对接成带。

第二，京港城市连绵带和沿江城市连绵带正在加速形成。由京津冀城市群、中原城市群、武汉城市圈、长株潭一体化区域以及珠三角城市群所构成的京港高铁沿线城市带发展迅速，汇聚了多个辐射距离超100公里的城市，未来有望打造超级城市带。由长三角城市群、长江中游城市群、成渝城市群组成的沿江城市连绵带，也汇聚了多个辐射距离超100公里的城市，同时长三角城市群龙头地位明显，具备了打造超级城市带的基础。

表 1　城市辐射半径前 100 强名单

排名	城市	辐射半径（km）	辐射面积（km^2）	辐射面积占市域比重（%）	排名	城市	辐射半径（km）	辐射面积（km^2）	辐射面积占市域比重（%）	排名	城市	辐射半径（km）	辐射面积（km^2）	辐射面积占市域比重（%）	排名	城市	辐射半径（km）	辐射面积（km^2）	辐射面积占市域比重（%）
1	上海	400	502655	7928	26	沈阳	59	11079	85	51	临沂	36	4152	24	76	保定	24	1850	8
2	深圳	367	423549	20968	27	南昌	53	8758	113	52	惠州	36	4128	37	77	许昌	24	1740	35
3	北京	250	196682	1198	28	福州	52	8612	73	53	盐城	34	3737	22	78	南阳	23	1722	6
4	广州	242	183406	2466	29	烟台	52	8587	63	54	哈尔滨	34	3730	7	79	日照	23	1680	31
5	天津	175	96608	812	30	淄博	51	8258	138	55	芜湖	34	3561	59	80	滨州	23	1630	18
6	武汉	138	60157	709	31	石家庄	51	8208	56	56	淮安	34	3552	35	81	莆田	23	1615	41
7	东莞	137	59321	2362	32	珠海	50	7904	466	57	威海	33	3513	61	82	菏泽	22	1586	13
8	南京	136	58437	887	33	徐州	50	7808	69	58	台州	32	3313	35	83	宜昌	22	1570	7
9	苏州	130	52923	645	34	洛阳	50	7749	124	59	泰安	32	3193	41	84	开封	22	1512	24
10	成都	123	47619	394	35	汕头	49	7464	352	60	南宁	31	3061	14	85	舟山	22	1503	104
11	重庆	106	35047	43	36	太原	48	7230	105	61	邯郸	31	3034	25	86	马鞍山	22	1492	37
12	郑州	105	34892	465	37	泉州	48	7174	66	62	东营	31	3026	35	87	宿迁	22	1476	17
13	无锡	105	34516	746	38	长春	47	7041	34	63	海口	31	2965	128	88	湘潭	22	1460	29
14	青岛	100	31220	282	39	唐山	47	6843	49	64	乌鲁木齐	31	2940	21	89	柳州	22	1458	8
15	杭州	98	30344	183	40	中山	47	6798	384	65	枣庄	29	2615	57	90	湛江	22	1454	12
16	佛山	91	26006	671	41	温州	45	6287	53	66	兰州	27	2332	18	91	茂名	21	1406	12
17	厦门	86	23445	1546	42	扬州	44	6101	93	67	湖州	27	2310	40	92	株洲	21	1394	12
18	宁波	81	20682	221	43	绍兴	43	5892	71	68	聊城	27	2259	26	93	揭阳	21	1391	26
19	长沙	81	20514	174	44	嘉兴	43	5828	149	69	金华	27	2221	20	94	廊坊	21	1390	22
20	西安	76	18147	180	45	镇江	42	5436	141	70	连云港	27	2215	29	95	新乡	21	1342	16
21	济南	76	18054	221	46	泰州	41	5385	93	71	江门	26	2160	23	96	平顶山	21	1330	17
22	常州	72	16063	367	47	昆明	40	4955	23	72	焦作	26	2068	51	97	安阳	21	1325	18
23	合肥	65	13467	117	48	贵阳	40	4950	62	73	德州	26	2054	20	98	包头	20	1306	5
24	南通	64	12748	159	49	济宁	39	4765	43	74	襄阳	25	2002	10	99	自贡	20	1267	29
25	大连	61	11740	89	50	潍坊	38	4445	28	75	呼和浩特	25	1915	11	100	大庆	20	1259	6

第三，三大超级城市群已经基本形成。环渤海城市群、长三角城市群和珠三角城市群，均汇聚了 3 个以上的辐射半径超过 100 公里的城市，5 个以上的辐射半径超过 50 公里的城市和 10 个以上的辐射半径超过 20 公里的城市。

第四，三大重要城市圈正在加速形成。以中原城市圈、武汉城市圈和成渝城市圈建设为依托的三大重要城市圈正在加速形成，依托成都、重庆、武汉、郑州四大辐射能力在 100 公里以上的城市，加强中小城市新动能培育，建设一批辐射距离在 20 公里以上的节点城市，这三大城市圈将成为中国城市经济发展的重要力量。

第五，中国城市辐射能力南强北弱、东强西弱态势依旧显著。仅以辐射半径 100 公里以上的 13 个城市看，除成都、重庆外，均位于京港线及其以东地区；除北京、天津、郑州外，均位于秦岭淮河以南地区。在辐射半径 40 公里以上的 46 个城市中，9 个沿边省区仅有 3 个城市（沈阳、大连、长春）入选，西北、西南多个省区没有辐射半径 40 公里以上的城市。在辐射半径 20 公里以上的 100 个城市中，东北、西北、西南三大区域的城市数也仅有 15 个。

二　网络地图数据与城市经济发展水平

网络地图上取得的相关数据，能够直接体现出一个城市的综合发展水平。本文以公司、制造公司、科技公司、投资公司、宾馆、酒店、银行、学校八个关键词，依据 2018 年 10 月 16 日下午在百度地图上采用分省区搜索方式获得的数据，综合考虑数据数量和密度，以企业之城、科技之城、制造之城、开放之城、金融之城、教育之城六个指数进行分析。

（一）“企业之城”指数

通过地图搜索到的公司数能够反映一个城市企业主体的发展规模，也能反映出这个城市企业主体在对外宣传方面的能力。同时城市企业主体的密度决定了这个城市企业主体的效益情况。为此，以企业主体数量和密度的几何平均数计算了311个城区人口在20万人以上城市的企业发展水平（见表2）。

企业数量方面。城市企业搜索数量大于6万个的只有长沙，大于5万个的城市有昆明、成都、上海、北京、深圳、沈阳、重庆、南宁，大于4万个的城市有大连、西安、武汉和哈尔滨，大于3万个的城市有贵阳、天津、广州、东莞、苏州、泉州、厦门、郑州。此外还有10个大于2万个的城市和34个大于1万个的城市。

企业密度方面。城市企业搜索数量的密度大于20个/千米^{2}的城市只有深圳和厦门，大于10个/千米^{2}的城市只有东莞，大于5个/千米^{2}的城市有上海、海口、中山、佛山、长沙，大于4个/千米^{2}的城市有贵阳、成都、武汉、广州、石河子、苏州、沈阳、西安、郑州。此外，大于2个/千米^{2}的城市有21个，大于1个/千米^{2}的城市有32个。

综合情况看，深圳是世界性的超级企业之城，综合得分达到1186.95，远高于其他城市；厦门、上海、东莞、长沙、成都综合得分在500以上，是全国性的企业之城；沈阳、武汉、贵阳、北京、海口、广州、西安、大连、昆明、苏州、天津、郑州、佛山、南宁、泉州综合得分在300以上，是重要的区域性“企业之城”。

（二）“科技之城”指数

从地图上搜索到的科技公司数据，虽然未必能够充分体现出一个地区的科技水平，但也能够充分地体现出一个地区追求科技发展的社会氛围。为此，以科技公司为关键字，统筹考虑科技公司数量、密度以及与公司总数的比例关系，测算了各城市科技公司集聚和发展能力，并以其对科技之城进行评价（见表3）。

从科技公司搜索数量看。达到6万个以上的城市只有深圳，达到3万个以上的城市只有北京，这两个城市占311个城市总数的1/6。达到2万个以上的城市有广州、苏州、上海、东莞，达到1万个以上的城市有杭州、成都、

表 2 “企业之城”前 100 强名单

单位：个，个/千米²

排名	城市	数量	密度	得分	排名	城市	数量	密度	得分	排名	城市	数量	密度	得分	排名	城市	数量	密度	得分
1	深圳	53346	26.41	1186.95	26	合肥	24740	2.15	230.74	51	盘锦	7869	1.91	122.58	76	汕头	3985	1.88	86.49
2	厦门	33634	22.19	863.83	27	南昌	19746	2.67	229.51	52	柳州	16431	0.88	120.31	77	衡水	8093	0.92	86.48
3	上海	58429	9.22	733.81	28	福州	24206	2.05	222.95	53	烟台	13977	1.02	119.61	78	漳州	9550	0.76	85.05
4	东莞	34561	13.76	689.57	29	乌鲁木齐	25653	1.86	218.47	54	金华	12041	1.10	115.23	79	咸阳	8562	0.83	84.43
5	长沙	62063	5.25	570.95	30	无锡	14227	3.07	209.13	55	保定	16974	0.77	114.09	80	绍兴	7646	0.93	84.15
6	成都	58666	4.85	533.37	31	宁波	20019	2.14	206.87	56	石家庄	13670	0.94	113.41	81	沧州	9673	0.72	83.29
7	沈阳	53066	4.09	465.78	32	台州	18780	2.00	193.57	57	淄博	8531	1.43	110.47	82	宝鸡	11127	0.61	82.57
8	武汉	40998	4.83	445.13	33	太原	15648	2.26	188.26	58	南通	9809	1.23	109.66	83	安阳	7045	0.96	82.15
9	贵阳	39412	4.91	439.68	34	重庆	52394	0.64	182.52	59	桂林	17736	0.64	106.36	84	扬州	6664	1.01	82.08
10	北京	54432	3.32	424.89	35	长春	26014	1.26	181.40	60	惠州	11197	1.00	106.00	85	莆田	5119	1.31	82.02
11	海口	20077	8.67	417.28	36	温州	19414	1.65	178.84	61	湘潭	7457	1.49	105.41	86	唐山	9639	0.70	81.97
12	广州	35644	4.79	413.35	37	洛阳	14091	2.26	178.28	62	临沂	13801	0.80	105.26	87	开封	6442	1.03	81.51
13	西安	41168	4.07	409.52	38	杭州	22966	1.38	178.27	63	长治	11668	0.84	98.78	88	聊城	7611	0.87	81.50
14	大连	47027	3.55	408.73	39	哈尔滨	40170	0.76	174.18	64	济宁	10446	0.93	98.75	89	贵港	7949	0.75	77.22
15	昆明	59328	2.76	404.87	40	济南	15393	1.88	170.23	65	北海	5691	1.71	98.52	90	丹东	9453	0.63	77.11
16	苏州	34401	4.19	379.66	41	常州	10854	2.43	164.13	66	株洲	10256	0.91	96.70	91	徐州	8121	0.72	76.54
17	天津	38385	3.22	351.83	42	兰州	17961	1.37	157.03	67	鞍山	9196	0.99	95.61	92	镇江	4686	1.22	75.55
18	郑州	30124	4.01	347.68	43	嘉兴	9543	2.44	152.60	68	遵义	16550	0.54	94.38	93	岳阳	9196	0.62	75.44
19	佛山	21273	5.49	341.74	44	营口	11055	2.10	152.41	69	邢台	10393	0.86	94.31	94	常德	10012	0.55	74.26
20	南宁	50763	2.27	339.62	45	珠海	5823	3.44	141.52	70	石河子	1971	4.31	92.20	95	许昌	5186	1.04	73.51
21	泉州	34236	3.15	328.46	46	廊坊	10852	1.69	135.44	71	衡阳	11398	0.74	92.15	96	运城	8734	0.62	73.34
22	中山	12124	6.85	288.18	47	西宁	11578	1.51	132.12	72	锦州	9143	0.91	91.16	97	焦作	4629	1.14	72.54
23	银川	25305	2.85	268.63	48	潍坊	16593	1.03	130.62	73	邯郸	9990	0.83	90.95	98	濮阳	4601	1.08	70.44
24	青岛	26293	2.38	249.97	49	玉林	14800	1.15	130.62	74	新乡	8144	0.94	87.67	99	德州	7143	0.69	70.17
25	南京	19347	2.94	233.40	50	三亚	5697	2.97	130.08	75	德阳	6652	1.13	86.52	100	日照	5130	0.96	70.08

表3 “科技之城”前100强名单

单位：个，个/千米^2

排名	城市	数量	密度	比例	得分	排名	城市	数量	密度	比例	得分	排名	城市	数量	密度	比例	得分	排名	城市	数量	密度	比例	得分
1	深圳	62300	30.84	1.17	130.92	26	南通	3841	0.48	0.39	8.97	51	泉州	3063	0.28	0.09	4.26	76	东营	882	0.10	0.23	2.75
2	东莞	20217	8.05	0.58	45.66	27	惠州	3949	0.35	0.35	7.90	52	烟台	2363	0.17	0.17	4.10	77	马鞍山	610	0.15	0.22	2.74
3	广州	27634	3.72	0.78	43.02	28	温州	4669	0.40	0.24	7.63	53	济宁	1992	0.18	0.19	4.07	78	许昌	788	0.16	0.15	2.67
4	北京	35414	2.16	0.65	36.77	29	石家庄	4411	0.30	0.32	7.56	54	贵阳	2710	0.34	0.07	3.98	79	新乡	1086	0.13	0.13	2.63
5	苏州	23115	2.82	0.67	35.23	30	扬州	2527	0.38	0.38	7.16	55	台州	2133	0.23	0.11	3.80	80	梅州	942	0.06	0.32	2.62
6	上海	21855	3.45	0.37	30.43	31	汕头	1409	0.66	0.35	6.91	56	大连	3195	0.24	0.07	3.74	81	日照	778	0.15	0.15	2.58
7	南京	13299	2.02	0.69	26.43	32	金华	3472	0.32	0.29	6.83	57	长春	3022	0.15	0.12	3.72	82	保定	1857	0.08	0.11	2.57
8	杭州	18903	1.14	0.82	26.07	33	福州	4432	0.38	0.18	6.73	58	芜湖	1091	0.18	0.22	3.54	83	衢州	913	0.10	0.18	2.55
9	无锡	10345	2.24	0.73	25.62	34	镇江	1741	0.45	0.37	6.64	59	海口	1258	0.54	0.06	3.50	84	商丘	1046	0.10	0.16	2.52
10	厦门	8184	5.40	0.24	22.07	35	徐州	2954	0.26	0.36	6.56	60	连云港	1017	0.13	0.31	3.48	85	漯河	493	0.19	0.17	2.52
11	中山	5750	3.25	0.47	20.69	36	湖州	1937	0.33	0.38	6.28	61	临沂	2143	0.12	0.16	3.46	86	蚌埠	682	0.12	0.20	2.51
12	佛山	8625	2.23	0.41	19.82	37	泰州	1917	0.33	0.39	6.27	62	泰安	1192	0.15	0.22	3.45	87	滁州	1016	0.08	0.20	2.49
13	成都	16040	1.33	0.27	17.98	38	绍兴	2488	0.30	0.33	6.25	63	重庆	5506	0.07	0.11	3.38	88	肇庆	903	0.06	0.28	2.46
14	常州	6114	1.40	0.56	16.89	39	潍坊	4017	0.25	0.24	6.23	64	滨州	1143	0.12	0.26	3.34	89	兰州	1463	0.11	0.08	2.37
15	武汉	10895	1.28	0.27	15.49	40	南昌	3187	0.43	0.16	6.05	65	德州	1377	0.13	0.19	3.28	90	沧州	1199	0.09	0.12	2.36
16	珠海	3119	1.84	0.54	14.53	41	昆明	6057	0.28	0.10	5.59	66	揭阳	700	0.13	0.35	3.19	91	菏泽	996	0.08	0.14	2.27
17	宁波	7931	0.85	0.40	13.86	42	江门	2170	0.23	0.35	5.57	67	绵阳	1711	0.08	0.21	3.11	92	德阳	766	0.13	0.12	2.25
18	郑州	8239	1.10	0.27	13.52	43	盐城	2581	0.15	0.43	5.52	68	廊坊	1248	0.19	0.12	3.03	93	赣州	1841	0.05	0.13	2.25
19	合肥	8521	0.74	0.34	12.96	44	太原	2520	0.36	0.16	5.29	69	焦作	798	0.20	0.17	3.00	94	河源	739	0.05	0.32	2.25
20	嘉兴	3949	1.01	0.41	11.81	45	淄博	1957	0.33	0.23	5.28	70	枣庄	823	0.18	0.18	2.98	95	舟山	260	0.18	0.24	2.23
21	西安	8724	0.86	0.21	11.69	46	南宁	5079	0.23	0.10	4.87	71	唐山	1511	0.11	0.16	2.96	96	邯郸	1085	0.09	0.11	2.20
22	济南	5581	0.68	0.36	11.14	47	沈阳	4234	0.33	0.08	4.79	72	哈尔滨	3645	0.07	0.09	2.83	97	清远	779	0.04	0.33	2.19
23	长沙	9058	0.77	0.15	10.04	48	宿迁	1474	0.17	0.41	4.72	73	威海	879	0.15	0.17	2.80	98	鄂州	292	0.19	0.18	2.16
24	天津	7073	0.59	0.18	9.18	49	洛阳	1982	0.32	0.14	4.46	74	聊城	1127	0.13	0.15	2.78	99	银川	1302	0.15	0.05	2.14
25	青岛	6010	0.54	0.23	9.07	50	淮安	1550	0.15	0.34	4.34	75	秦皇岛	743	0.10	0.30	2.77	100	濮阳	573	0.13	0.12	2.12

南京、武汉、无锡。以上 11 个城市的科技公司搜索数量占 311 个城市总数的 44.5%。此外，有 15 个城市的科技公司搜索数量达到了 5000 个以上，在 1000 个到 5000 个之间的城市数量为 61 个。

从科技公司搜索数量的密度看。只有 18 个城市的密度达到了 1 个/千米^2。深圳最高，超过了 30 个/千米^2，东莞和厦门都达到了 5 个/千米^2 以上。广州、上海、中山、苏州、无锡、佛山、北京、南京都达到了 2 个/千米^2 以上。珠海、常州、成都、武汉、杭州、郑州、嘉兴都达到了 1 个/千米^2 以上。

从科技公司与公司搜索数量的比例看。深圳市最高，比例达到 1 以上；杭州位居其次，比例在 0.8 以上；广州、无锡比例都达到了 0.7 以上，南京、苏州、北京、东莞、常州、珠海比例都达到了 0.5 以上。此外，还有 30 个城市比例达到了 0.3 以上。

综合来看，深圳市是国内超级科技之城，得分达到 130.92，远超其他城市。东莞、广州的得分达到了 40 以上，北京、苏州、上海的得分达到了 30 以上，南京、杭州、无锡、厦门、中山的得分达到了 20 以上，佛山、成都、常州、武汉的得分在 15 以上。以上城市可谓国内具有一定影响力的“科技之城”。

（三）“制造之城”指数

利用同样方法，以制造公司为关键词，对制造之城情况进行了分析（见表 4）。

从制造公司搜索数量看。达到 1 万个以上的城市只有东莞和上海，达到 9000 个以上的城市有苏州，深圳、宁波、嘉兴、广州、无锡、常州 6 个城市达到 5000 个以上，佛山、天津、成都、南通、杭州、北京、南京、绍兴、青岛、保定、中山、温州 12 个城市达到 3000 个以上。此外，还有 22 个城市达到了 1000 个以上。

从制造公司搜索数量的密度看。只有 9 个城市的密度达到了 1 个/千米^2。东莞最高，超过了 4 个/千米^2。深圳其次，达到了 3.82 个/千米^2。中山、嘉兴、

表4 “制造之城”前100强名单

单位：个，个/千米²

排名	城市	数量	密度	比例	得分	排名	城市	数量	密度	比例	得分	排名	城市	数量	密度	比例	得分	排名	城市	数量	密度	比例	得分
1	东莞	10636	4.23	0.31	24.02	26	北京	3694	0.23	0.07	3.84	51	舟山	264	0.18	0.24	2.27	76	临沂	857	0.05	0.06	1.38
2	嘉兴	6389	1.63	0.67	19.11	27	沧州	1930	0.14	0.20	3.81	52	马鞍山	486	0.12	0.18	2.18	77	许昌	402	0.08	0.08	1.36
3	深圳	7723	3.82	0.14	16.23	28	汕头	761	0.36	0.19	3.73	53	湖州	673	0.12	0.13	2.18	78	秦皇岛	365	0.05	0.15	1.36
4	苏州	9567	1.17	0.28	14.58	29	盐城	1738	0.10	0.29	3.72	54	济宁	1058	0.09	0.10	2.16	79	肇庆	491	0.03	0.15	1.34
5	常州	5140	1.18	0.47	14.20	30	台州	2067	0.22	0.11	3.68	55	廊坊	864	0.13	0.08	2.10	80	太原	611	0.09	0.04	1.28
6	上海	10126	1.60	0.17	14.10	31	武汉	2575	0.30	0.06	3.66	56	淮安	750	0.07	0.17	2.10	81	滁州	493	0.04	0.10	1.21
7	无锡	5563	1.20	0.39	13.78	32	珠海	723	0.43	0.12	3.37	57	洛阳	934	0.15	0.07	2.10	82	南宁	1218	0.05	0.02	1.17
8	宁波	6423	0.69	0.32	11.22	33	济南	1664	0.20	0.11	3.32	58	大连	1789	0.14	0.04	2.10	83	丽水	384	0.02	0.17	1.12
9	佛山	4881	1.26	0.23	11.22	34	徐州	1473	0.13	0.18	3.27	59	昆明	2122	0.10	0.04	1.96	84	揭阳	243	0.05	0.12	1.11
10	中山	3044	1.72	0.25	10.95	35	厦门	1211	0.80	0.04	3.27	60	焦作	491	0.12	0.11	1.84	85	菏泽	478	0.04	0.07	1.09
11	广州	6094	0.82	0.17	9.49	36	郑州	1972	0.26	0.07	3.24	61	邯郸	885	0.07	0.09	1.79	86	滨州	356	0.04	0.08	1.04
12	南通	3969	0.50	0.40	9.27	37	淄博	1167	0.20	0.14	3.15	62	重庆	2899	0.04	0.06	1.78	87	营口	392	0.07	0.04	1.01
13	绍兴	3455	0.42	0.45	8.68	38	沈阳	2704	0.21	0.05	3.06	63	德阳	602	0.10	0.09	1.77	88	湘潭	335	0.07	0.04	1.00
14	泰州	2624	0.45	0.53	8.58	39	烟台	1676	0.12	0.12	2.91	64	衡水	720	0.08	0.09	1.74	89	安庆	465	0.03	0.07	0.98
15	南京	3561	0.54	0.18	7.08	40	石家庄	1697	0.12	0.12	2.91	65	南昌	904	0.12	0.05	1.72	90	蚌埠	267	0.05	0.08	0.98
16	天津	4181	0.35	0.11	5.43	41	合肥	1910	0.17	0.08	2.90	66	连云港	501	0.07	0.15	1.71	91	日照	293	0.05	0.06	0.97
17	杭州	3843	0.23	0.17	5.30	42	泉州	1840	0.17	0.05	2.56	67	福州	1069	0.09	0.04	1.62	92	鞍山	425	0.05	0.05	0.97
18	扬州	1776	0.27	0.27	5.03	43	西安	1904	0.19	0.05	2.55	68	宿迁	504	0.06	0.14	1.61	93	黄石	231	0.05	0.08	0.96
19	青岛	3290	0.30	0.13	4.97	44	潮州	419	0.14	0.28	2.51	69	芜湖	487	0.08	0.10	1.58	94	哈尔滨	1227	0.02	0.03	0.95
20	温州	3033	0.26	0.16	4.96	45	唐山	1267	0.09	0.13	2.48	70	枣庄	430	0.09	0.09	1.56	95	莱芜	140	0.06	0.10	0.95
21	金华	2388	0.22	0.20	4.70	46	惠州	1222	0.11	0.11	2.44	71	泰安	534	0.07	0.10	1.54	96	自贡	211	0.05	0.08	0.93
22	成都	4106	0.34	0.07	4.60	47	威海	762	0.13	0.14	2.43	72	聊城	623	0.07	0.08	1.54	97	乌鲁木齐	646	0.05	0.03	0.91
23	保定	3143	0.14	0.19	4.36	48	长沙	2175	0.18	0.04	2.41	73	新乡	624	0.07	0.08	1.51	98	鄂州	123	0.08	0.07	0.91
24	潍坊	2800	0.17	0.17	4.34	49	江门	927	0.10	0.15	2.38	74	德州	612	0.06	0.09	1.46	99	衢州	324	0.04	0.06	0.91
25	镇江	1104	0.29	0.24	4.21	50	邢台	1143	0.09	0.11	2.28	75	长春	1138	0.06	0.04	1.40	100	梅州	319	0.02	0.11	0.89

上海、佛山、无锡、常州、苏州都达到了 1 个/千米^2 以上。广州、厦门、宁波、南京、南通都达到了0.5 个/千米^2 以上。此外，还有8 个城市达到了0.3 个/千米^2 以上。

从制造公司与公司搜索数量的比例看。嘉兴市最高，比例达到0.67；泰州其次，比例达到 0.53；常州、绍兴、南通都达到了 0.4 以上；无锡、宁波、东莞都达到了 0.3 以上。此外有 52 个城市达到了 0.1 以上。

综合来看，东莞是国内首席制造之城，得分达到 24.02，明显高于其他城市。嘉兴、深圳排在第 2、第 3 位，得分均超过了 15；苏州、常州、上海、无锡、宁波、佛山、中山得分均在 10 分以上。此外，得分超过 5 分的城市还有 8 个。以上 18 个城市是国内具有一定影响力的“制造之城”。

（四）“开放之城”指数

以每个城市宾馆、酒店的网络搜索数据的算数平均数表明一个城市的开放程度，并综合运用数量指标、密度指标计算“开放之城”指数（见表 5）。

从宾馆、酒店搜索数量看。达到 1.5 万个以上的城市有西安、成都和长沙，达到 1 万个以上的城市有东莞、广州、上海、深圳、哈尔滨、武汉、北京、青岛、昆明、郑州、杭州、重庆等 12 个城市。此外，有 19 个城市达到了 5000 个以上，47 个城市达到了 3000 个以上。前 15 位城市总量占 311 个城市总量的 23%。

从宾馆、酒店搜索数量的密度看。共有 20 个城市的密度达到了 1 个/千米^2 以上。深圳最高，达到 6.17 个/千米^2，东莞其次，达到 5.80 个/千米^2。三亚、厦门、舟山都达到了 3 个/千米^2 以上。上海、中山、西安、广州、珠海、成都、武汉、郑州、嘉兴、长沙、北海、南京、海口、苏州、青岛都达到了 1 个/千米^2 以上。此外，还有 22 个城市达到了 0.5 个/千米^2 以上。

表5 “开放之城”前100强名单

单位：个，个/千米²

排名	城市	数量	密度	得分	排名	城市	数量	密度	得分	排名	城市	数量	密度	得分	排名	城市	数量	密度	得分
1	东莞	14580	5.80	290.89	26	大连	8076	0.61	70.19	51	临沂	4837	0.28	36.89	76	宿迁	2668	0.32	29.00
2	深圳	12463	6.17	277.30	27	沈阳	7738	0.60	67.91	52	兰州	4174	0.32	36.49	77	南通	2555	0.32	28.56
3	西安	18645	1.84	185.47	28	贵阳	5215	0.65	58.18	53	桂林	5998	0.22	35.97	78	盐城	3638	0.21	27.92
4	三亚	7155	3.73	163.37	29	济南	5239	0.64	57.93	54	重庆	10253	0.12	35.72	79	枣庄	1882	0.41	27.85
5	上海	12511	1.97	157.12	30	海口	2738	1.18	56.90	55	保定	5310	0.24	35.69	80	开封	2181	0.35	27.59
6	成都	17076	1.41	155.25	31	佛山	3540	0.91	56.86	56	台州	3434	0.36	35.39	81	廊坊	2200	0.34	27.46
7	广州	13347	1.79	154.77	32	宁波	5397	0.58	55.76	57	汕头	1605	0.76	34.82	82	平顶山	2430	0.31	27.38
8	长沙	15357	1.30	141.27	33	烟台	6445	0.47	55.15	58	石家庄	4197	0.29	34.82	83	咸阳	2771	0.27	27.33
9	厦门	5439	3.59	139.68	34	无锡	3711	0.80	54.54	59	扬州	2773	0.42	34.15	84	南阳	4342	0.16	26.62
10	武汉	11879	1.40	128.97	35	哈尔滨	12051	0.23	52.25	60	金华	3556	0.33	34.03	85	新乡	2437	0.28	26.23
11	郑州	10352	1.38	119.48	36	秦皇岛	4503	0.58	50.94	61	天津	3705	0.31	33.95	86	六安	3249	0.21	26.14
12	舟山	4454	3.09	117.37	37	南昌	4202	0.57	48.33	62	泰州	2516	0.43	33.06	87	黄冈	3440	0.20	26.04
13	青岛	11524	1.04	109.56	38	太原	3963	0.57	47.68	63	福州	3518	0.30	32.40	88	湘西	3179	0.21	25.56
14	南京	7813	1.19	96.27	39	日照	3490	0.65	47.67	64	泉州	3348	0.31	32.12	89	泰安	2245	0.29	25.48
15	苏州	8589	1.05	94.79	40	大理	7908	0.27	46.07	65	荆州	3721	0.26	31.33	90	淮安	2544	0.25	25.38
16	北京	11654	0.71	90.97	41	常州	3029	0.69	45.80	66	徐州	3316	0.29	31.25	91	渭南	2891	0.22	25.32
17	嘉兴	5240	1.34	83.74	42	长春	6554	0.32	45.70	67	银川	2940	0.33	31.20	92	乌鲁木齐	2972	0.22	25.31
18	中山	3387	1.91	80.49	43	湖州	3240	0.56	42.56	68	焦作	1983	0.49	31.07	93	晋中	3173	0.19	24.78
19	杭州	10320	0.62	80.11	44	葫芦岛	4315	0.41	42.24	69	张家界	3006	0.32	30.78	94	阜阳	2428	0.25	24.55
20	洛阳	6170	0.99	78.06	45	潍坊	5364	0.33	42.22	70	济宁	3226	0.29	30.50	95	株洲	2597	0.23	24.49
21	合肥	8352	0.73	77.90	46	西宁	3647	0.47	41.62	71	上饶	4519	0.20	29.93	96	唐山	2867	0.21	24.38
22	惠州	8033	0.72	76.04	47	温州	4380	0.37	40.35	72	连云港	2602	0.34	29.82	97	宜昌	3539	0.17	24.37
23	昆明	10891	0.51	74.32	48	黄山	3779	0.39	38.15	73	南宁	4417	0.20	29.55	98	宣城	2665	0.22	23.99
24	珠海	3023	1.78	73.39	49	威海	2888	0.50	37.92	74	镇江	1825	0.47	29.42	99	漳州	2681	0.21	23.88
25	北海	4137	1.24	71.62	50	营口	2731	0.52	37.65	75	淄博	2244	0.38	29.06	100	安庆	2915	0.19	23.54

综合来看，东莞、深圳分别位列国内开放之城第1、第2位，两者得分分别为290.89和277.30，相差不大，但都明显高于其他城市。西安、三亚、上海、成都、广州分列第3位至第7位，得分在150～190分；长沙、厦门、武汉、郑州、舟山、青岛列第8～13位，得分均在100分以上。此外还有23个城市得分在50分以上。以上50分以上的城市均具有较高的开放水平，特别是达到100分以上的城市，可以称之为国内的“开放之城”。

（五）“金融之城”指数

以投资公司和银行两者的网络搜索数据的几何平均数对各城市金融和融资发展水平进行评价（见表6）。

从投资公司和银行搜索数量看。只有北京和上海达到了9000个以上，北京最高，达到9153个；排在第3位的是深圳市，达到7366个。广州、成都在5000个以上，杭州、苏州在4000个以上；东莞、武汉、天津、南宁、青岛、南京达到了3000个以上。此外，有15个城市达到了2000个以上，32个城市达到了1000个以上。达到3000个以上的前13个城市总量占311个城市总量的26.4%。

从投资公司和银行搜索数量的密度看。只有4个城市的密度达到了1个/千米^{2}以上。深圳最高，达到3.65个/千米^2，东莞、上海、厦门分别为1.45个/千米^2、1.43个/千米^{2}和1.35个/千米^2。中山、广州、佛山、珠海、北京、苏州的密度达到了0.5个/千米^{2}以上。此外，还有10个城市达到了0.3个/千米^{2}以上。

综合来看，深圳在金融之城方面总得分为163.90，具有明显优势；排在次席的上海，得分为113.57。其他城市得分均低于100。东莞、北京、广州、厦门高于50分；成都、苏州、佛山高于40分；武汉、南京、杭州、中山、宁波、天津高于30分。以上城市均具有较好的金融之城建设基础，特别是达到100分以上的深圳和上海，可以称之为“金融之城”。

表 6 "金融之城"前 100 强名单

单位：个，个/千米²

排名	城市	数量	密度	得分	排名	城市	数量	密度	得分	排名	城市	数量	密度	得分	排名	城市	数量	密度	得分
1	深圳	7366	3.65	163.90	26	合肥	2346	0.20	21.88	51	烟台	1452	0.11	12.43	76	桂林	1180	0.04	7.08
2	上海	9043	1.43	113.57	27	南宁	3145	0.14	21.04	52	泰州	927	0.16	12.19	77	聊城	660	0.08	7.06
3	东莞	3646	1.45	72.74	28	昆明	2878	0.13	19.64	53	临沂	1567	0.09	11.95	78	连云港	613	0.08	7.03
4	北京	9153	0.56	71.45	29	泉州	2009	0.18	19.27	54	镇江	735	0.19	11.84	79	宿迁	637	0.08	6.92
5	广州	5728	0.77	66.42	30	石家庄	2255	0.16	18.71	55	廊坊	947	0.15	11.82	80	湛江	748	0.06	6.91
6	厦门	2043	1.35	52.48	31	南通	1634	0.20	18.26	56	江门	1094	0.11	11.19	81	淮安	680	0.07	6.78
7	成都	5344	0.44	48.59	32	南昌	1563	0.21	18.17	57	徐州	1078	0.10	10.16	82	德阳	517	0.09	6.72
8	苏州	4153	0.51	45.83	33	大连	2071	0.16	18.00	58	乌鲁木齐	1136	0.08	9.67	83	秦皇岛	593	0.08	6.71
9	佛山	2682	0.69	43.08	34	海口	863	0.37	17.55	59	湖州	728	0.13	9.57	84	周口	721	0.06	6.59
10	武汉	3587	0.42	38.94	35	金华	1784	0.16	17.08	60	重庆	2731	0.03	9.51	85	德州	668	0.06	6.56
11	南京	3021	0.46	37.22	36	沈阳	1944	0.15	17.06	61	哈尔滨	2086	0.04	9.05	86	枣庄	442	0.10	6.54
12	杭州	4304	0.26	33.41	37	唐山	1912	0.14	16.25	62	兰州	1016	0.08	8.88	87	肇庆	799	0.05	6.52
13	中山	1366	0.77	32.48	38	贵阳	1429	0.18	15.95	63	揭阳	633	0.12	8.72	88	营口	461	0.09	6.35
14	宁波	2958	0.32	30.57	39	温州	1725	0.15	15.89	64	银川	813	0.09	8.63	89	阜阳	619	0.06	6.26
15	天津	3278	0.28	30.05	40	汕头	676	0.32	14.67	65	沧州	984	0.07	8.47	90	湘潭	442	0.09	6.24
16	青岛	3057	0.28	29.06	41	淄博	1116	0.19	14.45	66	济宁	879	0.08	8.31	91	邢台	678	0.06	6.15
17	无锡	1971	0.43	28.98	42	保定	2139	0.10	14.37	67	盐城	1080	0.06	8.29	92	茂名	651	0.06	6.11
18	珠海	1131	0.67	27.47	43	台州	1392	0.15	14.34	68	威海	616	0.11	8.09	93	漳州	679	0.05	6.05
19	郑州	2284	0.30	26.36	44	太原	1163	0.17	14.00	69	泰安	711	0.09	8.07	94	衡水	561	0.06	5.99
20	长沙	2851	0.24	26.23	45	潍坊	1727	0.11	13.60	70	焦作	512	0.13	8.03	95	上饶	902	0.04	5.98
21	西安	2601	0.26	25.87	46	惠州	1433	0.13	13.57	71	莆田	492	0.13	7.88	96	赣州	1173	0.03	5.91
22	嘉兴	1523	0.39	24.34	47	绍兴	1216	0.15	13.38	72	舟山	296	0.21	7.80	97	咸阳	585	0.06	5.77
23	济南	1996	0.24	22.07	48	扬州	1045	0.16	12.87	73	柳州	1031	0.06	7.55	98	玉林	648	0.05	5.72
24	常州	1457	0.33	22.04	49	长春	1839	0.09	12.82	74	邯郸	797	0.07	7.25	99	安阳	490	0.07	5.71
25	福州	2390	0.20	22.02	50	洛阳	1000	0.16	12.66	75	北海	417	0.13	7.22	100	三亚	248	0.13	5.66

（六）“教育之城”指数

以学校的网络搜索数据对各城市教育发展水平进行评价（见表7）。

从学校搜索数量看。北京、成都、广州、郑州、上海都达到了10000个以上，北京最高，达到12793个；武汉、西安、哈尔滨都达到了9000个以上，石家庄、长沙、杭州、长春、青岛达到了8000个以上，沈阳、临沂超过7900个。以上15个城市数量占311个城市数量的18.77%。此外还有35个城市的数量达到了4000个以上。

从学校搜索数量的密度看。43个城市的学校数量密度达到了0.5个/千米^{2}以上。深圳最高，达到3.40个/千米^2，厦门达到2.33个/千米^2，东莞、上海、广州分别为1.71个/千米^2、1.67个/千米^{2}和1.57个/千米^2。汕头、郑州、中山、武汉、佛山、南京、成都都达到了1个/千米^{2}以上。

综合来看，深圳在教育之城方面总得分为152.75，具有相对优势；广州、上海得分分别为135.38和133.00；郑州、成都、武汉得分也都达到了100分以上，北京、西安和厦门的得分在90分以上，南京、东莞、长沙的得分超过了80分。以上城市特别是达到100分以上的城市，可以称之为“教育之城”。

（七）综合评价

对以上6个方面的综合得分进行几何平均，得到各个城市的综合得分（见表8）。三大城市带、六大城市圈（群）的城市大都位居前列。前20名城市中只有排在第14位的西安在“三带六圈（群）”之外，前50名中也只增加了沈阳、昆明、贵阳、南宁、海口、太原、长春7个城市。严格而言，沈阳、南宁、海口处于沿海城市带辐射区，昆明、贵阳处于沿江城市带辐射区，太原处于环渤海城市圈辐射区内。从这一点看，前50名城市中只有西安、长春离“三带六圈（群）”较远。

表7 “教育之城”前100强名单

单位：个，个/千米^2

排名	城市	数量	密度	得分	排名	城市	数量	密度	得分	排名	城市	数量	密度	得分	排名	城市	数量	密度	得分
1	深圳	6865	3.40	152.75	26	温州	6330	0.54	58.31	51	金华	4411	0.40	42.21	76	淮安	3217	0.32	32.09
2	广州	11674	1.57	135.38	27	长春	8223	0.40	57.34	52	新乡	3847	0.45	41.41	77	沧州	3711	0.28	31.95
3	上海	10590	1.67	133.00	28	徐州	6030	0.54	56.83	53	淄博	3182	0.53	41.20	78	惠州	3184	0.29	30.14
4	郑州	10625	1.42	122.63	29	邢台	6021	0.50	54.64	54	嘉兴	2547	0.65	40.71	79	濮阳	1968	0.46	30.13
5	成都	12779	1.06	116.18	30	太原	4532	0.66	54.52	55	聊城	3761	0.43	40.27	80	德州	3057	0.30	30.03
6	武汉	9950	1.17	108.03	31	中山	2253	1.27	53.55	56	哈尔滨	9051	0.17	39.25	81	衡水	2808	0.32	30.01
7	北京	12793	0.78	99.86	32	贵阳	4732	0.59	52.79	57	唐山	4579	0.33	38.94	82	潮州	1651	0.53	29.66
8	西安	9240	0.91	91.91	33	泉州	5271	0.49	50.57	58	焦作	2444	0.60	38.30	83	玉林	3360	0.26	29.65
9	厦门	3530	2.33	90.66	34	潍坊	6308	0.39	49.66	59	南通	3349	0.42	37.44	84	咸阳	2871	0.28	28.31
10	南京	7204	1.09	88.77	35	大连	5658	0.43	49.18	60	阜阳	3689	0.38	37.31	85	驻马店	3405	0.23	27.83
11	东莞	4285	1.71	85.50	36	南宁	7342	0.33	49.12	61	常州	2455	0.56	37.12	86	日照	2029	0.38	27.72
12	长沙	8740	0.74	80.40	37	福州	5279	0.45	48.62	62	菏泽	4105	0.33	37.08	87	宿迁	2524	0.30	27.44
13	青岛	8057	0.73	76.60	38	昆明	7031	0.33	47.98	63	周口	4049	0.34	37.01	88	赣州	5420	0.14	27.31
14	石家庄	8765	0.60	72.71	39	天津	5192	0.44	47.59	64	开封	2867	0.46	36.27	89	莆田	1704	0.44	27.30
15	济南	6531	0.80	72.22	40	邯郸	5222	0.43	47.54	65	平顶山	3206	0.41	36.13	90	兰州	3108	0.24	27.17
16	洛阳	5567	0.89	70.43	41	揭阳	3378	0.64	46.54	66	许昌	2530	0.51	35.86	91	江门	2624	0.27	26.85
17	佛山	4354	1.12	69.94	42	无锡	3137	0.68	46.11	67	枣庄	2421	0.53	35.84	92	衡阳	3278	0.21	26.50
18	沈阳	7959	0.61	69.86	43	安阳	3924	0.53	45.75	68	商丘	3576	0.34	34.64	93	漯河	1339	0.51	26.17
19	合肥	7475	0.65	69.72	44	海口	2185	0.94	45.41	69	连云港	2967	0.39	34.00	94	宿州	2586	0.26	26.14
20	苏州	6158	0.75	67.96	45	湛江	4852	0.41	44.87	70	茂名	3617	0.32	33.96	95	秦皇岛	2264	0.29	25.61
21	汕头	3119	1.47	67.69	46	南阳	7050	0.27	43.23	71	绍兴	3034	0.37	33.39	96	扬州	2055	0.31	25.31
22	杭州	8470	0.51	65.75	47	台州	4192	0.45	43.21	72	泰安	2917	0.38	33.11	97	亳州	2306	0.27	25.12
23	南昌	5598	0.76	65.07	48	保定	6426	0.29	43.19	73	烟台	3852	0.28	32.97	98	漳州	2791	0.22	24.86
24	宁波	6001	0.64	62.01	49	济宁	4544	0.41	42.95	74	珠海	1346	0.79	32.68	99	湘潭	1740	0.35	24.60
25	临沂	7918	0.46	60.39	50	廊坊	3426	0.53	42.76	75	信阳	4474	0.24	32.61	100	岳阳	2975	0.20	24.41

表 8　网络地图数据下的 311 个城市发展水平排名

排名	城市	得分	排名	城市	得分	排名	城市	得分	排名	城市	得分	排名	城市	得分	排名	城市	得分
1	深圳	161.14	27	昆明	26.02	53	镇江	15.97	79	德州	10.53	105	安庆	8.21	131	六安	6.64
2	东莞	105.36	28	温州	25.15	54	临沂	15.42	80	日照	10.33	106	西宁	8.07	132	宜春	6.63
3	上海	95.26	29	大连	24.16	55	廊坊	15.12	81	许昌	10.25	107	赣州	8.01	133	长治	6.63
4	广州	78.54	30	南通	23.72	56	济宁	14.55	82	德阳	9.96	108	濮阳	7.97	134	运城	6.52
5	苏州	62.14	31	南昌	22.72	57	唐山	14.50	83	芜湖	9.95	109	蚌埠	7.89	135	鄂州	6.51
6	厦门	58.81	32	石家庄	22.15	58	哈尔滨	14.34	84	秦皇岛	9.87	110	绵阳	7.83	136	宜昌	6.41
7	北京	58.21	33	洛阳	22.09	59	湖州	13.95	85	营口	9.66	111	荆州	7.82	137	信阳	6.40
8	成都	58.16	34	泉州	21.96	60	重庆	13.73	86	湘潭	9.41	112	潮州	7.77	138	宿州	6.37
9	南京	49.20	35	潍坊	21.57	61	盐城	13.21	87	菏泽	9.40	113	莆田	7.77	139	鹤壁	6.36
10	武汉	48.92	36	金华	21.19	62	江门	12.70	88	衡水	9.38	114	漯河	7.57	140	淮北	6.23
11	佛山	48.50	37	福州	20.95	63	焦作	12.51	89	安阳	9.30	115	上饶	7.48	141	玉林	6.18
12	中山	45.73	38	汕头	20.64	64	沧州	12.18	90	漳州	8.96	116	马鞍山	7.37	142	渭南	6.18
13	郑州	42.48	39	惠州	19.98	65	威海	12.09	91	周口	8.92	117	衡阳	7.30	143	梅州	6.17
14	西安	41.86	40	贵阳	19.97	66	邯郸	11.88	92	北海	8.91	118	滁州	7.28	144	莱芜	6.13
15	无锡	41.86	41	台州	19.75	67	邢台	11.85	93	开封	8.83	119	襄阳	7.26	145	晋中	6.13
16	杭州	40.38	42	南宁	19.73	68	银川	11.70	94	咸阳	8.82	120	湛江	7.20	146	萍乡	6.11
17	长沙	40.04	43	海口	19.31	69	兰州	11.55	95	揭阳	8.70	121	衢州	7.19	147	茂名	6.09
18	宁波	38.78	44	太原	18.96	70	聊城	11.51	96	三亚	8.62	122	黄冈	7.13	148	盘锦	6.07
19	嘉兴	37.67	45	绍兴	18.68	71	淮安	11.47	97	桂林	8.55	123	九江	7.09	149	乐山	6.06
20	青岛	37.42	46	泰州	18.01	72	泰安	11.40	98	朔州	8.55	124	鞍山	7.05	150	南充	6.01
21	常州	33.74	47	扬州	17.90	73	枣庄	11.29	99	商丘	8.55	125	黄石	7.03	151	呼和浩特	5.89
22	合肥	31.79	48	烟台	17.85	74	新乡	11.18	100	阜阳	8.51	126	岳阳	6.97	152	亳州	5.89
23	天津	30.79	49	长春	17.80	75	舟山	10.88	101	平顶山	8.47	127	常德	6.94	153	驻马店	5.89
24	济南	28.89	50	淄博	17.80	76	宿迁	10.86	102	株洲	8.41	128	东营	6.91	154	娄底	5.79
25	沈阳	28.65	51	徐州	17.59	77	连云港	10.81	103	南阳	8.38	129	孝感	6.83	155	眉山	5.75
26	珠海	27.75	52	保定	17.46	78	乌鲁木齐	10.71	104	滨州	8.32	130	肇庆	6.78	156	吉林	5.74

续表

排名	城市	得分	排名	城市	得分	排名	城市	得分	排名	城市	得分	排名	城市	得分	排名	城市	得分
157	宣城	5.74	183	龙岩	4.93	209	大同	3.90	235	汉中	3.17	261	昭通	2.59	287	白银	1.81
158	淮南	5.71	184	张家口	4.89	210	包头	3.90	236	本溪	3.17	262	朔州	2.58	288	鸡西	1.79
159	葫芦岛	5.68	185	贵港	4.86	211	汕尾	3.89	237	石嘴山	3.17	263	河池	2.54	289	鹤岗	1.78
160	大庆	5.66	186	辽阳	4.84	212	鹰潭	3.88	238	榆林	3.14	264	文山	2.46	290	普洱	1.71
161	遂宁	5.64	187	曲靖	4.74	213	南平	3.86	239	黔西南	3.09	265	安康	2.46	291	凉山	1.71
162	临汾	5.49	188	广安	4.74	214	钦州	3.83	240	毕节	3.07	266	巴中	2.42	292	鄂尔多斯	1.69
163	新余	5.49	189	丹东	4.71	215	仙桃	3.82	241	阳泉	3.05	267	延边	2.35	293	海东	1.67
164	清远	5.48	190	咸宁	4.68	216	三门峡	3.82	242	忻州	3.04	268	雅安	2.33	294	双鸭山	1.61
165	自贡	5.48	191	内江	4.56	217	云浮	3.74	243	贺州	3.03	269	白山	2.30	295	武威	1.57
166	遵义	5.43	192	池州	4.49	218	齐齐哈尔	3.74	244	楚雄	3.00	270	定西	2.30	296	昌吉	1.56
167	益阳	5.42	193	安顺	4.49	219	随州	3.73	245	乌海	2.98	271	庆阳	2.26	297	通辽	1.56
168	郴州	5.40	194	韶关	4.37	220	达州	3.66	246	防城港	2.93	272	铜川	2.26	298	张掖	1.51
169	宜宾	5.32	195	抚州	4.33	221	六盘水	3.66	247	天门	2.93	273	白城	2.20	299	伊春	1.31
170	黄山	5.30	196	晋城	4.32	222	承德	3.61	248	天水	2.92	274	七台河	2.19	300	巴彦淖尔	1.11
171	泸州	5.23	197	大理	4.30	223	朝阳	3.59	249	铜仁	2.92	275	琼海	2.15	301	乌兰察布	1.09
172	宝鸡	5.20	198	四平	4.28	224	三明	3.55	250	潜江	2.90	276	固原	2.10	302	喀什	1.05
173	河源	5.17	199	铁岭	4.21	225	阜新	3.53	251	张家界	2.87	277	延安	2.09	303	酒泉	0.96
174	阳江	5.11	200	资阳	4.21	226	红河	3.45	252	辽源	2.83	278	赤峰	2.08	304	阿克苏	0.89
175	丽水	5.10	201	永州	4.18	227	怀化	3.45	253	保山	2.83	279	儋州	2.06	305	呼伦贝尔	0.84
176	石河子	5.10	202	铜陵	4.16	228	恩施	3.38	254	百色	2.82	280	嘉峪关	2.05	306	博尔塔拉	0.74
177	邵阳	5.08	203	抚顺	4.04	229	通化	3.34	255	攀枝花	2.78	281	吴忠	1.96	307	兴安盟	0.73
178	荆门	5.00	204	十堰	4.03	230	黔东南	3.29	256	牡丹江	2.77	282	商洛	1.95	308	锡林郭勒	0.59
179	锦州	4.98	205	景德镇	4.01	231	绥化	3.28	257	来宾	2.77	283	临夏	1.94	309	巴音郭楞	0.57
180	吉安	4.98	206	济源	3.96	232	佳木斯	3.26	258	广元	2.76	284	拉萨	1.91	310	哈密	0.42
181	玉溪	4.97	207	吕梁	3.93	233	黔南	3.21	259	平凉	2.70	285	克拉玛依	1.84	311	和田	0.32
182	宁德	4.95	208	梧州	3.93	234	松原	3.20	260	湘西	2.67	286	伊犁	1.81			

三 城市辐射半径、网络地图数据下城市发展水平与城市竞争力

为验证本文分析的可靠性，从前述分析的311个城市中选取了与《中国城市竞争力报告 No. 16》相同的280个城市，从城市辐射距离、网络地图数据下城市发展的总体水平与分享水平两个方面与城市竞争力的关系进行分析。总体而言，依据城市辐射距离和网络地图数据分析得到的城市发展水平是具有可靠性的。

（一）城市辐射半径、网络地图数据下城市发展水平与城市竞争力关系十分紧密

图1主要描述了城市竞争力与城市辐射距离之间的关系，城市竞争力每提升0.1，城市辐射距离增加44公里左右，两者线性关系的拟合程度达到了0.9508。图2描述了网络地图数据下城市发展水平与城市辐射距离之间的关系，城市发展水平每增加1个指数值，城市辐射距离将增加2.4公里左右，两者线性关系的拟合程度达到了0.8296。图3描述了城市竞争力与“城市辐射距离和网络地图数据下城市发展水平的几何平均数”之间的关

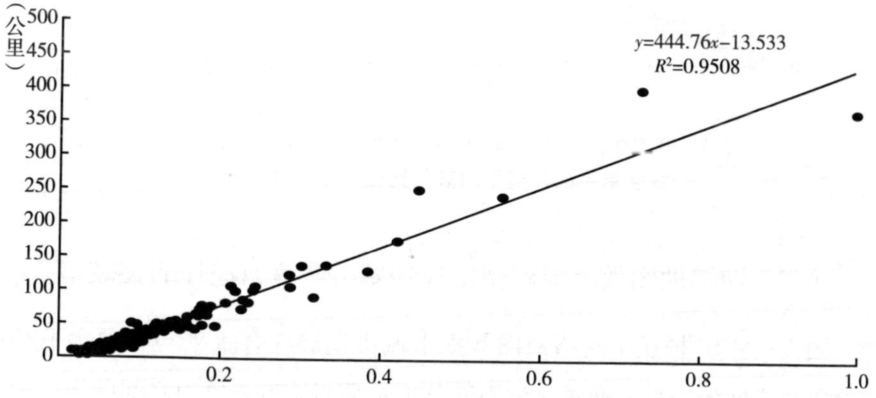

图1 城市辐射距离与城市竞争力比较（横轴为城市竞争力）

系，城市竞争力每提升 0.1，城市辐射距离和网络地图数据下城市发展水平的几何平均数增加 26.3，两者线性关系的拟合程度达到了 0.9589。

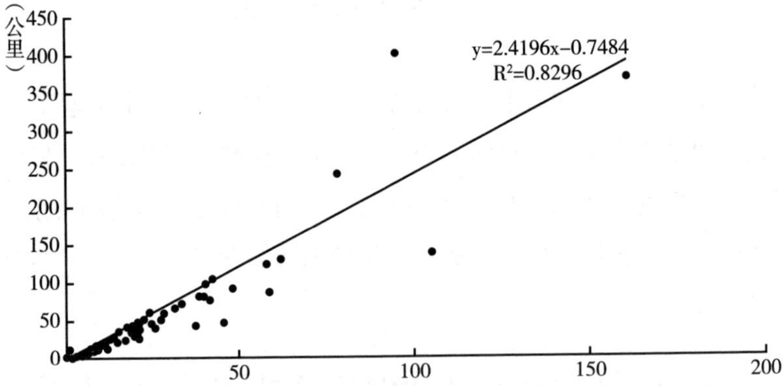

图 2　城市辐射距离与网络地图数据下城市发展水平比较（纵轴为城市辐射距离）

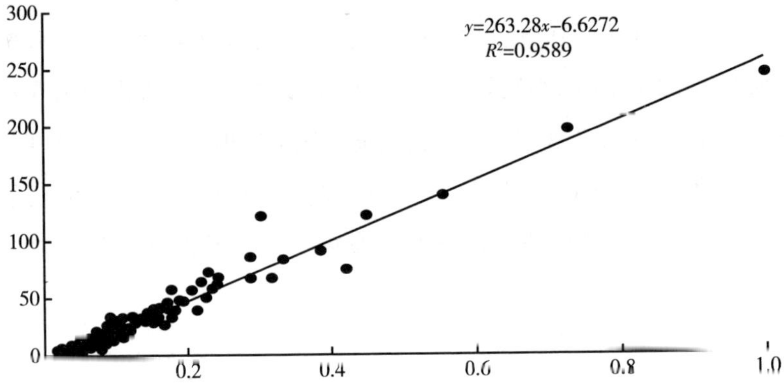

图 3　城市竞争力与“城市辐射距离和网络地图数据下城市发展水平的几何平均数”比较（横轴为城市竞争力）

（二）网络地图数据能够帮助找到城市竞争力提升的突破口

图 4 ~ 图 10 描述了网络地图数据下城市发展综合水平与分项水平和城市竞争力之间的关系。通过比较不同分项水平与城市竞争力之间的线性拟合程度，可以快速找到城市竞争力提升的主要突破方向。

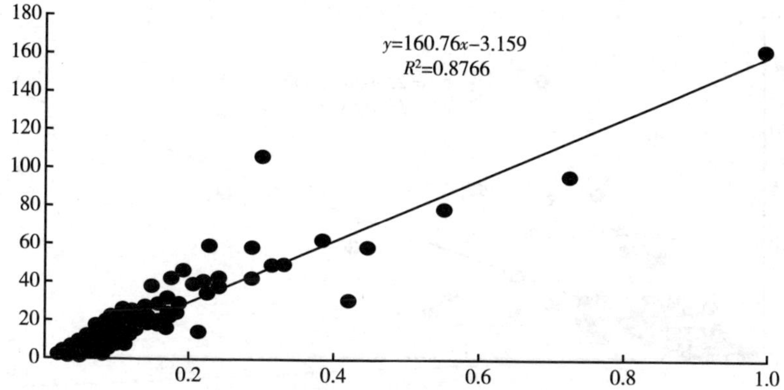

图 4　网络地图数据下城市发展综合水平与城市竞争力（横轴为城市竞争力）

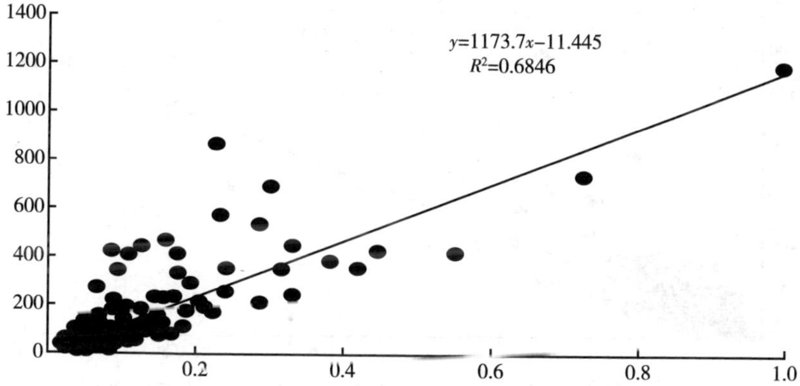

图 5　“企业之城”指数与城市竞争力（横轴为城市竞争力）

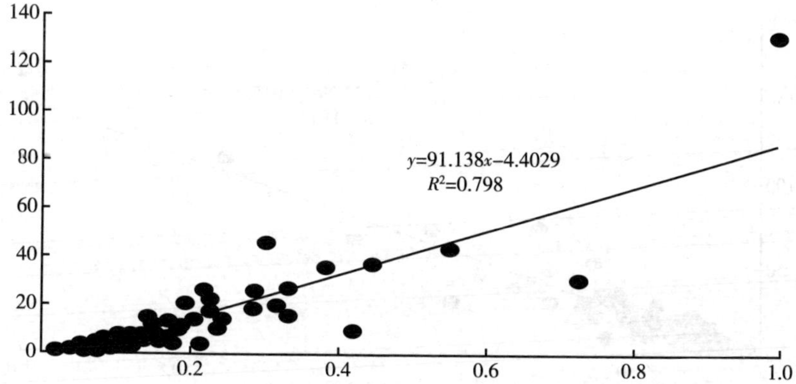

图 6　“科技之城”指数与城市竞争力（横轴为城市竞争力）

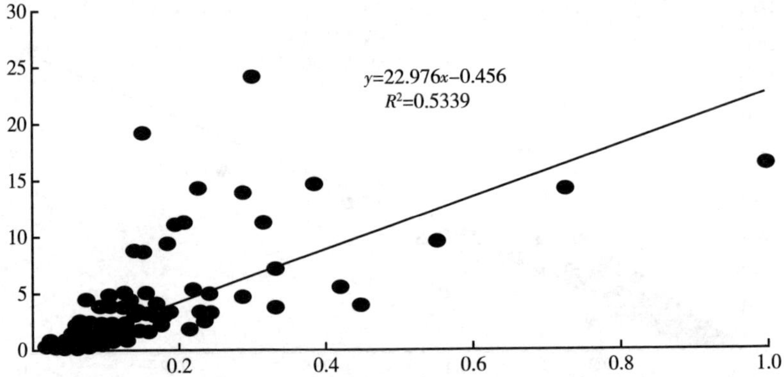

图 7　“制造之城”指数与城市竞争力（横轴为城市竞争力）

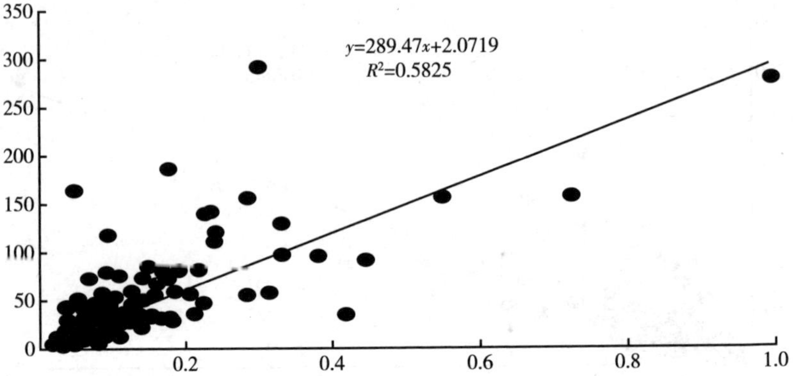

图 8　“开放之城”指数与城市竞争力（横轴为城市竞争力）

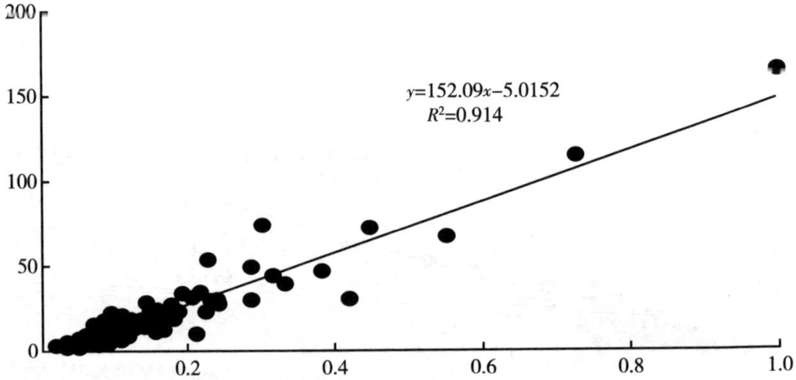

图 9　“金融之城”指数与城市竞争力（横轴为城市竞争力）

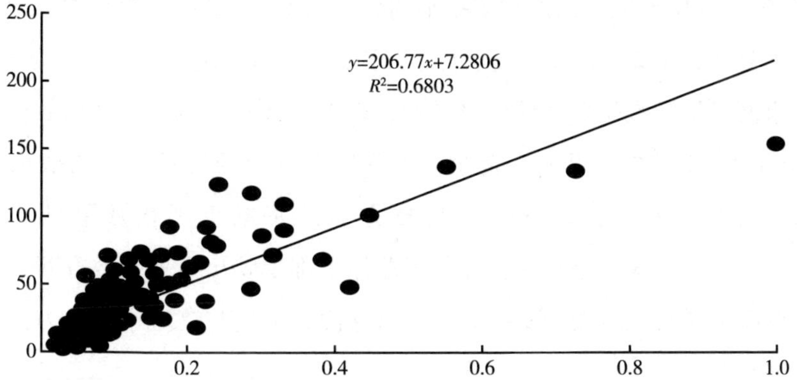

图 10　“教育之城”指数与城市竞争力（横轴为城市竞争力）

如图 4～图 10 所示，首先城市竞争力与“金融之城”指数拟合程度最高，其次是“科技之城”指数，再次是“企业之城”指数，然后是“教育之城”指数。这四个方面支撑城市竞争力与网络地图数据下城市发展综合水平的拟合程度达到了 0. 8766。

分别以城市竞争力（Y_1）和网络地图数据下城市发展综合水平（Y_2）为因变量，以“企业之城”（X_1）、“科技之城”（X_2）、“制造之城”（X_3）、“开放之城”（X_4）、“金融之城”（X_5）、“教育之城”（X_6）六个分项指数为自变量，根据截面数据进行单年度的多元回归，可以得到如下两式：

$$Y_1 = 0.032776 - 0.000044X_1 + 0.000774X_2 + 0.001469X_3 - 0.000345X_4 + 0.005396X_5 + 0.000740X_6$$

R^2 =0. 926036，各自变量系数误差均小于 0. 01。

$$Y_2 = -0.36267 + 0.015037X_1 + 0.351996X_2 + 1.037373X_3 + 0.060875X_4 + 0.304441X_5 + 0.111786X_6$$

R^2 =0. 996404，各自变量系数误差均小于 0. 04。

总体而言，通过 6 个分项指数能够对城市竞争力和网络地图数据下城市发展综合水平进行较好的解释。从全国 280 个城市竞争力看，金融之城、教育之城、科技之城、企业之城四个方面的贡献率平均数达到了

61.53%，其中金融方面的贡献率平均数达到了42.27%，教育方面的贡献率平均数达到了21.24%，其他几个方面的贡献率都小于5%。从全国280个城市网络地图数据发展综合水平看，教育、金融的贡献率平均数达到了30.83%和22.27%，开放、企业、制造三个方面的贡献率平均数依次为17.62%、13.37%和12.34%，科技方面的贡献率平均数最低，只有9.12%。尽管两式结果有所差异，但总体上都反映出金融和教育两大类资源对城市发展具有最大的支撑能力。而这两方面也将是城市竞争力提升的重要突破口。

四 吉林省城市发展综合水平

以上分析了全国城市发展的总体环境。在这种环境下，吉林省城市发展体现出一些独特特征。本节从省域城市总体发展水平、省会（直辖市、首府）及副省级城市发展水平、地级城市发展水平三个层面进行分析。

（一）省域城市总体发展水平

1. 发展水平评述

如表9所示，本文采用各省区所属城市得分计算几何平均数获得各省域城市发展水平，采用各省域城市发展水平的几何平均数获得全国城市发展水平的方式，对省域城市总体发展水平进行分析。剔除北京、上海、天津3个城市经济主导的省级行政区域，江苏省城市综合水平最高，达到了21.11，第2名至第5名依次是浙江、重庆、广东、山东。吉林省得分为4.01，居于第26位，在全国仅高于甘肃、黑龙江、内蒙古、宁夏4个省区（由于数据获得原因，表9未对西藏以及港澳台地区进行评价）。在分项指标中，“企业之城”“科技之城”“制造之城”“开放之城”“金融之城”“教育之城”六个指数，吉林省分别居于全国第26、27、19、25、26、24位。吉林省城市辐射能力居全国第25位。

2. 存在的问题

相比而言，吉林省在“制造之城”指数方面具有相对优势，尚具有一定的工业基础。但是企业数量以及密度（或集聚度）、科技企业发展情况、开放发展情况和金融支撑情况都不乐观。尽管2018年10月“金融助振兴——吉林行动”已经举行，且反响强烈，但在一定程度上仍受制于全省的经济基本面，必须紧密关注该行动推进的过程。

表9　省域层面城市发展水平分析

	综合水平	企业之城	科技之城	制造之城	开放之城	金融之城	教育之城	辐射半径
全　国	8.14	75.64	1.92	0.79	21.78	6.15	18.94	20.00
安　徽	7.15	41.64	2.22	0.84	20.83	4.37	18.96	14.80
北　京	58.21	424.89	36.77	3.84	90.97	71.45	99.86	250.21
福　建	9.50	95.39	2.19	0.90	21.61	7.84	23.16	20.62
甘　肃	2.29	29.88	0.56	0.18	7.03	1.40	4.96	4.01
广　东	13.43	57.75	5.46	1.93	24.60	11.34	34.72	27.08
广　西	4.93	72.20	0.92	0.25	12.22	4.52	15.94	8.68
贵　州	5.02	79.55	0.85	0.24	18.20	3.39	16.07	12.02
海　南	12.90	232.98	1.97	0.38	96.41	10.08	27.21	20.62
河　北	10.82	63.95	2.17	1.89	23.91	7.86	32.52	19.39
河　南	9.37	71.17	2.35	0.82	24.48	5.62	35.95	21.43
黑龙江	2.92	29.94	0.42	0.28	10.76	2.02	7.96	5.98
湖　北	7.01	53.08	1.91	0.67	20.91	4.84	17.20	17.21
湖　南	6.54	74.01	1.27	0.46	20.84	4.38	19.55	15.44
吉　林	4.01	40.01	0.63	0.43	11.63	2.83	11.62	8.64
江　苏	21.11	91.66	9.06	5.27	38.54	14.28	36.71	52.20
江　西	6.39	48.30	1.71	0.55	15.78	4.91	19.13	13.78
辽　宁	6.21	87.36	0.82	0.71	16.97	4.10	16.16	13.16
内蒙古	1.93	7.29	0.57	0.31	5.31	1.72	4.44	7.30
宁　夏	3.51	67.42	0.64	0.26	8.65	2.80	6.90	5.69
青　海	8.07	132.12	1.11	0.54	41.62	5.63	14.93	15.29
山　东	13.17	81.55	3.74	1.80	30.01	8.85	35.70	34.53
山　西	4.95	49.85	0.96	0.39	15.48	3.53	14.48	10.86
陕　西	4.39	42.94	0.93	0.31	16.07	2.84	12.81	11.15
上　海	95.26	733.81	30.43	14.10	157.12	113.57	133.00	400.00

续表

	综合水平	企业之城	科技之城	制造之城	开放之城	金融之城	教育之城	辐射半径
四川	5.32	34.45	1.26	0.57	14.14	4.22	15.32	13.74
天津	30.79	351.83	9.18	5.43	33.95	30.05	47.59	175.36
新疆	4.44	85.52	0.94	0.42	9.54	3.98	6.08	16.48
云南	4.44	49.80	1.00	0.27	18.64	2.97	10.24	7.90
浙江	18.01	90.94	6.00	4.01	40.55	13.00	29.60	31.60
重庆	13.73	182.52	3.38	1.78	35.72	9.51	17.92	105.62
吉林省位次	26	26	27	19	25	26	24	25

（二）省会（直辖市、首府）及副省级城市发展水平

1. 发展水平评述

长春市是吉林省省会城市，集聚了全省1/4以上的人口与接近50%的GDP，是带动全省城市发展水平提升的核心力量。在34个直辖市、省会、首府和副省级城市中（因数据原因未包括拉萨市和港澳台地区城市），长春市综合发展水平居第28位，城市辐射半径居第24位。从与全国平均水平对比看，长春市综合发展水平和“企业之城”、“科技之城”、“制造之城”、“开放之城”、“金融之城”、“教育之城”六个指数分别相当于全国平均水平的62%、63%、45%、57%、68%、55%和96%；分别相当于最高水平的11%、15%、3%、9%、16%、8%、38%（见表10）。

2. 存在的问题

从长春市6个发展指数和辐射半径看，长春市仅在“教育之城”方面具有相对比较优势，而在“科技之城”、“金融之城”和“制造之城”方面劣势十分明显。从长春市本身发展看，尽管在教育方面具有相对优势，但是要关注如何让教育资源转化为科技资源并进而形成经济资源，如何防止因服务城市扩张需要而导致的教育资源过度分散和效率低下等问题，均是迫切需要解决的问题。同时在科技成果转化、金融资源配置等方面，长春市也要提

升其可操作性和可落地性，推动科技资源、金融资源与制造资源方面的统筹联动。

表 10 省会（直辖市、首府）及副省级城市发展水平分析

	综合	企业之城	科技之城	制造之城	开放之城	金融之城	教育之城	辐射半径
平均	28.60	288.04	8.26	2.46	67.55	23.14	59.86	69.03
深圳	161.14	1186.95	130.92	16.23	277.30	163.90	152.75	367.18
上海	95.26	733.81	30.43	14.10	157.12	113.57	133.00	400.00
广州	78.54	413.35	43.02	9.49	154.77	66.42	135.38	241.62
厦门	58.81	863.83	22.07	3.27	139.68	52.48	90.66	86.39
北京	58.21	424.89	36.77	3.84	90.97	71.45	99.86	250.21
成都	58.16	533.37	17.98	4.60	155.25	48.59	116.18	123.12
南京	49.20	238.40	26.43	7.08	96.27	37.22	88.77	136.39
武汉	48.92	445.13	15.49	3.66	128.97	38.94	108.03	138.38
郑州	42.48	347.68	13.52	3.24	119.48	26.36	122.63	105.39
西安	41.86	409.52	11.69	2.55	185.47	25.87	91.91	76.00
杭州	40.38	178.27	26.07	5.30	80.11	33.41	65.75	98.28
长沙	40.04	570.95	10.04	2.41	141.27	26.23	80.40	80.81
宁波	38.78	206.87	13.86	11.22	55.76	30.57	62.01	81.14
青岛	37.42	249.97	9.07	4.97	109.56	29.06	76.60	99.69
合肥	31.79	230.74	12.96	2.90	77.90	21.88	69.72	65.47
天津	30.79	351.83	9.18	5.43	33.95	30.05	47.59	175.36
济南	28.89	170.23	11.14	3.32	57.93	22.07	72.22	75.81
沈阳	28.65	465.78	4.79	3.06	67.91	17.06	69.86	59.39
昆明	26.02	404.87	5.59	1.96	74.32	19.64	47.98	39.72
大连	24.16	408.73	3.74	2.10	70.19	18.00	49.18	61.13
南昌	22.72	229.51	6.05	1.72	48.83	18.17	65.07	52.80
石家庄	22.15	113.41	7.56	2.91	34.82	18.71	72.71	51.11
福州	20.95	222.95	6.73	1.62	32.40	22.02	48.62	52.36
贵阳	19.97	439.68	3.98	0.74	58.18	15.95	52.79	39.70
南宁	19.73	339.62	4.87	1.17	29.55	21.04	49.12	31.21
海口	19.31	417.28	3.50	0.76	56.90	17.95	45.41	34.72
太原	18.96	188.26	5.29	1.28	47.68	14.00	54.52	47.97
长春	17.80	181.40	3.72	1.40	45.70	12.82	57.34	47.34
哈尔滨	14.34	174.18	2.83	0.95	52.25	9.05	39.25	34.46
银川	11.70	268.63	2.14	0.78	31.20	8.63	21.18	19.60

续表

	综合	企业之城	科技之城	制造之城	开放之城	金融之城	教育之城	辐射半径
兰州	11. 55	157. 03	2. 37	0. 72	36. 49	8. 88	27. 17	27. 25
乌鲁木齐	10. 71	218. 47	1. 98	0. 91	25. 31	9. 67	15. 63	30. 59
西宁	8. 07	132. 12	1. 11	0. 54	41. 62	5. 63	14. 93	15. 29
呼和浩特	5. 89	26. 74	1. 66	0. 59	15. 95	5. 29	19. 13	24. 69
长春/平均	0. 62	0. 63	0. 45	0. 57	0. 68	0. 55	0. 96	0. 69

（三）地级城市发展水平

1. 发展水平评述

如表 11 所示，吉林省 7 个地级市在东北地区 29 个参与比较的城市中分别居于第 4、10、16、19、21、23、24 位，在全国 246 个参与比较的城市中分别居于第 122、162、189、192、206、220、224 位。7 个地级市的发展水平均低于全国地级市平均水平，吉林市在“科技之城”指数方面落后于全国平均水平，其他方面均略强于全国平均水平。从东北三省看，吉林省地级市发展水平只有“科技之城”指数略高，其他方面均低于东北三省平均水平，吉林市、四平市各指数均高于东北三省平均水平，通化市在“科技之城”“制造之城”“金融之城”三个指数方面高于东北三省平均水平，松原在“教育之城”指数、辽源在“制造之城”、副射半径指数方面也略高于东北三省平均水平。从吉林省内看，吉林市、四平市和通化市的优势领域与在东北区域范围内相一致，松原市在“企业之城”、“开放之城”、“金融之城”、“教育之城”和辐射半径方面具有一定优势，辽源市在“制造之城”和辐射半径方面具有一定优势。

2. 存在的问题

综合发展水平总体偏弱，没有进入全国前 100 名的地级市。与全国对比看，吉林省地级城市在“科技之城”指数上差距最大，仅相当于全国平均水平的 35%；其次是辐射半径短，仅相当于全国平均水平的 53%。此外，吉林省地级市在“金融之城”“制造之城”“教育之城”方面也不突出。与东北三省对比，吉林省在“企业之城”和“开放之城”方面具有相对劣势。进一步看，城区人口相对较少、城市化质量不高导致辐射半径短，科技、教育、金融等方面发展水平不高导致地级城市产业支撑能力弱。这些问题都亟待关注和解决。

表 11　地级城市发展水平分析

	综合	企业之城	科技之城	制造之城	开放之城	金融之城	教育之城	辐射半径
营口	9.66	152.41	1.11	1.01	37.65	6.35	19.89	16.74
鞍山	7.05	95.61	1.02	0.97	11.73	4.80	22.98	18.59
盘锦	6.07	122.58	0.87	0.57	14.11	3.85	15.08	16.49
吉林	5.74	57.89	0.82	0.64	16.13	4.48	16.31	13.92
葫芦岛	5.68	65.90	0.65	0.37	42.24	3.64	13.83	7.41
大庆	5.66	62.06	1.03	0.58	15.84	3.84	14.60	20.02
锦州	4.98	91.16	0.65	0.39	12.07	4.05	13.52	12.44
辽阳	4.84	67.13	0.50	0.70	9.45	3.64	15.96	11.23
丹东	4.71	77.11	0.54	0.58	18.79	2.74	8.74	7.64
四平	4.28	45.19	0.54	0.50	12.86	2.83	13.66	8.49
铁岭	4.21	52.54	0.58	0.85	7.92	2.36	11.51	6.07
抚顺	4.04	34.44	0.49	0.70	11.33	2.80	11.76	12.52
齐齐哈尔	3.74	44.10	0.41	0.36	14.79	2.33	11.87	7.21
朝阳	3.59	39.92	0.57	0.42	8.25	2.25	12.04	6.94
阜新	3.53	56.86	0.42	0.43	7.65	2.16	11.29	5.61
通化	3.34	28.02	0.56	0.45	9.02	2.44	8.78	5.73
绥化	3.28	33.22	0.53	0.30	11.93	1.91	10.15	5.49
佳木斯	3.26	32.10	0.40	0.38	11.73	2.29	9.15	4.67
松原	3.20	37.47	0.40	0.28	10.57	2.32	10.37	8.34
本溪	3.17	34.75	0.44	0.38	10.77	2.22	7.30	10.73
辽源	2.83	27.59	0.44	0.45	5.29	2.12	8.51	7.34
牡丹江	2.77	32.72	0.38	0.20	13.06	2.01	6.83	7.38
白山	2.30	21.80	0.46	0.19	9.73	1.48	5.39	4.25
白城	2.20	21.93	0.33	0.25	7.21	1.40	6.23	3.71
七台河	2.19	19.37	0.35	0.20	6.50	1.74	7.00	3.72
鸡西	1.79	18.37	0.22	0.22	5.62	1.39	4.83	4.32
鹤岗	1.78	17.94	0.29	0.21	5.19	1.11	5.06	2.97
双鸭山	1.61	14.69	0.21	0.18	6.33	1.24	4.02	3.11
伊春	1.31	11.11	0.18	0.11	8.31	0.97	2.75	2.49

续表

	综合	企业之城	科技之城	制造之城	开放之城	金融之城	教育之城	辐射半径
全国平均	5.85	45.30	1.38	0.62	15.74	4.15	15.82	12.83
东北三省平均	3.51	39.99	0.48	0.39	10.85	2.39	9.58	7.24
吉林平均	3.24	32.24	0.49	0.36	9.57	2.28	9.25	6.77
黑龙江平均	2.49	25.11	0.35	0.25	9.18	1.74	6.79	5.02
辽宁平均	4.88	66.82	0.62	0.58	13.43	3.22	13.04	10.21
吉林/全国	0.55	0.71	0.35	0.58	0.61	0.55	0.58	0.53
吉林/东北	0.92	0.81	1.01	0.94	0.88	0.95	0.97	0.94

五　对策建议

根据前面的分析，吉林省城市发展离不开“集聚”二字：只有加快集聚资源、集聚人口，才能产业兴旺和城市繁荣；只有提高人口密度、要素密度，才能加速创造和提高效益；只有吸纳广域资源和战略资源，才能优化配置和引领发展。为此，新时代吉林省城市发展的突破口在于“集聚”二字，必须把握各种机遇，必须大胆解放思想，全力促进资源集聚，全力强化市场机制，才能建设起繁荣发达的城市经济体系。

（一）深度解放思想，全面树立以城市经济为核心的发展理念

解放思想必须实事求是，准确把握一个区域经济社会发展的阶段性特征；必须因地制宜，客观引导生产力和生产关系协调发展。在城市经济发展方面，解放思想必须看到如下八个特征：①城市经济是区域经济的核心，我国正在形成以主要城市为核心的区域经济竞争格局；②城市经济是高度集聚的经济形式，低经济密度城市不可能有过高的竞争力；③城市经济是高度竞争的经济形式，公平公正的营商环境至关重要；④城市经济是以人才为核心的经济体系，谁能留住人才谁就更有竞争力；⑤城市经济是面向全球开放的经济节点，必须在全球城市体系、产业体系中明确自己的定位，才能在可持

续发展之路上走得更远；⑥城市经济是以服务为核心的经济形态，都市农业、制造业等各个产业都要强调服务思维，形成服务型供给；⑦教育尤其是基础教育在城市经济中具有至关重要的作用，公平优质的教育环境、科学普惠的教育理念是城市取得未来竞争力的重要基础；⑧城市经济是尝试性经济，城市的管理者必须学会大胆尝试，才能最大限度地激发城市能量。如果决策者在发展城市经济还是农村经济、发展集聚经济还是分散经济、发展资源经济还是未来经济、发展竞争经济还是垄断经济、发展开放经济还是封闭经济、树立制造思维还是服务思维等方面一直犹豫不决的话，城市经济不可能获得较大发展，城市竞争力不可能获得较大提升。

解放思想必须以人为本，必须把人民群众的福祉放在首位，必须把激发广大群众的创造力放在关键位置。在城市经济发展中，解放思想必须把握如下 5 个关键：①发展生产力是保障人民生产生活的关键，不能割裂经济发展和民生发展，生产力提升才是最大的民生，城市财政必须根据实际需要在经济与民生之间合理分配；②先进生产力是城市经济发展的第一动力，是引领动能转化和经济转型的源泉，但是先进生产力和传统生产力必须紧密联系、协调发展，形成拉得动、跟得上的动力体系；③统筹规划、统筹管理是塑造公平公正营商环境的重要保障，避免部门之间争资源、区县之间争项目十分必要，尤其是在相对落后的区域，更要强化全市统筹，好钢用在刀刃上，集中资源办大事；④人才政策十分重要，挖掘本土人才或者吸引外来人才之后，营造让人才发挥作用的环境更重要，天天开会、日日填表、周周检查、月月考核，无情地占用着人才发挥作用的时间，根本留不住想干事的人；⑤管理水平提升是城市发展的内在要求，而“精兵简政”有利于城市管理水平的提升，在很多政务服务可以通过人工智能替代的时代，合理配置人工智能和人力资源，能够有效压缩编制和财政开支，能够大幅降低行政消耗，更能够大幅提升办事效率。

（二）强化金融支撑，全面构建以资金集聚为核心的市场机制

强化金融支撑必须了解金融的本质和流动特质，把盈利能力提升至关键

位置，以良好的利润和市场预期作为核心工具，着力集聚金融资源。从城市经济发展角度看，要强化以下四个方面的工作。①发展正规金融，整治融资环境。深入打击或规范“倒贷”“过桥”等行为，对于恶意增加企业融资成本、导致企业破产的小微金融企业、小贷公司等要进行清理。支持金融机构规范发展，支持产业主体、金融主体和相关社会组织合作建立新型金融机构。②发展新型金融，提高盈利能力。按企业需求发展一批产业金融机构（按产业类别划分）、专项金融机构（按融资功能划分），强化人工智能、大数据等技术的应用，打造一批示范性的智慧金融机构。支持省属金融企业、投资企业整合资源，在全省打造1～2个非银行类的金融航母。③依托金融投资本质探索“金融+”的招商引资。支持省内金融资本以参股、控股、合作等方式对外投资，在外孵化有关项目，在项目孵化达到一定规模后，以招商引资的形式来吉林省落户并享受招商引资政策。④注重多类项目搭配融资，提高项目收益的持续性和稳定性。省属有关机构应在项目征集、项目设计的时候将相关项目按融资需要进行划分和重新组合，根据投融资机构的偏好，形成不同类别（如不同风险组合、不同收益组合）的项目包向有关投融资机构推介。

强化金融支撑必须提升科技能力，切实发挥吉林省科技优势，以风险为纽带，以科技创新降低金融风险，以金融资源注入降低科技创新风险，促进科技与金融相结合，重点推进如下四个方面工作。①按金融和资本的需要进行科技创新，而不是按科技创新的成果和方向去集聚金融、资本资源，各类别科技项目的指南制定应面向国内知名的金融机构、投资机构进行项目题目征集。②应用研究类项目和科技成果转化项目的评审评估，应全面引入金融或者投资类的专家。部分项目应委托给投资企业、金融企业甚至是外省的企业进行第三方评审。③大力推动新型研发机构、新型研发类大学发展，支持资本方成为这些新型机构的股东或理事。④重点支持有投资方介入、多元化管理的应用型和转化型科研平台发展，推动科研平台把融资作为科研的重要目标和考核指标之一。

（三）重塑城市定位，全面打造以创新创业为核心的品牌形象

优秀的城市都有一个代表自身形象的核心区域，如上海的外滩、杭州的西湖、哈尔滨的中央大街，地方城市的核心区域多是以商业形象塑造城市的第一印象。为此，吉林省各城市应在塑造自身第一商业印象方面下大功夫。①省会城市要打造超级商业街、超级金融街。长春市应结合老城区建设和新区发展，在工农大路一带，依托欧亚商都等企业，推动老旧小区改造和有关医院搬迁，将工农大路、延安大路、湖西路、红旗街附近的 1 ~ 2 平方公里的区域，借鉴上海南京路等地的模式，改造成超级商业街区；在长春南部新城，在东北亚金融中心、长春产权交易中心周围等企业周边 1 ~ 2 平方公里的区域，加快路网、基础设施建设，推动全市主要金融企业入驻，建设超级金融街区。②较大的城市要打造特色商业街。吉林省很多较大的城市都具有丰裕的旅游资源，这些城市可结合地方民俗文化打造涵盖饮食、民俗、文化、特产方面的特色商业街区。如吉林市建设满族商品文化街、延吉市建设朝鲜族商品文化街、白山市建设人参商品文化街、通化市建设高句丽商品文化街、松原市建设蒙古族商品文化街等。③小城市、特色城镇要打造特色旅游街区。吉林省较小的城市和城镇大多紧邻相关旅游景区，这些城市（城镇）可围绕景区周边，选择合适区位，做好餐饮、宾馆、交通等特色服务，打造特色旅游街区。

优秀的城市离不开持续的创新创业的支撑，如深圳、杭州的创新创业，已经对原有的第一商业印象进行了有效的提升。为此，吉林省应以长春市为核心，通过有效的创新创业模式，大力提升吉林省的城市形象。①以城市中心为创新创业中心，布局创新创业资源，促进长春高新区与环南湖科技创新先导区互动发展，沿硅谷大街—卫星路一带（含硅谷大街—卫星路两侧 1 公里范围内），依托高校、研究机构较为集中的优势，注重三区联动，打造长春市创新创业集聚带。②围绕创新创业中心建设，加强快速交通体系建设和提升水电暖等基础设施服务水平。建立创新创业集聚带联通全市各大学城以及长春站、长春西站的公共交通网络，争取市区各地创新创业者在 1 小

时内能够到达创新创业集聚带。优先在创新创业集聚带建设无线网络设备，争取在创新创业集聚带优先实现免费高速无线网络全覆盖。加快对区域内旧住宅、旧厂房的创客化改造，建立多种类型的创新创业活动集聚区。

（四）兼顾宜居宜业，全面确定以民生发展为核心的政策导向

优秀的城市在发展生产力的同时，会更加强化“宜居”对人才和劳动力的吸引力，会更加强化民生发展对人民群众追求美好生活的保障作用。从城市建设而言，这种保障主要体现在七个方面。①稳定的价格。着力将各类物价、房产价格置于可控区间，避免过度的涨跌波动，尤其是涉及民生的蔬菜、粮食、公共交通和相关的公共服务的费用，这是城市实现宜居的最根本保障。②公平的教育医疗。着力推进教育资源、医疗资源平民化，对于教育、医疗等资源服务制定价格上限和服务质量底线，解决好重点学校、重点医院周边的交通拥堵以及停车难等问题。③有效的社会保障体系。尽快实现城乡、城际社会保障体系的服务均等化和标准统一化。④公正的司法环境和良好的社会治安环境。⑤多样化的文化环境。⑥普及众人的信用环境。学习发达国家经验，逐步将信用监管普遍化，利用信用体系对群众行为进行约束。⑦优美的自然环境。做好污染治理、生态恢复等相关工作，保障居民能喝上放心水、吃上放心粮，呼吸放心的空气。

（五）鼓励基层创新，全面推进以基层活力为核心的发展模式

城市发展的活力，说到底“实践是检验真理的唯一标准”，最终仍是来自人民群众，来自基层实践。为此要在法治框架下，在信用体系内，鼓励和奖励基层组织和人民群众大胆创新，全面提升基层活力。重点要做好如下四个方面的工作。①让基层干部、工作人员多“走出去”看看。现在的调研考察都是中层或高层领导干部在进行，回来后再通过层层加工传达给街道、社区的基层干部。这很难让基层干部直接体会相关经验。为此，迫切需要推动基层干部“走出去”，到发达地区去交流挂职、到国外社区去学习体会，真正把工作方法学到心里。②提高基层干部、工作人员的待遇水平。当前，

很多工作都下放到了社区、街道等基层部门，而基层工作人员编制有限，人员较少，工作任务与人员薪酬之间严重不协调。为此，亟须提升基层干部、基层工作人员的待遇水平和增加编制数量，在保障基层工作完成的基础上能够更有效地思考和推动基层工作创新。③多听听年轻人的想法。自上而下的解放思想需要自下而上的活力激发来配合，而基层活力最大的来源是在基层一线工作的年轻人，只有多听听年轻人的想法，多与年轻人沟通，才能保障基层活力，也才能在解放思想中少走弯路。④让基层单位提出试点示范的主题。当前的很多试点示范工作都是自上而下的，都是“中央部委要试点示范，地方政府申请成为试点示范”的程序，这一过程忽视了城市之间的差异，忽视了基层活力的激发。为此，可探索开展“让基层部门提试点示范”的主题活动，从中筛选出有意义、有价值的内容，在省内择地开展试点示范，同时向中央有关部委申请政策支持，最大限度地增强基层创新的活力和动力。

综合报告

Comprehensive Reports

B.2
吉林省城市竞争力（地级市）2017年度排名

一 2017年吉林省8个地级市综合经济竞争力排名（见表1）

表1 2017年吉林省8个地级市综合经济竞争力排名

城市	综合经济竞争力指数	全省排名	全国排名
长春	0.129	1	48
吉林	0.056	2	178
四平	0.052	3	206
松原	0.051	4	211
辽源	0.050	5	216
通化	0.047	6	228
白城	0.039	7	254
白山	0.038	8	264

资料来源：中国社会科学院城市与竞争力指数数据库、吉林省社会科学院城乡发展指数数据库。

二　2017年吉林省8个地级市可持续竞争力排名（见表2）

表2　2017年吉林省8个地级市可持续竞争力及其分项全国排名

城市	可持续竞争力		知识城市竞争力排名	和谐城市竞争力排名	生态城市竞争力排名	文化城市竞争力排名	全域城市竞争力排名	信息城市竞争力排名
	指数	排名						
长春	0.544	32	27	131	20	28	65	91
吉林	0.356	108	56	140	151	97	164	192
四平	0.258	201	92	138	178	241	172	215
辽源	0.225	230	250	107	138	257	163	214
通化	0.324	143	183	99	110	113	213	194
白山	0.296	166	230	9	150	209	252	177
松原	0.221	234	235	172	103	233	209	271
白城	0.214	239	193	84	168	263	281	246

资料来源：中国社会科学院城市与竞争力指数数据库、吉林省社会科学院城乡发展指数数据库。

B.3
吉林省城市竞争力（地级市）2017年度综述

崔岳春　徐 嘉*

摘　要： 2017年吉林省继续统筹推进“五位一体”总体布局，以国家新一轮振兴东北老工业基地为契机，深入实施“四个全面”战略与“三个五”发展战略，优化经济结构，加快发展方式转变，加速培育发展经济新动能。吉林省城市综合经济竞争力与可持续竞争力排名较为稳定，宜居城市竞争力总体表现尚可，随着经济效率的提升，制约综合经济增长力的问题会得到解决，通过进一步深化体制机制改革，全省的可持续竞争力与宜居竞争力将有更大发展空间。

关键词： 吉林省　综合经济竞争力　可持续竞争力　宜居城市

2017年是继续深入推进“十三五”发展之年，东北地区继续面临复杂多变的国内外政治经济环境，国际金融与贸易市场较为动荡，国内依旧面临改革攻坚克难，吉林省作为转型阵痛期的老工业基地，经济结构转型升级，加速科技创新与成果转化，依旧是短期内最重要的问题。吉林省贯彻新发展理念，积极推进供给侧结构性改革，着力完善体制机制，着力促进结构调整，着力保障改善民生，砥砺奋进，改革开放不断深化，发展活力持续释

---

* 崔岳春，吉林省社会科学院城市发展研究所所长、研究员，研究方向：区域经济、数量经济；徐嘉，吉林省社会科学院城市发展研究所副研究员，研究方向：城市发展与产业经济。

放，全面振兴迈出新步伐，转型升级取得新进展，全省经济社会保持平稳健康发展。2017 年全省实现地区生产总值 15288. 94 亿元，比上年增长 5. 3%，延续了“十三五”的良好开局。发展水平表现在全省城市竞争力方面，2017 年吉林省综合竞争力在全国排名第 26 位、在东北排名第 2 位。宜居城市竞争力排名在全国第 15 位，在东北位列第 1 位。可持续竞争力方面居于全国第 26 位、东北末位。由此可见，宜居城市竞争力是吉林省城市竞争力中相对具有优势的项目，可持续竞争力中，由于受到文化城市竞争力、全域城市竞争力和信息城市竞争力等二级指标所累，因此还有较大提升空间。随着改革的进一步深化，吉林省继续坚持“加减乘除”一起做，“有中生新、无中生有”一起抓，深入实施东、中、西区域协调发展战略，加快对传统优势产业的转型升级，重点培育战略性新动能，加快融入“一带一路”倡议发展路线，充分发挥高端要素集聚效应，着力构建城市对外开放新格局，吉林省的综合经济竞争力与可持续竞争力会得到进一步改善。

一　现状与格局

（一）“新动能”调适下的城市发展新机遇

1. 经济发展蹄疾步稳，奠定城市发展基础

2017 年，东北总体经济出现回暖迹象，辽宁与黑龙江止跌回升幅度良好，吉林省也在稳步向好发展。2017 年，吉林省顶住经济下行压力，经济运行态势基本平稳。全年全省实现地区生产总值（GDP）15288. 94 亿元，按可比价格计算，同比增长 5. 3%。其中第一、二、三产业分别实现增加值 1429. 21 亿元、7012. 85 亿元和 6846. 88 亿元，同比分别增长 3. 3%、3. 9% 和 7. 5%。三次产业比重为 9. 3∶45. 9∶44. 8。第一产业比重比上年下降 0. 8 个百分点，首次降到 10% 以下；第二产业比重比上年下降 1. 5 个百分点；第三产业比重比上年提升 2. 3 个百分点，产业结构持续调整初见成效。全年全省全社会固定资产投资 13283. 89 亿元，比上年增长 1. 4%。其中，固定

资产投资（不含农户）13130.90 亿元，增长 1.4%。全年全省社会消费品零售总额 7855.75 亿元，比上年增长 7.5%。全年全省实现货物进出口总额 1254.15 亿元，比上年增长 3.0%。其中，出口总额 299.92 亿元，增长 8.2%；进口总额 954.22 亿元，增长 1.5%。吉林省年度增速虽然放缓，但无论是投资还是外贸与消费，总体仍然呈现小幅增长态势。经过改革开放四十年的发展，吉林省地区生产总值与人均地区生产总值分别增长了 185.45 倍和 14.25 倍。城市竞争力发展的基石就是经济发展，城市综合经济实力稳步提升势必会为城市综合竞争力的提升营造良好氛围和坚实基础。

2. 新旧动能加速转换，唤醒城市改革新动力

“十三五”开局以来，吉林省一直在深入推进供给侧结构性改革，不断提升全要素生产率，开发经济发展新动能，不断解放与发展全社会生产力。吉林省经济发展进入调结构、稳速度、换动能、提效率的新阶段。供给侧一端激发活力，强力推动老工业基地转型升级、向质量和效益提升转变。2017 年吉林省围绕汽车、轨道客车、卫星等产业，突出发展研发设计、现代物流和检验检测等服务业，着力培育民营经济发展新动能，主要是引导民营制造业企业创新生产经营模式，拟选择 10 户民营企业开展制造业服务化试点，重点推进 100 个服务业重大项目和 42 个省级现代服务业集聚区建设，倾力打造吉林服务品牌。全年全省民营经济实现增加值 7905.8 亿元，占全省地区生产总值的比重为 51.7%；民营经济实现主营业务收入 37499.8 亿元，比上年增长 7.0%。高技术制造业增加值增长 0.2%，占规模以上工业增加值的比重为 6.0%，技术改造投资占工业投资比重达到 60%。吉林省不断加大对知识技术密集、物质资源消耗少、成长潜力大、综合效益好的产业的开发，加快培育和发展战略性新兴产业，以适应和引领经济发展新常态。已初步确立以生物、信息技术、高端装备制造、新材料等产业为核心的万亿产业类别，同时加强吉林省相对具有发展优势的医药健康产业、生物制造产业、现代种业、新能源汽车、新能源和节能环保产业的开发。同时深化已经具有发展基础与技术优势的高端装备与新材料产业、轨道交通、遥感卫星及应用产业领域的优化升级，促进吉林经济新旧动能平稳转化，不断强化吉林经济

发展的新增长点，确保经济健康高效绿色发展。

3. 统筹协调区域发展，推进城市转型升级

随着科学发展、和谐发展、协调发展、可持续发展理念的落实，吉林省的城市升级已经由以数量扩张型为主的增长，向数量规模扩张与城市功能内涵提升并重的发展转变。2017 年吉林省城镇化率达到 56.65%，在城镇体系建设中，重视大、中、小城市和小城镇各自的作用，功能互补，协调发展。积极健全和完善中心城市，充分发挥长春、吉林的带动作用，同时，也加快发展一批区域中心城市，如四平、通化、白城等。并且引导和鼓励教育、医疗等资源流向中小城市，增强中小城市的吸引力，注重提升城市的内涵和质量。继续推进哈长城市群、以长吉大都市区为核心的中部城市群建设。在区域协调方面，根据“长吉图”战略和“三个五”战略、中东西“三大板块”战略，进一步发挥各地区位特点、资源禀赋、产业基础和交通设施优势，打造“一主、六双”区域协调发展格局，实现全省区域经济协调、健康、可持续发展。“三大板块”战略继续深入推进：东部重点生态功能区建设，依托长白山森林生态功能区的区位环境和资源优势，以保护自然资源和生态环境为原则，大力推进延龙图一体化区、珲春国际合作示范区和白通经济区的发展，形成面向东北亚的吉林东部区域增长极和新欧亚大陆桥的桥头堡；加快西部生态经济区建设。推进西部节水型农牧业生态经济区建设，在重点进行生态恢复建设的前提下，依托西部地区的能源与特色资源优势，重点加强农产品加工、能源和化工等产业发展。着力解决农业大省生态恢复和生态移民的城镇化发展模式问题；全力推动中部城镇化发展核心区域建设。中部地区生产要素集中，经济基础良好，承载能力较强。重点推进长吉都市区发展，实行中间突破战略，突出高端城镇化和首位城市主导作用，同时加强四平、辽源等中心城市的辐射带动作用。

4. 加速双创融合发展，增强城市创新驱动能力

2016 年 7 月，中共吉林省委员会第七次全会审议通过了《中共吉林省委吉林省人民政府关于深入实施创新驱动发展战略推动老工业基地全面振兴的若干意见》，会议与文件从吉林省情出发，把《国家创新驱动发展战略纲

要》的战略部署和全国科技大会的核心意见要求与吉林省科技创新的现状相结合，把建设创新吉林上升到战略高度，对科技创新带动全面创新、加速产业升级、鼓励创业发展、快速带动吉林省经济整体转型发展提出了新的要求。科技创新与创新驱动已经成为目前吉林省加快经济发展与提升整体竞争力的重中之重。2017 年吉林省有中国科学院和中国工程院院士 24 人。已建成国家级重点实验室 11 个，省部（吉林省与科技部）共建重点实验室3 个，省级重点实验室 78 个，省级科技创新中心（工程技术研究中心）145 个。全年全省国内专利申请量 20450 件，授权量 11090 件，分别比上年增长 8.1%和 11.0%。其中，发明专利申请量 7780 件，增长 3.2%；发明专利授权量 3057 件，增长 25.9%。2017 年度登记省级科技成果 600 项。全年有 9 项科研成果获得国家科技奖励，17 项获得省科技进步一等奖，4 项获得省科学技术发明一等奖，13 项获得省自然科学一等奖，全年共签订技术合同 7332 份，实现合同成交额 219.77 亿元。重点产业科技支撑能力大大提升，交通设备技术领域、光电技术及成果转化领域、化工及新材料领域、医药领域等均有领先技术诞生，通过深化科技体制改革，强化企业创新主体地位，科技创新对区域发展重点产业的支撑作用更加显著。在农业科技领域突出重点环节，农业科技保障能力显著提高。创新政策的出台，体制机制的完善，都对“双创”工作的推进具有重要的保驾护航作用，对吉林省城市创新潜能的开发与城市创新活力的提升有较强的带动作用，有利于城市的转型升级，有利于城市培育创新内生动力。

5. 加强东北亚区域合作，打造“一带一路”开放窗口

吉林省在“一带一路”倡议中地位独特，区位优势十分明显。外邻朝鲜、俄罗斯，陆地边境线长 1438.7 公里，是我国内陆进入日本海最近的区域，具有发展东北亚区域合作的优势条件，同时毗邻俄罗斯、蒙古国，可以面向欧洲经济圈展开合作。从国内区位角度看，吉林省位于整个东北地区的中部，长吉图区域和东南部（通化、白山地区）具备面向东北亚区域和欧洲国际开发开放的区位优势。西北地区主要是与黑龙江省的哈大齐（哈尔滨、大庆、齐齐哈尔）工业走廊和牡绥（牡丹江、绥芬河）地区对接，呼

应发展。尤其是国家主体功能区规划提出“哈尔滨－长春经济区是国家一级经济区”，其中，长吉图经济区包括吉林省长春、吉林、延边、松原的部分地区。长春、吉林与哈尔滨，松原与大庆，延边与牡丹江等相邻城市之间就存在天然的联系。尤其是长吉图经济区是东北地区，特别是东北北部地区南北联系的重要地带。西部白城地区可以面向蒙古国、欧洲开展国际开发开放。2017 年全省实现货物进出口总额 1254.15 亿元，比上年增长 3.0%。其中，出口总额 299.92 亿元，增长 8.2%；进口总额 954.22 亿元，增长 1.5%。吉林省内口岸、铁路、公路、水运、航空等基础设施建设初见成效，对内、对外通道日益畅通。进一步加强沿图们江、鸭绿江开发开放经济带与沿中蒙俄开发开放经济带的开发与建设，依托口岸、陆路、海路等通道建设，建立出口加工区、综合保税区、互市贸易区、边境合作区、跨境合作区等，扩大经贸交流合作，以项目建设融入“冰上丝绸之路”，积极推进“两山”铁路前期工作，加快建设中俄跨境经济合作区和“滨海 2 号”国际运输走廊，支持珲春－扎鲁比诺－釜山航线常态化运营。通过园区示范区建设促进长吉图联动发展，加快吉林省“东进西联”对外开放步伐，使长吉图战略与国家“一带一路”战略紧密结合，同时打造吉林省融入“一带一路”建设的新通道、新平台、新载体、新门户，从而构建吉林省对外开放新格局。

（二）2017年吉林省城市竞争力的总体格局

1. 综合经济竞争力

2017 年，吉林省城市的综合经济竞争力指数均值为 0.058，低于上年度的 0.063。同年度东北城市综合经济竞争力指数均值为 0.056，吉林省高于东北平均水平，在全国范围也处于中等位置。其中综合增量竞争力指数均值为 0.082，较上年度下降 0.2%，东北城市该指数平均值为 0.072，吉林省优于东北城市平均水平，综合效率竞争力指数均值为 0.005，较上年度提升 0.1%，东北城市该指数均值为 0.006，吉林省低于东北城市平均水平。就吉林省主要城市指标来看，综合经济竞争力指数除了辽源市上升了 0.001 以外，其他 7 个城市均有不同程度的下降，其中下降幅度最大的是长春市，为

0.018，其次是吉林市，为0.013。在排名方面，白山市与白城市与上年度排名持平，辽源市作为唯一一个排名提升的城市，由上年的第230位，上升至第216位。排名下降幅度最大的是吉林市，下降了39位。在综合增量竞争力排名方面，辽源市上升了17位，通化市上升了6位，白山市上升了7位，白城市上升了3位，表明综合增量竞争力方面，吉林省在过去一年取得了一定成效。综合效率竞争力排名方面，辽源市上升了2位，白城市上升了1位，表明吉林省过去一年经济转型升级在部分城市行之有效，发展效益有所提升。吉林省整体排名在全国仍然没有较大突破，但综合增量竞争力表现稳中有升，综合效率竞争力表现稳定，因此，在“十三五”后续几年的发展中，应坚定不移坚持创新发展与结构调整，以保证质量与提升效益为主要发展方向，继续推进供给侧结构性改革，促进吉林省新动能加速转换。

2. 可持续竞争力

2017年，吉林省城市的可持续竞争力指数均值为0.305，比上年度提升了2.6%，低于同年度东北城市可持续竞争力指数均值的0.312，无论是指数还是排名，除了长春与吉林市，均处于全国中下游水平。从全省范围来看，可持续竞争力指数和排名双双排在全省第一的仍然是省会长春市，位列东北城市中第3位，全国第32位，与上年度相比，在东北的位次没有变化，全国下降1位，变化不大。吉林市作为省内指数与排名均位居第2的城市，在东北排名与上年度持平，为第11位，全国位列第108位，下降幅度较大，达到了18位。在全国排名100~200区间内的省内城市还有通化市和白山市，分别位列第143位和第166位。在全国排名200以外的城市为四平市，位列第201位；辽源市，第230位；松原市，第234位；白城市，第239位。其中，提升幅度最大的是通化市，提升了33位，白山市提升了25位，四平市较上年度提升了7位。总体来看，多数城市可持续竞争力发展呈现稳中有升的趋势。值得一提的是，在可持续竞争力分项方面，表现最为突出的是白山市的和谐城市竞争力排名，进入全国前十行列，与上年度排位持平。其他进入全国前100名的分项指标分别为：长春市的知识城市竞争力，位列第27位；生态城市竞争力，位列第20位；文化城市竞争力，位列第28位；

全域城市竞争力，位列第65位；信息城市竞争力，位列第91位。吉林市的知识城市竞争力，位列第56位；文化城市竞争力，位列第97位；四平市的知识城市竞争力，位列第92位。通化市的和谐城市竞争力，位列第99位。白城市的和谐城市竞争力，位列第84位。可见，吉林省在体现科技创新与教育贡献率的知识城市竞争力分项上表现较为良好；在体现社会保障与社会稳定的和谐城市竞争力分项上有领头羊城市，其他城市整体表现也优于其他分项；在体现环境治理与生态保护的生态城市竞争力分项上也基本达到了全省城市都在前200名以内（见图1）。体现数字与信息产业和基础设施建设表现力的信息城市竞争力分项表现依然不容乐观，除了白山市与四平市分别提升了29位和31位，其他城市基本处于持平和下降局面。在反映城乡统筹发展成果方面的全域城市竞争力分项上，本年度表现出下滑态势，仅四平市提升了28位，其余城市均不同程度下滑，其中通化市、白山市与松原市均从上年度的前200名下降到200名以外。表明继续大力发展经济、提高人民生活水平、统筹城乡发展差距，仍是未来吉林省经济社会发展的核心任务。

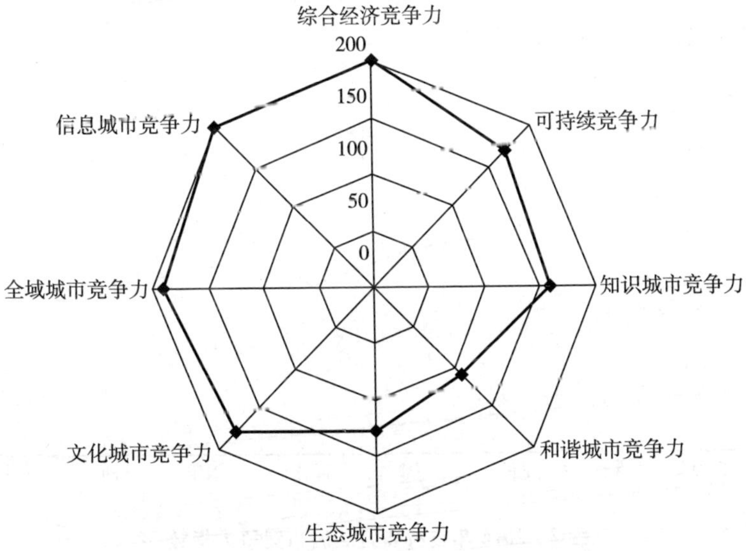

图1　2017年吉林省城市竞争力排名雷达图

资料来源：中国社会科学院城市与竞争力指数数据库。

3. 宜居城市竞争力

2017 年，吉林省宜居城市竞争力指标体系依然由教育、医疗、社会、生态、居住、设施与经济环境这七个方面组成。宜居城市竞争力指标均值为 0.385，较上年度下降 11.8%，降幅较大，8 个城市宜居城市竞争力的指数与排名均有不同程度下降（见图 2）。长春市依然是全省指数与排名最佳城市，指数为 0.536，位列全国第 49 名，得益于其教育与医疗环境的整体优异，教育排名第 17 位，较上年度提升 2 位。吉林市指数为 0.505，排名省内第 2 位，全国第 64 位。其进入全国前 50 位的也是教育与医疗环境，分别是第 40 位和第 33 位，较上年稳中有升。白山市稳居省内第 3 位，全国排名第 95 位，其宜居竞争力主要体现在安全的社会环境与便捷的基础设施方面，两项分别排名全国第 12 位和第 45 位，但其他分项均在 100 名以外，影响了白山市宜居城市竞争力整体指数与排名。另外，超过吉林省宜居城市平均指数的城市还有四平市，达到了 0.391，其余地级市指数均低于吉林省城市平均水平，宜居城市各个分项亟待提升，特别是在舒适的居住环境这一分项上，吉林省 8 个城市排名，除了白城市在 197 名，其他均在 200 名以外，处于落后水平。

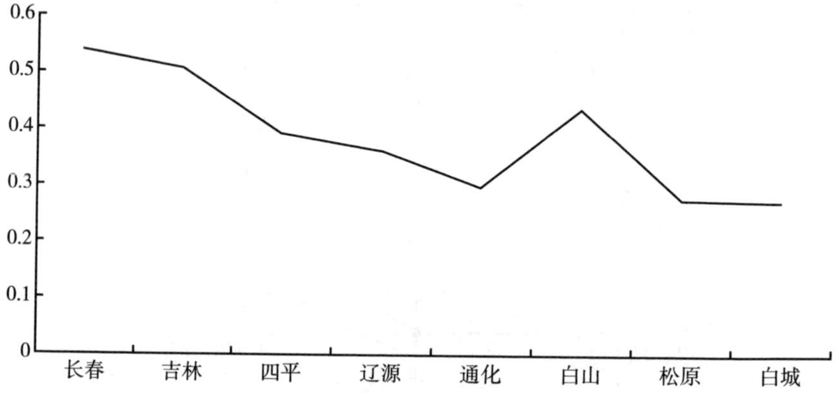

图 2　2016 年吉林省宜居城市竞争力指数

资料来源：中国社会科学院城市与竞争力指数数据库。

二　问题与挑战

（一）“一枝独秀”难以带动整体竞争力发展

无论是综合经济竞争力、可持续竞争力还是宜居城市竞争力，长春市在吉林省和东北城市中的表现一直较为突出，这种现象已经持续多年，但在长春市继续提升自我的同时，吉林省其他地级市并未得到有效带动，差距依然较大。综合经济竞争力指数全省均值为0.058，长春市为0.129，超出0.071，全省除了长春市外，其他7个地级市均未能达到综合经济竞争力指数的平均水平。在可持续竞争力方面，长春市指数为0.544，全省平均水平为0.305，仅吉林市与通化市达到平均线以上，其他5个地级市均在平均线以下，即便是达到平均线上水平的两市，也与长春市存在0.2的差距。宜居城市竞争力指数，长春市为0.536，全省平均水平为0.385，这是长春市与其他地级市最为接近的一个竞争力指数，其差距也在0.2左右。由此可见，长春市竞争力指数与排名的优异，未能形成有效带动，长春市无论是在经济发展、居民收入、城市建设、文化医疗、生态环保、安全便捷等方面，均与省内其他城市存在较大差距，长吉双城驱动效果尚不明显，核心城市的辐射带动作用未能充分发挥。从全省经济发展角度看，中部城市群的带动效应也尚未充分挖掘出来，区域经济核心层的辐射与产业链延伸仍需进行更大投入，区域协调发展，城市群联动发展都亟待进一步开发与落实，做到真正强化长春市的“领头羊”作用，改变吉林省经济发展增长极单一的状况。

（二）综合经济增量与效率竞争力仍待提升

经济效率与增量的提升归根结底还是经济发展方式的转变与经济结构的调整，吉林省作为老工业基地，尽管已经进行了两轮振兴东北的跨越式发展，但仍面临重工业产能过剩的危机。2017年全省实现地区生产总值15288.94亿元，比上年增长5.3%。虽然吉林省经济总量保持了小幅稳步增长，但是经济总量仍然偏小。在东北三省中，辽宁省地区生产总值为23942.0亿元，黑龙江省地区生产总值实现16199.9亿元，均高于吉林省。在地区生产总值中，第一产业增加值1429.21亿元，增长3.3%；第二产业增加值7012.85亿元，增长3.9%；第三产业增加值6846.88亿元，增长7.5%。三次产业的结构比例为9.3∶45.9∶44.8，对经济增长的贡献率分别为6.9%、36.9%和56.2%。较上年度三次产业结构来看，第一产业下降0.8个百分点，第二产业下降1.5个百分点，第三产业提高2.3个百分点，产业结构在不断优化，但与全国三次产业结构的7.9∶40.5∶51.6来看，仍有较大转型升级空间。第三产业快速培育仍面临诸多挑战，传统产业转型升级缓慢，新兴产业仍未成长为发展支柱，工业经济增长乏力，对于传统三大支柱产业——汽车制造、石化行业和农产品食品加工的依赖依然较重，2017年，三大产业对规模以上工业增长的贡献率依然接近60%。工业经济投资面临下降趋势，2017年，吉林省第二产业投资6351.31亿元，同比下降4.4%，有利于经济结构转型的新动能产业，投资与资金支持力度不够。现代服务业发展缓慢，民营经济虽取得了一定成绩，但仍存在较大提升空间。

（三）全域与信息城市竞争力发展滞后

全域与信息竞争力是可持续竞争力的分项指标，信息城市竞争力多年来一直是吉林省城市发展较弱的一环。全省排名最高的长春市也仅排在全国第91位，接近百名开外。100～200的城市只有吉林市192位、通化市194位和白山市177位，其他几个地级市均在200位以后。在信息城市竞争力具体组成指标中，包括客体贸易、主体交流、信息交流、物质交流四类，主要用于衡量城市对外联系和交流的能力。从客体贸易指标看，2017年吉林省全年全省实现货物进出口总额1254.15亿元，其中，出口总额299.92亿元，进口总额954.22亿元，外贸依存度仅为8.2%，低于全国平均水平。从信息交流指标看，虽然随着信息技术的飞跃发展，吉林省移动通信和网络基础设施建设力度不断加大，但是与发达省份相比，吉林省城市信息基础设施建设仍然比较薄弱。尤其是省会长春市以外的其他7个地级城市，信息基础设施统筹规划、集约建设和综合管理能力较弱，制约信息城市竞争力提升。全域城市竞争力方面，吉林省城市出现集体下滑情况，全域城市竞争力指标包括城市的宏观层面、城市的主体层面、城市的自然形态层面以及城市微观层面四个维度，考察的是城乡一体化水平、城乡居民所能共享的社会改革发展成果的公平与权益以及其生产要素的自由流动、合理配置。城乡人均支出比指标反映的是城乡居民的收入差距，对全域竞争力指标影响较大，吉林省年度收入比提升不明显，每百人公共图书馆藏书比、城乡人均道路面积比均比数据库测算样本上年度有所下降，在城镇化率基本持平的前提下，导致全域城市竞争力出现暂时性下滑。其他可持续竞争力分项，吉林省大部分城市在文化、知识等方面依然存在严重短板，多数城市均处于全国中下游水平。表明文化发展、历史传承的利用度、城市知名度、教育发展的科研人员从业数、大学排名、专利申请量等各项衡量指标都处于弱势，吉林省科技创新与文化软实力发展依然需要加大投入力度进行改善。

（四）居住环境与基础设施成为宜居城市竞争力短板

宜居城市竞争力用优质的教育环境、健康的医疗环境、安全的社会环境、绿色的生态环境、舒适的居住环境、便捷的基础设施和活跃的经济环境这 7 个技术指标来进行测算。以全省平均指数 0.385 为分界点，分别有 4 个城市达到标准线以上，4 个在标准线以下。从高到低排名依次为：长春、吉林、白山、四平、辽源、通化、松原、白城。2017 年宜居城市竞争力指数较上年下降了 0.118，舒适的居住环境一项，一直是全省排名较弱的环节，连续两年全省多数城市均排在 200 名之后。而舒适的居住环境主要有气温舒适度、房价收入比和每万人剧院、影院数来进行测算。东北地区气候影响，气温舒适度标准化得分均较低。以长春为代表，房价收入比为 3.12，标准化得分为 0.4，居于全国中下游水平。每万人剧院、影院数为 0.046 个，居于全国中等水平，长春市居住环境分项排名在全国仅位于第 222 位，严重影响了宜居城市竞争力总排名。同时，落后的基础设施和公共服务水平制约了城市宜居竞争力水平提升。以长春为例，宜居竞争力总体排名全国第 49 位，便捷基础设施排名全国第261位，几近榜单下游水平。吉林市宜居竞争力总排名全国第64位，但舒适居住环境排名全国第283位，白山总排名第95位，居住环境排名240位。以长、吉两市为代表，城市的不断扩容，带来了城市承载能力的极限挑战，“城市病”问题愈演愈烈，交通拥堵、停车困难、人均公共绿地面积、建成区绿地面积、人均住房面积、人均拥有铺装道路面积等指标均未达到全国平均水平。城市基础设施陈旧落后，基础设施水平与城镇发展不相适应，成为城市宜居竞争力提升的瓶颈。

（五）仍需进一步加大对外开放力度

随着“一带一路”倡议的不断深化推进，吉林省对外窗口建设急需跟进。特别是面对重工业产业去产能过剩压力，要积极做好对外贸易，大力推进优势产业国际产能合作。政策环境不够优越，仍旧缺乏具有含金量的财政、金融、土地等相关产业发展的支持政策。而且规划制定缺少全局定位，各级规划均出现重叠、错位的现象，极大地打击了外来投资的积极性。沿边地区的交通、水利、通信、电力和城镇建设等基础设施建设同样长期滞后，对内对外通道建设尚不能完全满足当前经济社会发展的需要。区域通道建设作为地区经济合作、增长极发展集聚能力的重要支撑，沿边地区虽取得了一定成绩，但在公路交通网建设方面仍较薄弱，通信设施建设不能适应经济发展需要，对外口岸建设缺乏资金投入，使通道的基础设施建设能力不足。

三　趋势与政策建议

（一）强化文化与知识竞争力要素，大力发展文化软实力

积极寻找对策，解决一直困扰吉林省可持续竞争力提升的文化与知识竞争力要素问题。一是优化文化生态、创新文化建设。深化文化与科技合作模式，拓展文化与资本结合模式。发挥吉林省教育资源优势，推进文化产业与

高科技产业的深度融合，提高文化产业的科技含量和文化产品与文化服务的附加值，增强创新增值能力，不断优化文化产业结构。自主创新在吉林动漫集团公司和长影集团经营方面尤其重要，通过技术创新来带动文化产品附加值。二是推进文化惠民、做强文化产业。全面提升公共文化服务效能，要实现从宣传模式向消费模式的转变，即要通过政府采购，提供更多更好的免费产品和服务。建设文化产业园区，要从吉林省文化产业资源特色、产业分布特点实际出发，结合特色城镇建设、结合长吉图开发开放先导区战略，从地域上把长春、吉林、延吉纳入统一文化产业带，推进影视、汽车、民俗、长白山等特色文化产业集聚区。加速资源型城市产业结构转型，以长白山保护开发区为中心，规划以文化休闲娱乐旅游为主的产业集聚区，结合旅游节、滑雪节、挖掘长白山地区的民族文化、人文地理、饮食文化等思路创新发展产业基地。三是打造品牌形象，强化城市吸引力。提升吉林省文化产业品牌的地区乃至全国影响力，培育一批具有较强竞争力的文化企业集团。鼓励建立多媒体经营、跨地区发展的大型文化企业集团，通过业务链整体协作方式开拓市场，实现区域合作。塑造城市形象与城市品牌，根据城市自身的历史文化内涵、经济发展程度、产业城市规模、地理自然资源等，从中发掘定位出能被城市主体和客体共同认可，并具有最广泛的代表意义的方面，加以提取、升华，再转换成易于传播、便于传诵记忆的称谓。

（二）加强生态城市建设，营造城市可持续发展态势

习近平总书记多次强调，生态文明建设是“五位一体”总体布局和“四个全面”战略布局的重要内容。各地区、各部门要切实贯彻新发展理念，树立“绿水青山就是金山银山”的强烈意识，努力走向社会主义生态文明新时代。随着工业化与城镇化进程继续加快，吉林省生态环境正处于一个十分关键的阶段。面临日益紧迫的形势，我们应该从传统的以污染控制为目标导向的环境管理模式，向以环境质量提升为追求目标的环境管理模式转变。以环境质量提升倒逼经济结构优化，以环保政策的改革倒逼体制机制创新，以生态功能保障基线倒逼发展方式转变，以严把准入关倒逼新业态、新

技术发展。一是创新环境制度。应积极推行主要污染物排污许可证制度与交易制度，逐步推广环境保险制度、绿色信贷制度、完善环境保护信息公开机制，建立健全适合吉林省情的生态保护补偿机制。二是建立健全“新、细、严”的环境标准体系。坚持准入倒逼，加快修订强制性的能效与能耗限额标准，发挥准入指标对产业转型升级的倒逼作用。三是把环保融入产业升级发展之中。在传统产业加强技术创新，通过高新技术和生态技术改造提升传统产业，强化对钢铁、有色、化工、印染、医药等重点领域的清洁生产审核，进行清洁生产示范项目建设。大力发展环保产业，发挥生态资源优势，大力发展有机食品、绿色食品、生态旅游等产业。积极推广节约资源和保护环境的农业技术，发展优质、生态、安全的效益农业。转换新动能开发新业态，以“互联网+”和智慧城市建设为契机，打造数字经济新高地，加快发展第三方物流、融资租赁、信息、电子商务、节能环保等新业态，助力产业发展向价值链高端延伸。

（三）激发全社会创业活力，持续积聚科技创新动力

在东北再振兴与“一带一路”倡议实施的当下，以中共吉林省委通过的创新驱动振兴老工业基地的决议为契机，充分发挥吉林省的科研机构与科技平台协同优势，把创新驱动战略作为启动吉林经济新一轮振兴与转型发展的动力支撑，在体制机制、社会环境、服务体系、人才培养等多方面推进行之有效的措施，加速创新吉林的全面发展。一是把吉林省传统优势特色产业与高新技术核心主导产业相融合。不断寻求突破和技术创新，培养打造具有核心竞争力的高技术主导产业，形成吉林技术特色与产业技术优势。发展汽车制造、石油化工和农产品精深加工产业高端技术，要继续发挥科研团队的技术优势，加大投入力度，加快科技成果转化。再就是培育发展其他重点且具有一定优势的产业技术，力争发展壮大成为吉林省经济发展的新兴支柱产业。其中，健康医疗产业、医药保健服务业，生物保健材料开发等几个重点板块陆续可以实现新技术突破。装备制造业、信息产业化、光电子技术等多个领域都在科技创新和技术突破方面有着一定的积累，是未来重点打造的对

象。二是重视推进“大众创业、万众创新”，加快构建重创空间、降低创新创业门槛、加强财政资金引导、完善创业投融资机制。在最大范围内推动人、财、物等市场要素的自由流动，倒逼不合理的体制机制实现改革突破，加强创新创业平台建设与人才培育，进一步完善城市创新创业支持体系。三是强化企业创新主体地位。鼓励企业开发或引进具有自主知识产权的科技成果，开发新产品，一手抓企业技术创新，一手抓企业管理创新。以主要支柱产业为基础，在吉林省内培育一批具有较大成长空间和较强技术引领，并代表领先技术优势的高新技术企业。

（四）深化供给侧结构性改革，培育城市经济增长新动能

吉林省近年来经济稳中有升，不断因地制宜，推进供给侧结构性改革，发展速度趋缓源于吉林省正处于从旧的产业形态及其结构转向新型产业形态的关键期。一是注重培育发展战略性新兴产业。充分利用新时代发展契机，立足本地资源优势，顺应市场变化，发展新动能，培育新型业态，提升综合经济竞争力和可持续发展竞争力。加快推进农业现代化，发展“生态效益型特色农业”“农业 + 旅游”“互联网 + 特色农业”等新产业、新模式。发展大健康产业、全域旅游产业、农产品精深加工产业，培育吉林特色冰雪旅游产业、绿色有机农产品产业、长白山林下植被产业等。二是制订吉林省服务业分行业转型升级的实施方案，重点推动电子商务、金融保险、信息咨询等高附加值的新兴服务业发展，重点推进现代物流、现代金融、信息服务、文化旅游、健康养老等现代服务业发展，以及网络约车、网上外卖、远程教育、在线医疗等新经济、新模式发展，加快培育经济发展的新增长点，积极营造有利于服务业发展的制度和政策环境，有利于强化生产性服务业对全省城镇就业的吸纳。三是深入贯彻创新驱动发展战略，以科技创新为产业升级和结构优化的动力。加速科技成果转化，以科技带动技术、工艺、产品更新换代，以创新理念打造先进企业文化，把创新融入传统产业与新动能数字经济产业发展之中，加快形成制造业和服务业“双轮驱动”的产业格局。

（五）构建对外开放与合作新渠道，提升内外互联互通水平

吉林省积极主动融入“一带一路”建设，带动对外开放的深化，应从以下几个方向努力：一是进一步加强平台载体的建设与完善，强化长吉图开放平台功能，促进各平台之间互动发展，互通有无。重点完善长春兴隆综合保税区、珲春国际合作示范区、东北亚国际物流园、东北亚国际科技创新中心等开放平台的建设，进一步完善珲春国际合作示范区的功能，加快通化国际内陆港务区的建设步伐，推动延龙图新区建设。提高吉林省与东北亚国家的沟通交流能力，扩大与俄罗斯、朝鲜、韩国、日本等周边国家的贸易往来。二是抓住东北振兴机遇，参与并融入哈长城市群建设，与哈、大、齐、牡、绥等城市实行优势互补、呼应发展；接受沈阳经济区的核心辐射，与辽宁环渤海经济带形成沿边沿海互动发展，同时加强与我国东部地区交流合作。三是提升内外互联互通水平。优先发展国际综合运输通道、国际航运、国际物流体系、口岸设施和城市基础设施建设；进一步完善与东北亚邻国的互联互通，打通中朝、中俄、中蒙对外大通道，推进对俄罗斯和朝鲜的铁路、港口、海联运航线和巩固边贸物流通道。完善对内交通运输网络体系，加强与东北腹地及东北沿边口岸间沟通联动；加强长吉产业创新发展示范区、长吉两市和延边朝鲜族自治州之间的城际交通基础设施规划与建设以及信息基础设施、电子政务平台、公共技术平台等领域的合作，打造包括轨道交通、高速公路等在内的快捷城际交通体系，为长吉图开发开放先导区前沿与腹地的联动发展创造便捷的交通条件，促进信息的互联互通和资源共享。

参考文献

王胜今、赵儒煜：《长吉图开发开放先导区的城镇体系建设战略》，《新长征》2010年8月。

倪鹏飞：《中国城市竞争力报告 No. 16》，中国社会科学出版社，2018。

倪鹏飞：《中国城市竞争力报告 No. 15》，中国社会科学出版社，2017。

姜晓秋：《东北地区发展报告（2016）》，社会科学文献出版社，2016。

马克：《2015 吉林经济社会形势分析与预测》，社会科学文献出版社，2015。

邵汉明：《2017 吉林经济社会形势分析与预测》，社会科学文献出版社，2017。

邵汉明：《2018 吉林经济社会形势分析与预测》，社会科学文献出版社，2018。

崔岳春、张磊：《吉林省城市竞争力报告（2017～2018）》，社会科学文献出版社，2018。

崔岳春、张磊：《吉林省城市竞争力报告（2016）》，社会科学文献出版社，2016。

崔岳春、张磊：《吉林省城市竞争力报告（2015）》，社会科学文献出版社，2015。

赵广欣：《吉林省 2017 年经济工作：在高质量发展新路上昂首阔步》，《吉林日报》2017 年 12 月 25 日。

《省委省政府关于进一步优化区域协调发展空间布局的意见》，《吉林日报》2018 年 11 月 14 日。

《2018 年吉林省政府工作报告》，吉林省人民政府网。

《吉林省 2017 国民经济和社会发展统计公报》，吉林统计信息网。

B.4 吉林省城市竞争力（县级市）2017年度排名

一　2017年吉林省20个县级市综合经济竞争力排名（见表1）

表1　2017年吉林省20个县级市综合经济竞争力排名

县级市	所属地市	所属地区	综合经济竞争力		综合增量竞争力		综合效率竞争力	
			指数	排名	指数	排名	指数	排名
梅河口	通化市	中部	1.0000	1	0.9238	3	0.8141	2
延吉	延边朝鲜族自治州	东部	0.9842	2	0.7281	5	1.0000	1
德惠	长春市	中部	0.9526	3	1.0000	1	0.6790	3
公主岭	四平市	中部	0.8468	4	0.9615	2	0.5560	4
榆树	长春市	中部	0.7232	5	0.8817	4	0.4373	5
舒兰	吉林市	中部	0.3880	6	0.5676	9	0.1837	8
双辽	四平市	西部	0.3677	7	0.4124	18	0.2318	7
磐石	吉林市	中部	0.3628	8	0.2934	19	0.3162	6
图们	延边朝鲜族自治州	东部	0.3288	9	0.4739	15	0.1577	10
桦甸	吉林市	中部	0.3261	10	0.4677	16	0.1552	11
临江	白山市	东部	0.3200	11	0.5451	12	0.1266	12
集安	通化市	东部	0.3183	12	0.5644	11	0.1202	13
大安	白城市	西部	0.2979	13	0.5658	10	0.1036	15
洮南	白城市	西部	0.2944	14	0.6056	7	0.0944	16
蛟河	吉林市	中部	0.2921	15	0.5115	13	0.1097	14
珲春	延边朝鲜族自治州	东部	0.2912	16	0.6010	8	0.0939	17

续表

县级市	所属地市	所属地区	综合经济竞争力		综合增量竞争力		综合效率竞争力	
			指数	排名	指数	排名	指数	排名
龙井	延边朝鲜族自治州	东部	0.1821	17	0.4633	17	0.0403	18
敦化	延边朝鲜族自治州	东部	0.1736	18	0.6315	6	0.0230	19
和龙	延边朝鲜族自治州	东部	0.0862	19	0.4802	14	0.0000	20
扶余	松原市	西部	0.0565	20	0.0000	20	0.1606	9

资料来源：吉林省社会科学院城乡发展指数数据库，《吉林统计年鉴》（2012~2017）。

二　2017年吉林省20个县级市可持续竞争力排名及分项指标等级（见表2）

表2　2017年吉林省20个县级市可持续竞争力指数排名及分项指标等级

县级市	可持续竞争力		创新驱动的知识城市竞争力	公平包容的和谐城市竞争力	环境友好的生态城市竞争力	多元一本的文化城市竞争力	城乡一体的全域城市竞争力	开放便捷的信息城市竞争力
	指数	排名	等级	等级	等级	等级	等级	等级
敦化	1.0000	1	★★★★★	★★★★★	★★★	★★★★	★★★	★★★★★
集安	0.9731	2	★★★	★★★★	★★★★★	★★★★★	★★★	★★★★★
延吉	0.8518	3	★★★★★	★★★	★	★★★★	★★★★★	★★★★★
梅河口	0.7783	4	★★★★★	★★★	★★★★	★★	★★★	★★★★
图们	0.7639	5	★★	★★★★★	★	★★★★★	★★★★★	★★★★
珲春	0.7503	6	★★	★★★★	★★	★★★	★★★★★	★★★★★
龙井	0.6541	7	★	★★★★★	★	★★★	★★★★	★★★
和龙	0.6408	8	★★	★★★★★	★★★	★★	★★★★★	★
临江	0.6141	9	★★	★★★	★★★	★★★	★★★★	★★
蛟河	0.6119	10	★★	★★★	★★★★★	★	★★★	★★★
桦甸	0.5164	11	★★	★	★★★★★	★	★★★	★★★
磐石	0.4745	12	★★	★★	★★★	★	★★	★★★
榆树	0.4552	13	★★★★	★	★★★★	★	★★	★

续表

县级市	可持续竞争力		创新驱动的知识城市竞争力	公平包容的和谐城市竞争力	环境友好的生态城市竞争力	多元一本的文化城市竞争力	城乡一体的全域城市竞争力	开放便捷的信息城市竞争力
	指数	排名	等级	等级	等级	等级	等级	等级
德惠	0.4092	14	★★	★★	★★★	★	★	★★★★
洮南	0.3646	15	★★	★★★	★★	★★	★	★★
舒兰	0.3541	16	★	★	★★★★	★	★	★★
公主岭	0.3168	17	★	★★	★★★	★	★★	★
双辽	0.2622	18	★	★★	★★	★	★	★★
大安	0.2574	19	★★	★★★	★★	★★	★	★
扶余	0.2447	20	★	★	★★★	★	★	★

资料来源：中国社会科学院城市与竞争力指数数据库、吉林省社会科学院城乡发展指数数据库。

B.5
吉林省城市竞争力（县级市）2017年度综述

孙葆春 *

摘　要： 作为连接区域中心城市与广大农村地区的节点，县级市的竞争力水平对吉林省经济社会的快速健康发展发挥着重要的积极作用。通过梳理县级市经济发展概况，以及分析综合经济竞争力与可持续竞争力总体格局，找出阻碍竞争力进一步提升的问题与不足之处，总结县级市社会经济发展中的现象与规律。伴随着新兴业态成为经济发展新动能，集群化发展格局的逐步形成，品牌打造不断受到重视，经营模式不断发展创新等经济现象的出现，调整优化产业结构，推进第一、二、三产业融合发展；打造质量安全化体系，提高产品市场竞争力；促进农民收入增加，推动就业非农化；坚持绿色发展理念，实现生态友好型增长，将成为促进吉林省县级市竞争力全面提升的有效途径。

关键词： 吉林省　县级市　综合经济竞争力　可持续竞争力

县级市的竞争力发展水平，对国民经济的快速增长起着至关重要的作用。作为连接区域中心城市与广大农村地区的节点，县级市担负着承

* 孙葆春，吉林省社会科学院农村发展研究所副研究员，博士，研究方向：农业经济理论与政策。

接核心城市产业转移，集聚乡村腹地优势资源的重任。在吉林省国民经济社会发展中，县级市占据重要地位，尤其是对促进城市布局合理化、统筹城乡经济发展意义重大。在实施乡村振兴战略与农业现代化建设中，吉林省县级市加速发展的机遇与挑战并存，竞争力提升的空间潜力较大。

在中国社会科学院县域经济课题组发布的《中国县域经济报告（2017）》中，全国综合竞争力百强县（市）所有席位被15个省市占据，其中江苏、浙江、山东三省占据2/3强的席位。东北三省中只有辽宁省占据1席。在《中国县域经济发展报告（2015）》中，吉林省的延吉市（16位）与敦化市（74位）两个县级市上榜。在《中国县域经济发展报告（2016）》中，吉林省就只有延吉市（86位）一个县级市进入综合竞争力百强县，但位次有所下降，到2017年吉林省则无一上榜。由此可见，吉林省县级市近年来发展迟缓，落后于经济发达地区县级市的发展速度。要实现吉林省经济社会持续健康发展，必然要实现县域经济的快速稳定发展，而这就势必要提升县级市的综合竞争力与可持续竞争力发展水平。

一　现状与格局

（一）县级市发展概况

县域经济是吉林省社会经济发展的潜力所在，在吉林省新一轮振兴发展的背景下，县级市面临着快速发展的新机遇，同时存在诸多发展的难点。

1. 空间地域与人口发展速度趋缓

吉林省20个县级市，分属于8个地市州。如表1所示，2016年吉林省20个县级市行政区域土地面积占县域的50.53%，占全省的46.48%，比上一年分别减少0.05个和0.08个百分点。总人口为974.06万人，依然占整个县域经济的半数以上，占全省总人口的36.82%。人口规模比上一年减少了10.14万人。除了双辽市增加0.1万人、延吉市增加0.38万人、珲春市增加0.04万人、集安市人口数不变外，各个县级市人口都有所下降。因此，县级市的人口、行政面积、人口密度与上年相比，都略有收缩。

2. 综合经济实力平稳增长

国内生产总值反映了区域经济的总量规模。2016年，吉林省县级市实现国内生产总值4288.29亿元，比上一年增加了43.13亿元。实现国内生产总值在300亿元以上的有公主岭、德惠、榆树、扶余、梅河口和延吉等6个县级市。县级市实现的GDP占县域经济的比重为57.90%，与上一年持平；占全省GDP的比重为29.02%，比上一年下降了1.17个百分点，说明县级市的经济总量发展速度与整个县域经济相比是持平的，但是慢于全省的发展速度。

财政收入是地方政府为了实施公共政策、提供公共服务、履行政府职能而筹集的资金，也是反映一个地区综合经济实力的代表性指标。2016年吉林省县级市实现地方财政收入213.88亿元，是其他19个县的1.68倍，占县域经济的62.66%，占全省的16.92%。与上年相比，减少了6433万元。财政收入超过10亿元的县级市共7个，包括桦甸、磐石、公主岭、梅河口、延吉、敦化与珲春。

全社会用电量是综合体现经济发达、生活繁荣程度的指标，在一定程度上能够反映出产业发达程度与人口密集程度。2016年，吉林省县级市全社会用电量120.72亿千瓦时，是其他县的1.29倍，与上一年相比基本持平。县级市用电量是全省的18.08%，低于GDP占全省的比重，说明与地级市相比较，县级市的第二、三产业发展与人口密集程度还是较弱。全社会用电量较高的4个县级市是延吉、德惠、公主岭和磐石，用电量在10亿千瓦时以上。

3. 固定资产投资与商品购买力实现较快增长

固定资产投资作为区域经济发展的重要手段，成为评价一个地区投资环境优劣与经济发展竞争力高低的重要指标。2016年吉林省县级市实现固定资产投资 3711.7 亿元，占县域经济的 57.98%，占全省的 26.95%。公主岭、梅河口、德惠、磐石、延吉、榆树等 6 个县级市的固定资产投资额在 250 亿元以上。2016 年的固定资产投资水平比上一年增长了 11.6 个百分点，是表 1 统计指标中增长幅度最高的，显示了吉林省县级市通过固定资产投资拉动经济增长的战略部署。

社会商品零售总额在一定程度上反映了人民生活水平提高情况。社会商品购买力的高低，是评价一个经济区域零售市场规模大小与繁荣程度的重要指标。同样，拉动消费也是促进经济增长的动力机制之一。2016 年吉林省县级市的社会商品零售总额为 1911.58 亿元，占整个县域的 61.26%，占全省的 26.15%。可以看出，县级市的商品购买力要强于其他县级市居民，但是在全省范围内比地级市的商品购买力要弱很多。2016 年县级市社会商品零售总额比上一年增加了 178 亿元，增长了 10.27 个百分点，在表 1 各个指标中增长幅度仅次于固定资产投资总额，说明 2016 年县级市居民社会商品购买力快速增长，人民生活水平有较大幅度提高。社会商品零售总额在 100 亿元以上的县级市有 9 个，依次是延吉市、公主岭、梅河口、德惠、榆树、扶余、敦化、磐石和桦甸。延吉市的社会商品零售总额接近 250 亿元，占所有 20 个县级市的 13.08%，绝对数额甚至超过了地级市辽源，说明延吉市是一个市场规模较大、商品购买力较强的县级城市。

4. 对外出口贸易与外资利用情况平稳发展

发展对外出口贸易，不仅有助于一个经济区域增加收入，而且有助于提高生产技术水平和市场竞争力。2016 年，吉林省县级市出口总额 14.29 亿美元，是其他县的 2.82 倍，占整个县域的 73.8%，可见县域经济中出口创汇的主力在县级市。而县级市中最为突出的是珲春市、敦化市和德惠市，这 3 个县级市的出口总额占县级市的 58.57%，尤其是珲春市的出口额达到 5 亿美元以上，占 20 个县级市的 35.58%。但是与上一年相比，县级市的出口总额有所减少，减少了 2.08 亿美元。县级市出口总额占整个吉林省的 1/3，相较于 GDP 和地方财政收入比重，出口总额在全省所占的比重较高。

当年实际利用外资金额反映了一个地区吸收外商直接投资的能力，是体现该地区投资环境优劣的重要指标。2016 年，吉林省县级市实际利用外资 8.77 亿美元，占整个县域的 51.83%，在这一方面，县级市与其他县相比较，优势并不明显。县级市当年实际利用外资金额占全省的比重只有 9.3%，主要因为县级市利用外资量比上一年大幅度缩减，共计减少了 42.49%。一方面是由于全球经济发展速度趋缓、外商投资减少；另一方面是在经济新常态格局下，资源环境约束加大，要素成本提高，传统竞争优势减弱，这些都会导致外商在县级市投资计划的放缓。

5. 县级市城乡统筹发展稳步推进

非农业人口的比重可以在一定程度上反映城乡一体化发展的情况。2016 年，吉林省县级市非农业人口占整个县域的 60.41%，绝对数量比上年减少了 7.73 万人。占县域经济的比重与占全省的比重都下降了近 1 个百分点，说明非农业人口增加速度不如县域经济与全省范围增加速度快，农村居民向城镇的转移速度有所放缓。

居民收入水平是衡量一个经济区域综合经济实力的直观指标，城乡居民的收入差距还可以直接反映城乡统筹发展的情况。2016 年吉林省城镇居民人均可支配收入 26530.42 元，农村常住居民人均可支配收入 12123 元。县级市城镇居民人均可支配收入平均为 21823.45 元，是吉林省的 82.26%；农村居民人均可支配收入平均为 11448.95 元，是吉林省的 94.44%。说明县级市城乡收入差距低于全省的收入差距。高于全省城镇居民人均可支配收入水平的县级市有 9 个，其中收入最高的是延吉市（30550 元），也是唯一一个城镇居民人均可支配收入达到 3 万元以上的县级市。高于全省农村常住居民人均可支配收入水平的县级市有 10 个，其中收入最高的是舒兰市（13569 元），是唯一一个农村常住居民人均可支配收入达到 1.3 万元的县级市。吉林省县级市的居民收入不平衡现象突出，收入最高的城镇居民人均可支配收入是最低县级市的 3.78 倍，是农村常住居民人均可支配收入最低县级市的 1.68 倍。

表1　2016年吉林省县级市总体情况

	县级市总量	县域总量	全省总量	占县域比重(%)	占全省比重(%)
行政区域土地面积(平方公里)	87107	172386	187400	50.53	46.48
总人口(万人)	974.06	1716.46	2645.49	56.75	36.82
非农业人口(万人)	367.96	609.11	1303.73	60.41	28.22
GDP(万元)	42882934	74064647	147768000	57.90	29.02
地方财政收入(万元)	2138806	3413223	12637765	62.66	16.92
固定资产投资(万元)	37116995	64011440	137731688	57.98	26.95
社会商品零售总额(万元)	19115782	31203882	73104224	61.26	26.15
出口总额(万美元)	142896	193635	420568	73.80	33.98
当年实际使用外资金额(万美元)	87670	169162	943099	51.83	9.30
全社会用电量(万千瓦时)	1207237	2145731	6676276	56.26	18.08

资料来源：根据《2017吉林统计年鉴》计算整理。

总之，出口总额、地方财政收入和社会商品零售总额、非农业人口数是县级市在整个县域经济中表现比较突出的方面。从全省范围看，县级市的总人口、出口总额和国内生产总值是占比比较高的指标，当年实际使用外资额、地方财政收入和全社会用电量是占比相对较低的指标。

（二）吉林省县级市竞争力的总体格局

根据综合竞争力与可持续竞争力指数的计算分析，可以梳理吉林省县级市当前竞争力的总体格局情况。

1. 综合经济竞争力

吉林省县级市的综合经济竞争力水平存在地区分布不均衡现象（见表2）。位于前10位的县级市中有7个居于中部地区，2个位于东部地区，1个位于西部地区；居于中部地区的县级市位于后10位的仅1个，东部地区和西部地区县级市的3/4都位于后10位。从各个地区内部看，东部地区的县级市发展水平差异性较大，延吉市的综合经济竞争力指数位居第2，图们市在2016年的综合经济竞争力指数也跃升至第9位，而同属于延边朝鲜族自治州的其他4个县级市排位则都相对靠后。中部地区的县级市综合经济竞争力发展相对均衡，只有蛟河市排在后10位，其余7个县级市都稳定地居于前10位。近四年来，除去九台市变更九台区之外，综合经济竞争力前5位的县级市始终是梅河口、延吉、德惠、公主岭和榆树。可见，省直管县、延吉市与长春市周边县级市的综合经济竞争力水平较高。

综合增量竞争力指数与综合效率竞争力指数都是综合经济竞争力的重要组成部分。从综合增量竞争力指数看，德惠市、公主岭市和梅河口市位于前3位，说明其经济总量规模增长较为显著。扶余、磐石、双辽等县级市则是因为综合增量竞争力指数拉低了综合经济竞争力指数的排名。尤其是扶余市，变化幅度特别显著，比上一年的排名下降了13位。综合效率竞争力侧重于对经济发展效率方面的描述，延吉市、梅河口市和德惠市稳定地位于前3位，与上一年的排序没有变化。敦化市、珲春市和洮南市等则是因为经济效率较低而影响了综合经济竞争力水平。

表2　2016年吉林省县级市综合经济竞争力排名

县级市	所属地市	所属地区	综合经济竞争力		综合增量竞争力		综合效率竞争力	
			指数	排名	指数	排名	指数	排名
梅河口	通化市	中部	1.0000	1	0.9238	3	0.8141	2
延吉	延边朝鲜族自治州	东部	0.9842	2	0.7281	5	1.0000	1
德惠	长春市	中部	0.9526	3	1.0000	1	0.6790	3
公主岭	四平市	中部	0.8468	4	0.9615	2	0.5560	4
榆树	长春市	中部	0.7232	5	0.8817	4	0.4373	5
舒兰	吉林市	中部	0.3880	6	0.5676	9	0.1837	8
双辽	四平市	西部	0.3677	7	0.4124	18	0.2318	7
磐石	吉林市	中部	0.3628	8	0.2934	19	0.3162	6
图们	延边朝鲜族自治州	东部	0.3288	9	0.4739	15	0.1577	10
桦甸	吉林市	中部	0.3261	10	0.4677	16	0.1552	11
临江	白山市	东部	0.3200	11	0.5451	12	0.1266	12
集安	通化市	东部	0.3183	12	0.5644	11	0.1202	13
大安	白城市	西部	0.2979	13	0.5658	10	0.1036	15
洮南	白城市	西部	0.2944	14	0.6056	7	0.0944	16
蛟河	吉林市	中部	0.2921	15	0.5115	13	0.1097	14

续表

县级市	所属地市	所属地区	综合经济竞争力		综合增量竞争力		综合效率竞争力	
			指数	排名	指数	排名	指数	排名
珲春	延边朝鲜族自治州	东部	0.2912	16	0.6010	8	0.0939	17
龙井	延边朝鲜族自治州	东部	0.1821	17	0.4633	17	0.0403	18
敦化	延边朝鲜族自治州	东部	0.1736	18	0.6315	6	0.0230	19
和龙	延边朝鲜族自治州	东部	0.0862	19	0.4802	14	0.0000	20
扶余	松原市	西部	0.0565	20	0.0000	20	0.1606	9

资料来源：吉林省社会科学院城乡发展指数数据库，《吉林统计年鉴》（2012－2017）。

2. 可持续竞争力

可持续竞争力体现了县级市社会经济发展的内生动力机制与要素资源积累，以及县级市与外部资源环境所达成的协调与均衡，使得县级市能够保持社会经济持续发展的综合素质。

（1）可持续竞争力总体情况

2016 年，吉林省县级市可持续竞争力与综合经济竞争力指数的排位出现了较大的错位变化。除了综合经济竞争力指数排在第 1 位的梅河口、第 2 位的延吉市、第 9 位的图们市，可持续竞争力排在第 4 位、第 3 位和第 5 位，综合经济竞争力指数前 10 位的县级市可持续竞争力有 7 个排到了后 10 位。综合经济竞争力指数后 10 位的除了洮南、大安、扶余外，其他 7 个县级市可持续竞争力排到了前 10 位。说明大多数县级市的综合经济竞争力和可持续竞争力发展不同步。从区域发展看，也存在不平衡的现象。可持续竞争力指数排在前 10 位的包括东部地区的所有 8 个县级市和 2 个中部地区的县级市。西部地区的 4 个县级市位于第 15、18、19 和 20 位。中部地区的县级市可持续竞争力指数都基本位于中游位置。具体从各个县级市看，前三位的仍然是延吉、敦化、集安，只是位次发生了变化，敦化和集安各前进 1 个位次，延吉下降了 2 个位次。敦化在知识城市竞争力、和谐城市竞争力和信息城市竞争力方面都获得五星等级，说明其在内在创新驱动力、和谐发展与贸易开放信息便捷等方面，处于领先地位。集安市的生态城市竞争力、文化城市竞争力和信息城市竞争力指数得分较高，体现了集安市在保持环境友好、资源利用可持续发展，丰富文化精神生活、历史人文底蕴积累，开放便捷的贸易与信息交流等方面表现较为突出。延吉市的知识城市竞争力、全域城市竞争力和信息城市竞争力的指数等级较高，说明延吉市除了在内在的创新驱动力和开放便捷程度上竞争力较强，还在城乡一体化发展方面较为突出。位列前3位的县级市，其共同特点是都在贸易开放交流和信息沟通便捷上，竞争力水平较高，同时又都有各自的特点，敦化市的城市和谐发展、集安市的环境友好发展、延吉市的城乡一体化发展，凸显了城市可持续发展的战略定位与道路模式的不同。其他县级市中，和龙的可持续竞争力指数从上一年的第13位，前进到了第8位，其他县级市的排位上下浮动幅度不大。

（2）知识城市竞争力发展趋于滞缓

2016年，知识城市竞争力指数中获得五星的县级市有3个，获得四星和三星的都只有1个，这与上一年的情况相比较，有所下滑。梅河口、延吉、敦化、榆树是创新驱动的知识城市竞争力指数四星级以上的县级市。榆树从二星跃升为四星，提升幅度较大。梅河口、延吉、敦化依然保持五星级，但是延吉、敦化在县级市排名中分别下降了1个位次。其他县级市中，除了德惠市上升一个星级外，珲春、蛟河下降两个星级，集安、图们、龙井、临江、磐石都下降了一个星级。下降涉及面较为广泛，说明知识城市竞争力整体发展趋于滞缓。竞争力指数前10位的县级市在中部和东部各有5个，说明在创新投入与技术推广、教育支出与人力资源储备等方面，东部和中部地区取得了较好的效果。

（3）和谐城市竞争力东部地区表现突出

分别有4个县级市获得和谐城市竞争力指数五星，依次是和龙、敦化、龙井、图们；2个县级市获得四星，即集安和珲春。与上一年相比较，延吉、敦化、集安、珲春、德惠分别上升了一个星级；桦甸下降了两个星级，临江、洮南、扶余和舒兰各下降了一个星级。整体看变化不大。值得注意的是和谐城市竞争力指数在四星以上的县级市全部属于东部地区，除了集安以外，都隶属于延边朝鲜族自治州，而州首府延吉市却排在第11位。因此，在就业、医疗、保险、公共服务等社会福利保障方面，东部地区发展成效较好。

（4）生态城市竞争力中部地区优势明显

获得生态城市竞争力指数四星级以上的县级市有6个，依次是桦甸、蛟河、集安获得五星级，舒兰、梅河口和榆树获得四星级。其中，获得五星级的县级市比上一年减少3个，新增1个，分别是扶余由五星级降为三星级，梅河口、榆树都由五星级降为四星级，蛟河市由四星级上升为五星级。舒兰市由三星级上升为四星级。从地域分布看，中部地区县级市的生态城市竞争力较高，四星级以上的6个县级市中有5个属于中部地区，其中，桦甸、蛟河、舒兰都属于吉林市。

（5）文化城市竞争力发展速度趋缓

文化城市竞争力指数获得四星级以上的县级市有4个，依次是集安、图们获得五星级，敦化、延吉获得四星级。在多元一本的文化城市竞争力指数方面，与上一年持平，没有明显变化。说明与其他可持续竞争力指数相比较，县级市整体上文化城市竞争力的发展速度较为缓慢。只有3个县级市有轻微幅度的变化，大安上升一个星级，和龙和公主岭下降一个星级。东部地区的县级市有较强优势，四星级以上的4个县级市都位于东部地区，排在前7位的也都属于东部地区，西部地区文化城市竞争力的发展多数居于中游，而中部地区，尤其是隶属于长春市和吉林市的县级市竞争力优势不明显。

（6）全域城市竞争力全面大幅提升

全域城市竞争力指数获得四星级以上的县级市有6个，依次是图们、延吉、珲春、和龙获得五星级，龙井、临江获得四星级。与上一年相比较，增加了3个五星级县级市。全域城市竞争力的进步幅度较大，变化明显。图们由四星级超过延吉市，跃升为全域城市竞争力指数的第一位，珲春市由三星级跃升为五星级，和龙市由二星级跃升为五星级。此外，蛟河、临江、桦甸都上升了两个星级，敦化、集安、龙井都上升了一个星级，只有梅河口下降了一个星级。这种情况说明从县级市整体上看，反映城乡统筹发展水平的全域城市竞争力有了较为明显的提升。

（7）信息城市竞争力稳中向好

信息城市竞争力指数获得四星级以上的县级市有7个，依次是延吉、敦化、集安、珲春获得五星级，德惠、梅河口、图们获得四星级。东部地区和中部地区在信息城市竞争力方面，都有较好的发展，前10位中包括东部地区的县级市6个，中部地区的县级市4个。与上一年相比较，桦甸上升两个星级，德惠、舒兰、洮南都上升了一个星级，磐石下降了两个星级，图们、蛟河、公主岭都下降了一个星级。由此可见，信息城市竞争力整体上相对平稳发展，中部地区变化波动较大，西部地区稳定上升，东部地区依然保持较为明显的优势。

表3　2016年吉林省县级市可持续竞争力指数及分项指标等级

县级市	可持续竞争力		创新驱动的知识城市竞争力	公平包容的和谐城市竞争力	环境友好的生态城市竞争力	多元一本的文化城市竞争力	城乡一体的全域城市竞争力	开放便捷的信息城市竞争力
	指数	排名	等级	等级	等级	等级	等级	等级
敦化	1.0000	1	★★★★★	★★★★★	★★★	★★★★	★★★	★★★★★
集安	0.9731	2	★★★	★★★★	★★★★★	★★★★★	★★★	★★★★★
延吉	0.8518	3	★★★★★	★★★	★	★★★★	★★★★★	★★★★★
梅河口	0.7783	4	★★★★★	★★★	★★★★	★★	★★★	★★★★
图们	0.7639	5	★★	★★★★★	★	★★★★★	★★★★★	★★★★
珲春	0.7503	6	★★	★★★★	★★	★★★	★★★★★	★★★★★
龙井	0.6541	7	★	★★★★★	★	★★★	★★★★	★★★
和龙	0.6408	8	★★	★★★★★	★★★	★★	★★★★★	★
临江	0.6141	9	★★	★★★	★★★	★★★	★★★★	★★
蛟河	0.6119	10	★★	★★★	★★★★★	★	★★★	★★★
桦甸	0.5164	11	★★	★	★★★★★	★	★★★	★★★
磐石	0.4745	12	★★	★★	★★★	★	★★	★★★
榆树	0.4552	13	★★★★	★	★★★★	★	★★	★
德惠	0.4092	14	★★	★★	★★★	★	★	★★★★

续表

县级市	可持续竞争力		创新驱动的知识城市竞争力	公平包容的和谐城市竞争力	环境友好的生态城市竞争力	多元一本的文化城市竞争力	城乡一体的全域城市竞争力	开放便捷的信息城市竞争力
	指数	排名	等级	等级	等级	等级	等级	等级
洮南	0.3646	15	★★	★★★	★★	★★	★	★★
舒兰	0.3541	16	★	★	★★★★	★	★	★★
公主岭	0.3168	17	★	★★	★★★	★	★★	★
双辽	0.2622	18	★	★★	★★	★	★	★★
大安	0.2574	19	★★	★★★	★★	★★	★	★
扶余	0.2447	20	★	★	★★★	★	★	★

资料来源：中国社会科学院城市与竞争力指数数据库，吉林省社会科学院城乡发展指数数据库。

3. 县级市竞争力的区域格局

从吉林省县级市的综合竞争力指数看，中部地区的8个县级市整体水平较高。梅河口、德惠、公主岭、榆树、舒兰等中部地区的县级市，都位于指数排行榜的前列，除了延吉市以外，再无东部地区和西部地区的县级市能与之比肩。东部地区8个县级市的综合经济竞争力指数呈现出延吉市一枝独秀，而其他7个县级市却都不是很突出的格局。导致东部地区整体的综合经济竞争力相当于中部地区平均竞争力的54.88%。西部地区的4个县级市，除了扶余市的综合经济竞争力指数较低外，其余三个县级市的水平较为接近。从整体看西部地区的综合经济竞争力水平比东部地区还要略低，仅相当于中部地区平均竞争力的41.56%。

从吉林省县级市可持续竞争力指数看，东部地区8个县级市整体水平优势明显，敦化、集安、延吉占据前三席。排名前10位的除了梅河口（第4位）、蛟河（第10位）位于中部地区之外，其余8个县级市全部都位于吉林省东部地区。中部地区的可持续竞争力指数相当于东部地区平均竞争力指数的62.68%，各个县级市的可持续竞争力水平相对均衡，整体实力要高于西部地区。西部地区的4个县级市可持续竞争力也比较均衡，但竞争力优势不明显，大约相当于东部地区可持续竞争力平均水平的36.13%。

二 问题与不足

县级市在提升竞争力的过程中，还存在一些短板。这些问题和不足之处的存在，影响和制约了县级市经济竞争力的进一步提升。

（一）经济发展速度趋于缓慢

受外部宏观经济环境的影响，在深化改革的背景下，县级市发展速度相应放缓。县级市 GDP 总量仅占全省的 29.02%，地方财政收入仅占全省的 16.92%。2016 年地区生产总值仅比上年增加了 1.02%，地方财政收入则比上年减少了 0.3%。与前三年相比较，地区生产总值和地方财政收入占全省的比重呈现逐步下降的态势，说明了县级市的经济体量在全省范围内逐步缩减。利用吉林统计年鉴公布的 2012～2016 年的 GDP 数值，分别计算县级市与全省的国内生产总值年均增长率，得出县级市在这一时期的年均增长率慢于全省的年均增长率。

（二）产业结构调整空间较大

县级市在经济发展中产业结构还没有调整到最优状态，不能完全发挥自身的竞争优势。尽管在全省范围内，有西部生态经济区、东部绿色转型发展区、中部创新转型核心区的划分，但实际情况是各县级市的产业经济结构仍然存在趋同现象，以及一些共性问题。2016 年吉林省县级市三次产业结构为 16∶41∶43，与前几年相比较，第一产业的比重没有变化。江苏省同期的三次产业结构为 7∶48∶45，主要差距还是在第一产业上。与全省 2016 年的三次产业结构（10∶47∶43）相比较，县级市的第一产业比重要高于全省平均水平。按照产业结构的演变规律，第一产业会逐渐下降，第二、三产业逐步上升。目前县级市的第二产业比重低于全省平均水平，说明县级市以民营经济为主的第二产业还没有得到充分发展。因此，县级市产业结构调整的空间还非常大。

（三）基础设施建设有待改善

县级市当年实际利用外资金额占全省的比重只有9.3%，说明县级市在吸引外商投资的经济环境方面，并不具备明显的竞争力。其中一个重要的原因就是基础设施建设不够完善。从全社会用电量看，县级市占县域的比重为56.26%，说明县级市与其他县相比较并没有明显的优势；县级市占全省的比重仅为18.08%，反映了县级市在经济集聚化发展方面并没有充分发挥其节点作用。体现交通便捷程度的基础设施指标是公路网密度。东部地区从整体上看不及中部地区和西部地区。榆树的公路网密度是敦化的6.75倍。近年来西部地区交通设施方面的建设改善很快，但是东部地区依然比较滞后，相当于全省平均水平的64.96%。县级市的平均公路网密度为0.52公里/平方公里，低于全省0.55公里/平方公里的平均水平。交通设施的不完备，影响了经济发展的空间集聚，阻碍了经济资源要素的流动集中。

（四）经济发展效益水平有待提高

县级市的人均GDP仅相当于全省人均数值的81.3%，绝对数值差距在万元以上，说明从劳动效率看，县级市远低于全省平均水平。与江苏省县级市的平均水平相比，吉林省县级市仅相当于1/2左右。珲春市的人均GDP为61802元，位列各县级市第一，大约相当于江苏省昆山市的32.35%。县级市地均GDP为492.3万元/平方公里，低于全省788.52万元/平方公里的平均水平。从投入产出效率看，吉林省县级市的固定资产投资占全省的26.95%，而地方财政收入却只占全省的16.92%。可见，县级市的投入产出效率不高，经济效益不佳。从知识城市竞争力指数的评分也可以看出，县级市整体的得分水平不高，对经济发展的支撑与创新驱动力不足，并且比上一年有所下滑。因此，目前县级市的经济发展质量有待于进一步提高，以促进经济效益水平的提升与进步。

（五）要素资源吸引力有待加强

人力资源是产业竞争力的重要因素。但是县级市的投资环境不佳，导致外资投入数量有所减少。2016 年当年实际利用外资数量比上一年缩减幅度接近半数，县级市外资利用量占全省的不足 1/10。县级市的农产品加工企业较少能够形成集群化生产，难以形成规模优势和集聚效应，导致农产品加工链较短，优质农产品大多以原材料形式输出，获得的附加值数量较少。县级市的人口流出现象明显，2016 年除了 3 个县级市人口略有增长，1 个县级市人口数保持不变外，几乎所有的县级市人口都有所减少。人口的净流出，反映了在农民工回潮的形势下，各个县级市不具有吸引人才的环境和明显优势，回乡人员带着技术和资金，不选择在县级市就业生活，这就意味着在农村人力资源的再次布局分配上，县级市丧失了一次吸引人力资源流入的机会。

三　现象与规律

（一）产业结构调整的压力加大

县级市在进一步优化产业结构的过程中，面临着诸多的困难。在种植业的结构调整中，需要在稳定粮食产能的基础上，发展经济作物与特色产业，才能提高农民的收入水平。提高农产品的有效供给程度，同时提高产品质量、经济收益与产业的市场竞争力。然而粮食作物与经济作物之间存在土地等资源投入的矛盾。同时由于具有粮食种植传统的县级市，在粮食种植方面具有技术优势和生产经验，认为相对稳定、风险性小，这样就容易形成生产中的路径依赖。县级市民营经济的发展，由于外在宏观经济环境与内在发展能力弱化等问题的存在，民营经济的发展空间受到挤压，活力不足，对国民经济发展的贡献率有所下降。

（二）促进农民增收的任务艰巨

县级市在深化供给侧结构性改革的形势下，促进农民收入增加是一个核心任务。2016 年县级市农民人均纯收入低于全省平均水平。与同期江苏省县级市农民人均可支配收入 18165 元的水平则相差较远。由于江苏省几乎所有的县级市农民人均收入都在 1.5 万元以上，收入水平比较均衡，而吉林省还有 9 个县级市农民人均纯收入不足 1.2 万元，拉低了吉林省农民收入的整体水平。发展农产品加工业与特色经济，有助于促进农民收入的增加。但是各地发展极不平衡。延边、长春和吉林市的各县级市农产品加工业发展较好，但是其他地市的县级市则发展不尽如人意。

（三）经济发展区间差异现象突出

各县级市经济发展存在较为明显的区间差异问题。中部地区县级市的综合经济竞争力整体水平较高，公主岭、德惠、榆树的国内生产总值都在 400 亿元以上，图们、龙井则都不到 50 亿元。公主岭市 GDP 是龙井市的 11.2 倍。从农林牧渔业产值占 GDP 的比重看，梨树县的比重高达 42.22%，伊通满族自治县达到 34.39%，而珲春、图们、延吉都不足 5%，延吉市甚至不到 2%。珲春市出口总额是双辽市的 207.5 倍。此外，在养殖业产值占农业总产值比重、农产品加工业与农业总产值之比、农业社会化服务水平等方面，各个县级市之间的区间差异都十分明显。人均 GDP 是反映劳动效率水平的重要指标，珲春、临江都高达 6 万元以上，但是整个延边朝鲜族自治州的人均 GDP 只有 4.12 万元。这说明不仅仅是吉林省县级市东、中、西部地区区间差异明显，就是在同一地区内部的经济发展水平差异也很大。珲春市人均 GDP 是和龙市的 2.5 倍。县级市经济发展的区间差异，导致经济发展的区域失衡，会影响到吉林省整体经济发展的水平和速度。

四　趋势与展望

（一）新兴业态成为经济发展新动能

根据绿色发展与可持续发展的理念，新兴业态迎合了开发农业综合功能，实现环境友好型发展的需求。目前，休闲农业与生态旅游业成为实现动能新旧转换的接续驱动力。发展休闲农业可以推动农业供给侧结构性改革，实现第一、二、三产业的融合发展，促进农民收入的增加，实现建设美丽乡村的目标，同时又满足了居民休闲消费的需求。随着观光旅行、农事体验与认知教育、生态保护与文化传承等多项农业功能的开发，吉林省县级市围绕休闲农业与生态旅游线路的打造，逐步形成蕴含满族、蒙古族传统文化和朝鲜族风情，打造农家乐、休闲农庄和民俗村等载体平台，形成以休闲体验度假主题为主的休闲观光农业新业态，助推县级市经济健康持续发展。

（二）农产品加工业逐渐集群化发展

农产品加工业是吉林省的支柱产业之一，要改变目前县级市地方财政少、工业化发展程度不充分的现状，就需要结合乡村振兴战略，实施农产品加工业集群化发展。农业集群化发展是围绕着农产品开展生产、加工、流通、销售等一系列产业的集群发展。通过农产品加工产业的相对集聚化发展，可以最大限度地实现现有公共资源的共享利用，从而实现规模经济效益，也就是所谓的空间集聚效应，从而带动该区域经济产业链条的共同发展。不仅可以横向联合同类加工企业共同发展，形成规模，提升市场竞争力，还可以纵向达成产业链条的一体化发展，带动上下游产业的协同发展。如蛟河黑木耳产业集群，在木耳种植加工产业发展的辐射下，与之相关的锯末子、麦麸子制菌配料、草帘子、塑料薄膜、菌锅、菌袋发酵、压缩包装、浇灌设施制作和木耳饮料深加工等配套产业相继生成并得到快速发展。

（三）农产品品牌打造不断受到重视

实施农业供给侧结构性改革，寻找农业、农村新的经济增长点，实践证明品牌带动是一个可行且行之有效的途径。品牌是县级市实施农业集群化、促进农民收入增加的一个重要战略。各个县级市在 2017 年农业品牌推进年工作的基础上，打造区域品牌。目前吉林省县级市的农产品区域品牌建设进展很快，非常重视通过各种渠道对农产品品牌进行宣传推介，榆树大米、梅河大米、舒兰大米、延边黄牛、蛟河木耳等，都已经具有较高的知名度与影响力。借助品牌美誉度的提升，助推县级市农民收入增加与农业经济发展。

（四）农产品经营模式不断发展创新

吉林省县级市在供给侧结构性改革的形势下，不断创新农产品的经营模式，大力发展农村电商平台，联合休闲旅游农业发展，推广电子商务营销模式，加强网上商城与物流建设，实现农产品由生产基地直供家庭餐桌。借助“互联网＋”平台，进行优质农产品的远程销售，这样，就能够扩大销售区域，让更多消费者在更短时间内提高对农产品的认知度，扩大销量，提升市场占有率。为了确保农产品的新鲜度，各种微商平台直接连接产地与消费者，减少了中间环节，提高了农业生产者的收益水平。同时，微商的发展对县级市的非农化就业与民营经济发展也有很大推动作用。

五　政策与建议

（一）调整优化产业结构，推进第一、二、三产业融合发展

提升县级市的竞争力，应结合产业结构优化升级，推进第一、二、三产业的融合发展。根据各个县级市的资源优势和有利条件，将资源优势转变为经济效益。如东部山区借助长白山地缘优势，发展特色经济与旅游经济；中部地区可以借助核心城市周边客流量大的优势，发展采摘、体验等休闲农业；西部地区利用风力大、光照强等条件发展清洁能源。根据市场消费需求，深化供给侧结构性改革，生产绿色健康的农副产品，提高附加值水平。推进农产品加工企业的发展，实施产、加、销一体化经营，辅之以乡村旅游业的发展。以龙头企业为核心，进行集群化发展，在获得规模

经济效益的同时，有经济实力打造开发农村旅游线路，从而带动三次产业融合发展，促进农民收入增加。这就需要县级市加强基础设施硬件建设与公平开放便利的宜商软件建设，提高对各项生产要素的吸引力，营造良好的投资经营环境。

（二）打造质量安全化体系，提高产品市场竞争力

质量是市场的核心。要使产品拥有长久的生命力与市场占有率，必须确保产品的质量与安全。要加强生产环节对产品的质量监管。通过建立农产品信息可追溯系统，保存从生产、加工、流通、销售的各个环节记录，实现各个环节利益主体责任到人，当出现质量和安全问题时，可进行追踪调查，尽快发现问题并进行有效控制。完善县级市农产品质量安全监管体系建设，加大投入升级完善质检机构检验检测设备硬件，加强质量安全执法监管队伍的软件建设。提高产品的市场竞争力，除了保障产品质量安全外，还需要加大科研创新投入，不断研发适应市场需求的新品种与衍生产品，加快更新换代速度。此外，品牌的带动是提高产品市场占有率的重要手段。这就需要加强对相关产品的立体化宣传，提高产品的知名度与美誉度，结合电子商务平台、休闲农业、乡村旅游的发展，提升县级市产品的市场竞争力。

（三）促进农民收入增加，推动就业非农化

确保农民收入实现较快速度的增长，对于第一产业占比较高的县级市而言，非常重要。这也是提高第一产业发展竞争力，从而优化三次产业结构的切入点之一。提高农民收入，要重视因地制宜，调整种植业结构，如东部地区的人参、中药材以及林产品等特色经济的发展，中部的蔬菜、食用菌等棚膜经济的发展，西部地区形成生态适应型的杂粮杂豆与饲料作物的发展。县级市农民非农收入比重较低，说明农村居民的收入来源主要还是来自农林牧渔业。因此，要鼓励农民向第二、三产业转移。一方面，加强龙头企业的带动作用，带动农民就业与增收。鼓励农民成立合作经济组织，在产地对农产

品进行初加工，甚至精深加工，延长产业链条。另一方面，促进就业非农化，还要鼓励农民自主创业。吸引在城市发展中积累一定资源和技能的农民返乡创业，对当地农民形成带动效应。同时，开展各种形式的技能培训，拓宽农民的就业渠道，提高创业积极性。

（四）坚持绿色发展理念，实现生态友好型增长

在提升县级市经济竞争力的同时，必须要实现经济的可持续发展，实现生态建设与经济发展的双赢。绿色发展理念是经济发展的导向，无论是农业综合功能的开发建设，还是电子商务促进农产品的营销，实现农业自然资源的可持续利用，保护产品的产地自然环境，都是基础和保障。绿色发展包括对自然资源环境的保护与合理利用，包括化肥、农药等生产资料的减量增效，以及对农业废弃物的再利用等。随着吉林省2016年率先实现农业现代化战略的实施，县级市成为乡村振兴、推进农业现代化建设的主要阵地。2016年县级市比上一年少施用化肥0.39%，与全国的情况基本持平。但是，也必须看到，还有11个县级市化肥施用量不减反增。因此，县级市在农药、化肥的减量增效与单位生产总值的水资源消耗量等方面还有一定的差距，还需要坚持绿色发展理念，实现经济增长与生态环境改良的和谐共进。

参考文献

国家统计局吉林调研总队，吉林省统计局：《2017吉林统计年鉴》，中国统计出版社，2017。

国家统计局吉林调研总队，吉林省统计局：《2016吉林统计年鉴》，中国统计出版社，2016。

国家统计局吉林调研总队，吉林省统计局：《2015吉林统计年鉴》，中国统计出版社，2015。

国家统计局吉林调研总队，吉林省统计局：《2014吉林统计年鉴》，中国统计出版社，2014。

倪鹏飞：《中国城市竞争力报告No.14》，中国社会科学出版社，2016。

倪鹏飞：《中国城市竞争力报告 No. 13》，社会科学文献出版社，2015。

倪鹏飞：《中国城市竞争力报告 No. 12》，社会科学文献出版社，2014。

崔岳春、张磊：《吉林省城市竞争力报告（2017～2018）》，社会科学文献出版社，2018。

崔岳春、张磊：《吉林省城市竞争力报告（2016～2017）》，社会科学文献出版社，2016。

崔岳春、张磊：《吉林省城市竞争力报告（2015）》，社会科学文献出版社，2016。

地级市竞争力报告

Competitiveness of Prefecture-level City Reports

B.6
吉林省城市竞争力（长春市）报告

姚震寰*

摘　要： 在我国区域经济平衡发展战略的引领下，随着新一轮东北振兴战略的实施，长春市经济发展坚持稳中求进，注重提高经济发展质量和效益，继续推进产业转型发展，推动核心竞争力能级跃升；全力保障改善民生，稳步提升城市包容能力；加大开发开放力度，创建开放便捷城市；大力推进全域城市建设，促进城乡协调充分发展；加快提升建设管理水平，打造绿色宜居新型城市，不断提升可持续发展能力，加快提升城市综合承载能力，最终实现城市核心竞争力的整体提升。

关键词： 长春　城市竞争力　转型发展

* 姚震寰，吉林省社会科学院城市发展研究所助理研究员，硕士研究生，研究方向：城镇化建设与城市环境。

2017年，面对日趋复杂的国内经济发展环境以及吉林省社会经济发展速度稳中放缓，长春市综合经济竞争力、宜居城市竞争力和可持续竞争力排名均处于全国上游水平，表现较好。长春综合经济竞争力指数排名与上年相比表现平稳，排名全国第48位、东北地区第3位、吉林省第1位；可持续竞争力指数排名全国第32位、东北地区第3位、吉林省第1位。其中，文化城市竞争力全国排名提升幅度较大，优势明显；生态城市竞争力指数排名稳中有升，表现优异；知识城市竞争力指数排名有所下降，但依然继续保持在全国前30名的位置；和谐城市竞争力指数排名下降明显，在全国、东北和省内排名均有所下降；全域和信息城市竞争力指数排名在全国和东北地区略有下降，省内排名近三年来一直位列第1。长春宜居城市竞争力指数排名表现较好，在东北地区排名近两年来始终处于前5名的位置，省内排在第1位。新常态下，长春市经济发展坚持稳中求进，注重提高经济发展质量和效益，在经济下行和结构调整的双重压力下，紧紧抓住吉林中部创新转型核心区和加快建设东北亚区域中心城市的战略机遇，促进长春老工业基地全面振兴发展，持续推进供给侧结构性改革，做好稳增长、促改革、调结构、惠民生等工作，积极改善宜居和宜商环境，加快提升城市综合承载能力，长春城市竞争力有望获得更快提升。2017年长春市基本情况如表1所示。

表1　2017年长春市基本情况

项目	数据
土地面积(平方公里)	20571
总人口(万人)	748.9
GDP总量及增长率(亿元,%)	6530,8
三次产业比例	4.8:48.6:46.6

资料来源：《长春市2017年国民经济和社会发展统计公报》《吉林统计年鉴（2018）》。

一　格局与优势

（一）总体概况

面对全国各区域经济增长普遍乏力和东北地区经济增长形势恶化的压

力，长春市围绕“五大发展”和“东中西区域战略”的主题，端正发展观念，打造中部创新转型核心区，提高发展的质量效益，全力推进经济社会长足健康发展，提升经济效率竞争力。2017 年，长春实现地区生产总值6530 亿元，比上年增长8%。其中，第一产业增加值315.1 亿元，比上年增长3.8%；第二产业增加值3175.2 亿元，增长7.5%；第三产业增加值3039.7 亿元，增长9%。三次产业结构由2016 年的5.4∶49.4∶45.2 调整为2017 年的4.8∶48.6∶46.6。人均GDP 达到86931 元（按户籍年平均人口计算），比上年增长8.5%。全市一般预算全口径财政收入1208.9 亿元，比上年增长5.1%。全年完成固定资产投资额5194.8 亿元，比上年增长11.5%。第一产业投资完成43.3 亿元，增长55.4%；第二产业投资完成2537.8 亿元，增长9.7%；第三产业投资完成2613.7 亿元，增长12.8%。2017 年长春市城镇和农村常住居民人均可支配收入分别达到33167.7 元、13431 元，分别比上年增长6.8%、6.8%。总体来看，长春市三次产业结构进一步优化，经济总量、固定资产投资、人均可支配收入等经济指标稳中有升。

长春市城镇体系建设不断完善，积极落实推进特色城镇化战略决策，充分发挥资源优势，统筹安排、突出重点、完善设施，努力推动新型城镇化建设。长春推动实施“中国制造2025”，促进工业增长和转型升级工作获国务院通报表扬；长春新区等4 家单位获批国家双创示范基地，创新型城市试点建设通过国家验收。全面扩大开放，主动融入“一带一路”，“长满欧”班列货运量快速增长，中欧班列实现首发，长春国际港开通运营。城市品质显著提升，长春获批国家历史文化名城、全国文明城市和国家卫生城市，实现“三连冠”；成功举办汽博会、农博会、雕塑大会、电商峰会、创业就业博览会和东北振兴论坛，获批“中国十佳品牌会展城市”。城乡居民增收“暖流计划”惠及893 万人次，幸福长春行动计划全面完成，连续十次获评“最具幸福感城市”。在我国区域经济平衡发展战略的引领下，加上新一轮东北振兴战略的实施，长春市利用自身区位和资源优势，不断提升可持续发展能力，以实现城市竞争力的整体提升。

（二）现状格局

（1）综合经济竞争力排名略有下降，但综合增量竞争力优势明显，综合效率竞争力指数不降反升。2017 年，长春综合经济竞争力指数为 0.129，在全国 294 个城市中排在第 48 位，较上年下降 3 个位次；在东北 34 个城市中排在第 3 位，在吉林省 8 个城市中排在第 1 位，均和上年持平。从综合经济竞争力指数的分项看，长春综合增量竞争力指数为 0.270，列全国第 29 位，与上年相比，下降 4 个位次；列东北地区第 3 位，较上年下降 1 个位次；吉林省第 1 位，与上年持平。综合效率竞争力指数为 0.013，在全国排名第 90 位，较上年下降 2 个位次；在东北地区排名第 5 位，吉林省排名第 1 位，均与上年持平。值得说明的是综合效率竞争力指数排名有所下降，但指数与上年相比不降反升，说明在国家宏观经济转型升级的大环境下，长春市经济竞争力的效率水平略有提升，排名下降的一部分原因是其他部分城市的迅速崛起。综上，长春综合经济竞争力发展水平略有下降，综合效率排名制约综合经济竞争力整体水平提升，反映出长春市经济活力和潜在经济竞争力有较大提升空间。如表 2 所示。

表 2　2016 年与 2017 年长春综合经济竞争力及分项指数排名

年份	综合经济竞争力	排名			综合增量竞争力	排名			综合效率竞争力	排名		
		全国	东北	省内		全国	东北	省内		全国	东北	省内
2016	0.147	45	3	1	0.303	25	2	1	0.011	88	5	1
2017	0.129	48	3	1	0.270	29	3	1	0.013	90	5	1

资料来源：中国社会科学院城市与竞争力指数数据库、吉林省社会科学院城乡发展指数数据库。

（2）可持续竞争力居全国上游水平，表现稳定，其中文化、生态城市竞争力有所提升，和谐、信息城市竞争力表现一般。2017 年，长春市可持续竞争力排名较上年变化不大，可持续竞争力指数为 0.544，在全国 289 个城市中排在第 32 位，较上年下降 1 个位次；在东北地区排在第 3

位，较上年下降1个位次；吉林省排在第1位，与上年持平。从可持续竞争力指数的分项看，2017年，生态城市和文化城市竞争力表现较为突出，分列全国第20位和第28位，分别较上年上升了2个位次和27个位次。文化城市竞争力上升幅度较大，在东北地区位列第3，指标维度中“历史文化”和“文化产业”优势较为明显；知识、和谐、全域和信息城市竞争力与上年相比在全国排名均有所下降，较上年分别下降5个位次、28个位次、22个位次和28个位次，分别排在全国第27位、第131位、第65位和第91位，尤其是和谐城市竞争力和信息城市竞争力，较上年相比均下降28个位次，和谐城市竞争力是可持续竞争力分项中唯一排在100名以外的指标分项，需要在“政府善治”“服务均等化”等指标维度上加以改善。此外，需着力提升“信息交流”“城乡统筹”等指标维度，提升其发展潜力与空间，详见表3。

表3　2016年和2017年长春可持续竞争力及分项指数排名

年份	可持续竞争力排名			知识城市竞争力排名			和谐城市竞争力排名			生态城市竞争力排名			文化城市竞争力排名			全域城市竞争力排名			信息城市竞争力排名		
	全国	东北	省内	全国	东北	省内	全国	东北	省内	全国	东北	省内	全国	东北	省内	全国	东北	省内	全国	东北	省内
2016	31	2	1	22	2	5	103	22	3	22	4	1	55	2	1	43	2	1	63	3	1
2017	32	3	1	27	4	5	131	21	5	20	3	1	28	3	1	65	5	1	91	7	1

资料来源：中国社会科学院城市与竞争力指数数据库、吉林省社会科学院城乡发展指数数据库。

（3）宜居城市竞争力继续排在全国前50的位置，但全国排名有所下降。2017年，长春宜居城市竞争力指数为0.536，全国排名第49位，较上年下降10个位次；在东北三省排名第4位，较上年下降1个位次，处在上游位置，在东北宜居城市建设中水平较高；在省内排名第18位，与上年持平。从其指标维度来看，长春在“教育环境”“医疗环境”方面优势明显，表明长春在教育、医疗方面具备相对完善、公平的基础配套设施，使居民在就医、就学等方面享受方便的公共服务，对优质的教育环境和健康的医疗环境重视有加。吉林省8个城市宜居城市竞争力在全国排名变异系数较大，表明吉林省宜居城市建设水平差别较大，长春在省内竞争优势明显，在全国和东北地区表现突出，因此，长春在宜居城市建设上要带动省内其他城市发展，进而提升全省宜居城市建设整体水平。详见表4。

表4　2016年与2017年长春宜居城市竞争力指数及排名

年份	宜居城市竞争力		优质的教育环境	健康的医疗环境	安全的社会环境	绿色的生态环境	舒适的居住环境	便捷的基础设施	活跃的经济环境
	指数	排名	排名	排名	排名	排名	排名	排名	排名
2016	0.656	39	8	19	159	157	226	268	85
2017	0.536	49	17	25	145	56	222	261	130

资料来源：中国社会科学院城市与竞争力指数数据库。

（4）总体来说，长春城市竞争力优势体现在以下三个方面。

第一，长春市是吉林省省会城市，依托区域战略发展和地缘比较优势，经济运行持续向好，经济总量快速增长，地区生产总值增长速度为四年来最好，经济社会发展活力明显增强，结构调整不断推进。近三年来，综合经济竞争力在全国排名一直处于前50的位置，尤其在吉林省的排名中表现突出，引领和带动省内其他城市快速发展的作用明显。综合增量指数虽在一定程度上制约长春综合经济竞争力排名的提升，但综合效率指数有所提升，未来通过提升经济增长活力，加大对外开放、改革创新力度，长春综合经济竞争力将有较大提升空间。

第二，在可持续竞争力指数的分项中，2017年，知识、生态和文化城市竞争力在全国表现突出，均排在全国前30名的位置，是推动长春可持续竞争力发展的重要引擎。从知识城市竞争力指标维度来看，“科技投入”“科技产出”等方面得分较高，说明长春在知识创新能力、知识投入产出比以及知识转化为生产的能力逐步增强，坚持以创新引领发展成为长春城市经济进步和可持续发展战略实施的重要因素。文化城市竞争力是这三项中提升幅度最大的一项，成为长春城市品质提升的关键因素之一，一方面说明政府层面对文化建设越来越重视，使得长春公共文化服务体系日趋完善，公民文化权益得到更为有效保障，在传统文化传承体系构建和对外文化交流工作中表现出色；另一方面也表明社会大众对于文化的认识更为深刻，在现代快节奏生活和工作中，重视文化素养、文明素养、公民意识和身心健康等方面的提升。此外，生态城市竞争力在全国一直处于领先的位置，这说明长春牢固树立“绿水青山就是金山银山”的理念，积极推进生态文明城市建设，深入实施大气、水、土壤污染防治行动计划，注重节能减排，深入开展“走遍长春”城市精细化管理专项行动等，随着上述各项工作的逐步落实，长春生态建设与经济发展融合互促的成效将得以展现，生态城市竞争力的优势将持续彰显。

第三，宜居城市竞争力全国排名有所下降，但依然占据全国前50的位置。从长春宜居城市竞争力的指标维度来看，“优质的教育环境”得分最高，其次为“健康的医疗环境”，表明长春市政府注重教育公平性、教育基础配套设施的建设和医疗环境等基本公共服务质量的提升，注重居民对教育环境优质性的需求和医疗环境健康性的需求。在创造优质的教育环境方面，2017年，长春市新增义务教育学校8所、普惠性幼儿园18所，打造“温馨村小”182所，创办新优质学校100所；全面推开“蓓蕾计划”，20万名小学生获得课后免费托管服务；长春全域通过义务教育均衡发展国家验收。在创建健康的医疗环境方面，2017年，长春市医院扩建工程投入使用，51家城市公立医院取消药品加成，长春市被确定为公立医院综合改革首批国家级示范城市。优质的教育环境和健康的医疗环境成为长春宜居城市竞争力大幅提升的重要推力，未来长春应继续提升城市的公共服务功能，在更好的比较基准上促进宜居要素均衡发展，推动宜居城市竞争力更快提升。2017年长春城市竞争力全国排名如图1所示。

二　问题与不足

（一）整体综合经济实力有待增强，软环境建设急需提升

2017年，长春的综合经济竞争力指数全国排名略有下降，在东北和省

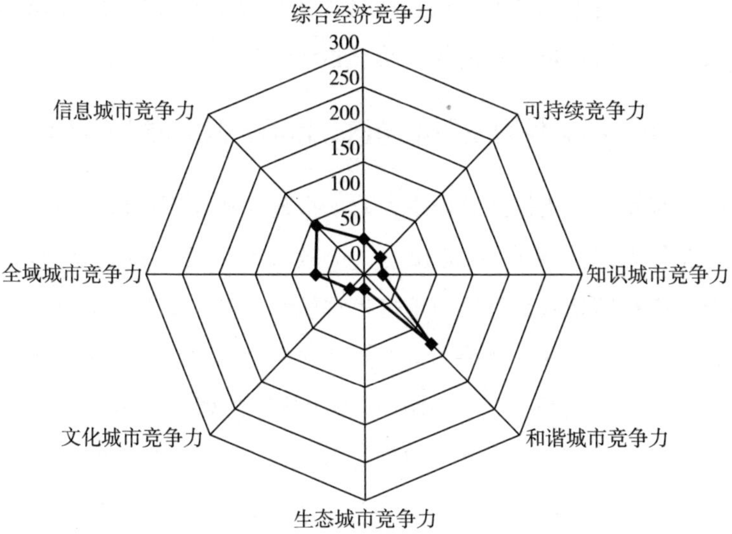

图1　2017年长春市城市竞争力全国排名雷达图

资料来源：中国社会科学院城市与竞争力指数数据库，吉林省社会科学院城乡发展指数数据库。

内排名没有变化，在综合增量和综合效率方面的排名均有所下降，资源性产业优势已经减弱，新兴技术产业发展成效没有显现，与发达地区城市的经济发展情况相比差距依然存在。在我国部分城市重工业产能仍然过剩的宏观经济背景下，长春产业结构刚性特征明显，过度依赖于少数产业的发展和带动，服务业和战略性新兴产业增长缓慢，长春第二产业所占比例仍然很高，第三产业增幅相对较小。长春综合经济竞争力整体水平处于全国上游水平，但在经济总量和效率方面均有欠缺，其原因是过度依赖第二产业，第三产业及民营经济发展缺乏市场活力和发展环境，软环境建设的滞后不利于企业经济活动的开展。从软环境的分项指标来看，城市经商便利度与发达地区城市存在较大差距，这使得长春在短期之内较难获得新的经济增长动力。在经济发展进入新常态的形势下，坚持发展理念、拓展发展路径、增强发展动力、优化发展结构，依然是推动长春新一轮振兴发展、增强城市综合经济竞争力的基础和条件。另外，长春市应以长春新区建设为契机，加强生态建设、发展生态经济、打造生态产业，依托增量优势和效率提升培育新的增长动力，使经济发展方式由存量增量向效率质量驱动转变。

（二）可持续竞争力发展不均衡，和谐、信息城市建设亟待加强

在可持续竞争力指标的分项中，六项指数发展并不均衡，知识、生态和文化城市竞争力列全国前 30 的位置，全域城市竞争力指数全国排名第 65 位，和谐城市和信息城市竞争力排名相对靠后，整体来看，与前三项排名差距明显，成为制约长春可持续竞争力提升的主要因素。在和谐城市竞争力方面，2017 年，该项指数排名较 2016 年有所下降，列全国第 131 位、东北地区第 21 位、省内第 5 位，除在东北地区排名提升 1 个位次外，在全国和省内排名均有所下降。在信息城市竞争力方面，2017 年，该项指数在全国的排名由上年的第 63 位下降到第 91 位，在东北地区也由上年的第 3 位下降到第 7 位，但在省内依然排在第 1 的位置，说明省内其他城市信息城市竞争力的全国排名不够理想。从细分内容看，在客体贸易方面，长春的外贸依存度仍有待提高，从全市 2017 年外贸进出口总值来看，虽然进出口均有小幅提升，但提升幅度较小，表明对外贸易在长春市经济发展中的作用较小，开放便捷程度相对较低，短期内影响信息城市竞争力水平提升。另外，随着互联网在全球范围的普及，长春对外信息水平不断提高，信息生活指数得分远高于航空交通便利程度、国际商旅人员交流度等指数得分，可见，加强长春对外国际商旅人员交流度和航空交通便利程度，有利于补齐信息城市竞争力短板，从而提高可持续竞争力整体水平。

（三）居住环境和基础设施短板明显，导致宜居城市竞争力下降

从长春宜居城市竞争力的表现来看，近两年该项指数排名有所下降。2017 年，长春宜居城市竞争力指数为 0. 536，列全国第 49 位、东北地区第 4 位、吉林省第 1 位，除在省内排名没有变化外，在全国和东北地区排名较上年均有下降。从宜居城市竞争力分项指标排名来看，差距较为明显，按照指标维度均值排名由高到低排序，依次是教育环境、医疗环境、生态

环境、经济环境、社会环境、居住环境、基础设施。其中，“教育环境”排名靠前，列全国第17位，是7项指标排名中唯一进入前20的指标分项，表明长春在宜居城市建设中注重教育公平性、完善教育体制机制、提高教育行政管理水平等方面实践性较好。“居住环境”和“基础设施”排名表现欠佳，分列全国第222位和第261位。居住环境方面，居民生活质量、污染治理水平及居住生活场所建设不足等方面原因制约了长春居住环境建设水平提升；基础设施方面，应积极推进城市精细化管理、学习先进地区的成熟管理经验，全面推行城市管理新模式，精心抓好城市基础设施建设。可见，长春需加紧完善居住和基础设施环境建设，提升居民对城市的满意程度，尽快补齐宜居城市建设短板，促使宜居城市竞争力各要素均衡发展、稳步提升。

三 现象与规律

（一）综合经济竞争力排名下降，经济运行仍处在变革调整期

2017年，长春综合经济竞争力指数和排名较2016年均有所下降。从指标分项来看，综合增量竞争力指数略有下降，在全国排名有小幅退步，在东北和省内排名没有变化，排名仍处上游水平。从当地需求分项指标中的GDP总量和人均可支配收入来看，作为省会城市的长春，两项指标均有待提升，新兴产业业态的支撑和引领作用没有显现出来，未来长春应增加对规模较小、新兴但极有潜力的产业的关注度。综合效率竞争力指数与上年相比小幅提升，在全国排名略有下降，东北地区和省内排名较为稳定，表明城市产业和人口集聚的潜力没有得到充分发挥，对资源的集聚能力、利用程度较低。目前，长春的软实力制约综合经济竞争力的提升，当前尽管硬联系作为联系的重要内容和基础依然十分重要，但是随着全球进入知识与信息经济的时代，软联系的地位越来越重要，长春应从依靠要素驱动转为创新驱动，注重区域之间在技术、知识、信息和思想等要素间有形或无形的联系，大力发

展优势产业，加强成果转化能力。可见，调结构、转方式、增活力、促发展仍是长春提升城市综合经济竞争力的关键所在。

（二）和谐城市竞争力相对薄弱，公平包容程度有待提升

在可持续竞争力指标的分项中，长春和谐城市竞争力落后态势明显。2017 年，在全国排名由上年的第 103 位下降到第 131 位，而且是可持续竞争力分项中唯一排在 100 名之外的指标分项，在东北地区和吉林省内排名均处在下游靠后的发展位置。从和谐城市竞争力的指标维度来看，社会公平、社会保障和社会安定等指标都处于相对较低水平，长春在坚持共享发展、增进民生福祉、提高公共服务的共建能力和共享水平等方面应不断加强，在提升城市户籍与非城市户籍的公平性、增加人均社会保障、就业和医疗卫生的财政支出方面应加大力度。随着长春经济发展水平的提升，必然带来资源环境方面的压力，城市政府在维护社会秩序等方面面临的压力也较大，而以每万人刑事案件逮捕人数为主要衡量因素的社会安定指数相对较低充分说明了这一点。因此，提升治安维持力度成为长春和谐城市建设的重要内容。加快补齐社会公平、社会保障和社会安定的短板，对于提升城市的公平包容程度与和谐城市竞争力具有重要意义，长春市未来发展应继续坚持共建共享，突出普惠性、保基本、均等化、可持续。

（三）节能降耗和污染减排优势明显，引领生态城市竞争力稳中有升

2017 年，长春生态城市竞争力指数排名较上年有所提升，列全国第 20 位、东北地区第 3 位、省内第 1 位，是可持续竞争力分项中排名最靠前的指标分项，也是唯一进入全国前 20 位的分项指标，在全国及东北地区处于上游水平，竞争优势明显。生态宜居是新型城镇化建设的重要部分，可持续发展战略实施以来，长春不断提升生态环境建设能力。城市污染物减排水平是生态环境竞争力指数提高的主要拉动者，以单位 GDP 二氧化硫排放量为主要衡量指标的城市环境质量在近年来“重拳治霾”“打好污染防治攻坚战”

等推动下得到了较大改善。从指标维度来看，“单位 GDP 二氧化硫排放量”和“单位 GDP 耗电”是长春生态城市竞争力稳中有升的主要推动因素，长春城市污染减排水平高于省内其他城市，表明长春在节能降耗方面成绩突出，加大了能源减耗力度。以人均绿地面积为指标的生态状况指数和以国家级自然保护区数量为代表的生态保护指数仍需提升。整体而言，长春生态城市建设不仅要注重城市能源消耗水平和污染物排放量，更要关注自然保护区和人均绿地面积覆盖率，提升绿地系统建设水平，注重生态保护、实施生态治理，加强节能减排和环卫基础设施建设，提高垃圾日处理能力等，推动生态城市竞争力实现新的突破。

四 趋势与展望

（一）产业结构更趋优化，经济竞争力稳中求进

面对东北经济下行压力和“三期叠加”的双重挑战，长春抓住供给侧结构性改革这一主线，在建设吉林中部创新转型核心区的背景下，实施旧城改造、促进经济稳步增长、优化产业结构、注重节能减排，不仅完成了节能减排任务，城乡居民收入与经济总量也实现了同步增长。长春积极响应全省建设东、中、西区域发展战略部署，在不断发展重点产业如汽车、光电子信息、农产品生产及加工和石油化工等传统优势产业的同时，大力发展商贸流通、现代物流、生态旅游等现代服务业，通过制度创新和保障，借助市场的无形之手进一步将长春的制造业和其他竞争优势充分发挥出来。不仅如此，长春主动适应经济发展新常态，开发区平台集聚能力不断增强，抓住吉林省融入“一带一路”倡议的契机，铁路、口岸等基础设施建设加快，积极推进长吉产业创新发展示范区建设，珲春－扎鲁比诺－釜山航线正式开通。长吉产业创新发展示范区的建设，一方面，将通过自身的优质增量注入和对周边地区的辐射带动与外溢效应，促进东北地区的产业升级和经济转型；另一方面，将通过大胆探索，不断创新体制机制，为东北地区的体制创新提供经

验示范，为新一轮东北振兴注入新的活力。国家“一带一路”规划中把长春确定为“中蒙俄经济走廊”的结点城市，依托这个节点，通过长吉产业创新发展示范区的建设可以把吉林省整体融入“一带一路”倡议，而使其成为“一带一路”北线的新通道、新平台、新门户，为长春的经济发展创造了条件。制度变革、结构优化和要素升级（对应着改革、转型、创新）“三大发动机”是经济发展的根本动力，长春应着力化解过剩产能和降本增效，增强持续增长动力，长春经济竞争力提升后劲可期。

（二）生态与文化要素优势明显，可持续竞争力后劲增强

从可持续竞争力分项的综合表现和排名看，生态城市和文化城市竞争力均进入全国前30位，并且比上年有所提升，保持生态与文化要素核心地位，引领和带动可持续竞争力其他分项的稳步提升尤为重要。在文化城市竞争力分项指标中，每万人剧场、影剧院数量是文化城市竞争力中体现现代文化的主要指标，该项指标得分较高，表明长春现代文化基础设施建设水平较高，在对传统文化的弘扬和传承以及对现代文化的发展和传播的平台建设日趋完善，使现代文化成为文化城市竞争力的优势所在。而城市国际知名度和每万人文化、体育和娱乐业从业人数两项指标的指数得分也表现良好，说明长春通过国际交往等方式在国际上有较高的知名度，并努力做大、做强、做优文化产业，努力提升文化多元建设水平。与此同时，在提升生态城市竞争力方面，长春把环境保护和生态文明建设作为一项长期工作来做，严格按照“管发展必须管环保、管生产必须管环保、管行业必须管环保”的要求，努力打好蓝天、碧水、黑土地、青山、湿地保卫战，推动长春生态环境不断改善。可见，在生态城市与文化城市竞争力稳步发展这一目标指引下，长春文化城市和生态城市竞争力的优势地位将得到进一步巩固，从而推动可持续竞争力再上一个新台阶。

（三）创新发展引领产业转型升级，城市持续增长动力明显增强

近三年来，长春创新驱动发展的知识城市竞争力在可持续竞争力分项中

表现突出，知识创新能力、知识投入产出比以及知识转化为生产的能力都是衡量知识城市竞争力的重要指标。知识城市竞争力中，专利指数和经济增长指数与上年相比均有所下降，但大学指数和科研从业人数位居全省前列，成为提升知识城市竞争力的重要引擎。前者排名落后的原因在于科技投入不足、资源配置不合理、高级科研人才短缺、科技投入产出效率不高等；后者排名靠前的原因在于注重知识的外溢和科研人员创新能力的培养。科技创新水平是知识城市竞争力核心水平的重要体现，知识的积累和知识水平的提升是科技创新的基础。长春拥有知识要素竞争优势，依靠创新驱动解决城市发展中不平衡、不协调、不可持续问题，推动“互联网+”创新创业，构建一批低成本、便利化、全要素、开放式的创新创业平台。不断完善鼓励创业扶持政策，加大创新创业金融扶持力度，强化创业服务；积极支持高端人才创业，引导域外科研人才来长春创业；鼓励发展众创、众包、众扶、众筹等新模式。随着上述工作不断落实，创新驱动将成为知识城市竞争力提升的关键要素之一，进而使知识城市竞争力成为长春可持续竞争力提升的重要推手。

（四）城镇化水平逐步提升，城市功能趋于完善

2017年，城乡一体的全域城市竞争力指数有所下降，如何协调城乡发展、加速城镇化进程成为提升长春全域城市竞争力的关键。为此，长春市近年来大力实施海绵城市、管廊建设、标准街路、旧城改造等重点工程，三环路以内20个商圈、316个老旧住宅区、600多条街路旧貌换新颜，通过长春新区建设带动城市经济发展与城镇化进程的迅速推进，通过城市扩容、提质、增效来实现产业集聚、人口集聚，增强城市的承载能力。在未来的工作中，长春在国家推进新型城镇化战略和吉林省中部创新转型核心区建设的背景下，继续提升城市发展空间和质量，科学规划城市发展空间格局，利用产业支撑集聚生态要素、城乡协调发展等方式提升城镇化水平。另外，从城乡人均道路比、城乡每百人公共图书馆藏书比衡量的公共服务和公共设施水平来看，其均等化供给水平较低，仍然是制约城乡一体化发展的现实因素。增

加农村地区基础设施和公共服务资源的均等化供给，对于乡村振兴和城乡一体化发展意义重大。总的来说，长春新型城镇化建设在突出内在发展质量，科学规划、统筹兼顾、宜居宜业、综合发展的基础上，长春市未来城镇化发展将向着有内涵、高质量、可持续的方向迈进，城镇化水平将得到稳步提升，城市功能将趋于完善。

（五）城市面貌持续改观，宜居城市建设成果初显

2017 年，长春宜居城市竞争力指数虽然有所下降，但在全国依然排在前 50 的位置，处于上游水平，这与长春大力推进以人为本的宜居城市建设密不可分。首先，对老城区进行改造提升，并与老旧小区改造、暖房子改造、棚户区改造、历史街区改造等紧密结合起来，提升城市基础设施和公共服务设施水平。其次，长春加大交通建设投资，完善“两横三纵”快速路，启动抚长高速人民大街出口改移工程，推进吉林大路快速路、景阳大路三四环连接线、硅谷大街和腾飞大路绕城立交及延长线等路桥建设。持续开展“走遍长春”专项行动，及时修补“城市伤痕”，提高精细化管理水平。最后，长春强化环境治理与保护，建设美丽长春，继续降低单位 GDP 能耗，大力调整能源结构，有序推进“煤改气”“煤改电”，发展冬季清洁取暖；深入实施大气、水、土壤污染防治行动计划，打好污染防治攻坚战，狠抓节能减排。随着长春在居住环境、市政设施、生态环境等方面不断取得新进展，长春的宜居城市建设水平将取得更大幅度提升。

五 政策与建议

（一）继续推进产业转型发展，推动核心竞争力能级跃升

近年来，长春抓住新一轮振兴东北老工业基地机遇，进一步优化布局结构、产业结构和产品结构，推进信息化与工业化深度融合，尽管如此，长春的综合增量和综合效率指数排名均没有提升，导致综合经济竞争力水平整体

下降。因此，在国家新型城镇化建设、吉林省建设中部创新转型核心区的形势下，长春作为重要区域组成部分，应牢牢把握这一发展机遇，以生态新区建设为主线，加大力度推进产业转型发展，通过一批重点产业发展带动相关产业发展，通过对存量的优化调整来提升其质量和效率，通过发展新兴业态来优化产业结构。一是大力推进制造业优化升级，以更有力措施促进互联网、大数据、人工智能与制造业深度融合，争创“中国制造 2025”国家级示范区；二是提升壮大优势产业，发展新型装备制造业和医药健康产业，抓住全省建设国际一流轨道交通装备产业基地机遇，积极发展轨道交通产业，丰富医药健康产业内涵，提高市场占有率；三是做大做强现代服务业，推动服务业转型发展。深化“十三五”国家服务业综合改革试点，积极培育共享经济、数字经济、平台经济，建设“智慧长春”，推动“互联网 +”深入发展，通过增强产业发展的创新驱动来推进产业转型发展，提升城市核心竞争力，缩小与发达城市经济竞争力差距。

（二）全力保障改善民生，稳步提升城市包容能力

全力保障改善民生是经济社会和谐包容的必要条件。在可持续竞争力要素中，吉林省的和谐城市建设在全国排名优势并不明显，相对于可持续竞争力其他分项，和谐城市是长春可持续城市竞争力发展的短板。为了扭转这一发展形势，尽快缩小与其他竞争要素的差距，长春需顺应城市社会治理模式的创新趋势，借鉴其他城市的成功经验，努力提升城市治理水平和包容能力，具体要在以下几个方面着手：一是要打好精准脱贫攻坚战，深入推进产业、劳务、教育扶贫，增强贫困群众自我发展能力。二是着力扩大就业创业。实施更加积极的就业政策，加大就业援助力度，更好地发挥社会公众的力量，滚动实施“暖流计划”，促进城乡居民持续稳定增收。三是加强基本公共服务水平，树立服务型政府的理念，集中精力搞好宏观调控和管理，切实改革体制机制，尽快发展成结构优化、廉洁高效的服务型政府。四是完善社会保障安全体系。提高城市人均收入增长速度和保护城市户籍人口享受城市福利的公平性是和谐城市建设中的关键因素，落实全民参保计划，推动社

保扩面征缴，努力实现城乡居民在养老、医疗和生育等待遇上的均等化，提高城镇社会保障能力。随着长春不断实践社会公众参与与城市治理的实效性，提升公共服务治理水平，以及织密织牢社会保障网等，长春新型城镇化发展将得到有力推动，和谐城市竞争力将得到明显提升。

（三）加大开发开放力度，创建开放便捷城市

在国家“一带一路”倡议部署指引下，以及新一轮东北老工业基地振兴等重大机遇面前，长春应继续发挥对外依存度相对较高、国际交流合作较多的优势，加大开发开放力度。一是扩大对外经济技术合作，通过提高技术产品比重来优化进出口产品结构，鼓励新兴产业开展国际认证、商标注册、销售网络建设，提升出口产品附加值，建立形成外向型产业体系。与此同时，注重资本、人才、先进技术等生产要素的引进，围绕重点产业和优势资源，着力引进一批投资额大、带动力强、支撑性好的大项目。二是畅通对外通道，实施大开放战略，加快长春国际港建设，完善兴隆综保区功能，稳步提升国际货运班列运营质量；加快建设中德、中俄、中白、中古等国际合作园区。三是努力构建开发开放平台，利用开放平台和开发区对产业的集聚功能，以及对周边地区的辐射带动力，加强区域间交流合作，为长春提升信息城市竞争优势创造条件。未来继续发挥信息城市竞争力在可持续竞争力中的引领带动作用，实现对外物流、人流和信息流联系的整体推进，以此支撑长春对外联系的高质量提升。可以预见，随着长春积极参加国际分工与经贸合作，提高对外开放水平，构建全方位开发开放体系，开放便捷的信息城市建设将为长春未来城市发展注入活力。

（四）大力推进全域城市建设，促进城乡协调充分发展

在可持续竞争力分项中，全国排名下降幅度最大的除和谐城市竞争力和信息城市竞争力外，就是全域城市竞争力，其提升空间较大。长春在全域城市建设过程中，在居民收入、公共服务、公共设施和结构转化等方面存在不平衡、不充分发展的问题，在未来城乡一体化的城市建设中，不仅需要注重

总体投入力度，还要把握好结构优化问题。可以说，无论是扩大内需、调整经济结构，还是实现公平发展、协调发展，都离不开城乡一体化的相关政策和改革的新突破。其次，全面实施乡村振兴战略，顺应城乡融合发展趋势，支持资本、技术、人才等要素更多地向乡村流动，增加农村地区基础设施和公共服务资源的均等化供给，使城乡居民共享繁荣成果。最后，滚动实施"暖流计划"，促进城乡居民持续稳定增收；开展农民工工资"精准支付"行动，确保按时足额发放。随着城镇化率不断提升，城乡人口结构日趋优化，长春的城乡一体化进程推进步伐将不断加快。

（五）加快提升建设管理水平，打造绿色宜居新型城市

长春宜居城市竞争力优势明显，宜居城市建设成效显著。在宜居城市竞争力要素中，舒适的居住环境和便捷的基础设施有待提升，两项要素的全国排名相对靠后，配套设施和居住环境滞后于城市发展，成为城镇化发展的主要制约因素。因此，长春在致力提升综合经济实力的同时，应更加注重市政设施建设和居住环境改善。一是推行实用化、生态化的运行管理模式，完善城市供水、供气、供热、照明系统以及城市公共交通、公共健身、公共文化等与民生相关的服务性设施，努力做到绿色低碳和生态环保。二是坚持新区建设与旧城改造并重，强化城市规划、建设、管理，推动城市承载能力、形象面貌稳步提升。三是推动政府部门与企业或其他投资者合资建设和经营公共事业项目，提高基础设施水平与运行效率。随着长春持续推动市政设施及改善居住环境来更好、更快地服务于经济发展，努力提升在生态治理、旧城改造、城建工程、公园建设等方面的建设能力，长春将不仅能够有效补齐宜居短板要素，还能够进一步增强城市宜居品质，进而打造绿色宜居新型城市。

参考文献

倪鹏飞：《中国城市竞争力报告 No. 16》，中国社会科学出版社，2018。

崔岳春、张磊：《吉林省城市竞争力报告（2017～2018）》，社会科学文献出版社，2018。

《2018年长春市政府工作报告》，长春市人民政府网。

《2017年长春市国民经济和社会发展统计公报》，长春市人民政府网。

《2017年吉林省国民经济和社会发展统计公报》，吉林统计信息网。

B.7

吉林省城市竞争力（吉林市）报告

王晓群*

摘　要： 2017年吉林市在发挥城市资源优势、推进战略性新兴产业发展和建设美丽城市等方面取得了很大进展。2018年4月，吉林市国家创新型城市获得批准，城市经济转型升级的定位更加清晰，吉林市按照高质量发展要求，把握“新经济”发展规律，现代产业体系加快构建，新旧动能转换加速实现。面向未来发展，吉林市应努力打造优质营商环境，改善制约经济发展的投资和市场环境。加快城市创新体系建设，推进创新科技、创新产业、创新要素、创新文化融合发展。推进人才支撑产业发展体系建设，提供城市经济高质量发展的坚实智力支撑。加快智慧城市建设步伐，构建面向未来的城市竞争优势。

关键词： 吉林市　城市竞争力　创新型城市

吉林市是吉林省第二大城市，中国唯一省市同名城市。全市面积27120平方公里（见表1），市区面积3636平方公里。吉林市位于吉林省中部偏东，东北腹地长白山脉，长白山向松嫩平原过渡地带的松花江畔，东接延边朝鲜族自治州，西临长春市、四平市，北与黑龙江省哈尔滨市接壤，南与白山市、通化市、辽源市毗邻。吉林市地处东北亚腹地的中心位置，处于我国

* 王晓群，中共吉林市委党校哲学教研部主任、教授，研究方向：区域经济。

东北地区图们江大通道和哈沈通道纵轴的交汇区域，北连哈大齐工业走廊，南通辽宁沿海经济带和京津冀协同发展区，向东可利用俄罗斯、朝鲜港口构建连接日本、韩国、北美的海上大通道，向西可与西伯利亚铁路连接形成直接通往欧洲的陆路国际运输大通道，具有承东启西、连接南北、辐射东北、面向东北亚的区位优势。

吉林市辖4区5县（市），2个国家级开发区、15个省级开发区和1个省级工业集中区。吉林市辖4个城区：船营区、昌邑区、龙潭区、丰满区；1个县：永吉县；4个县级市：舒兰市、磐石市、蛟河市、桦甸市；2个国家级开发区：吉林高新技术产业开发区、吉林经济技术开发区。

吉林市是一座满载荣誉的城市。吉林市是自然资源丰富、工业基础雄厚的新兴产业基地。吉林市作为中国“一五”期间国家重点建设的老工业基地，不断与时俱进、开拓创新，现已成为国家首批产城融合示范区、国家首批老工业城市转型升级示范区，2018年4月，成功入选国家科技部和发改委支持的创新型城市建设名单，是东北地区唯一的入选城市。在“中国未来10年最具竞争力城市”评选中，位居《福布斯》中国内地最适宜开工厂的城市榜首；吉林市是文化底蕴深厚、自然风光秀美的旅游文化名城。吉林市，满语称“吉林乌拉”，意为沿江之城，群山环抱，碧水绕城，天赐禀赋，地呈吉祥，被誉为龙兴福地、雾凇名都、陨石之乡，获得“国家历史文化名城”“中国优秀旅游城市”“国家级园林城市”“中国魅力城市”“首批国家全域旅游示范区创建单位”“倾国倾城．最值得向世界介绍的中国名城”等诸多荣誉称号，并在2017年获评“中国最具影响力旅游城市”，与杭州、贵阳、南京并列第一；吉林市是生态环境良好、城市功能完善的生态宜居之城。吉林市是中国东北地区第一个荣获“全国绿化模范城市”称号的城市。沿城区松花江两岸的百里“清水绿带”，几十处水岸精品浑然天成，风格迥异的长桥横卧江波，高楼鳞次栉比，雕塑精致典雅，绿树参差有致，花草争奇斗艳，形成了著名的城市生态走廊和天然氧吧，荣获“中国人居环境范例奖”。

表1　2017 年吉林市基本情况

项目	数据
辖区面积(平方公里)	27120
总人口(万人)	415.35
地区生产总值及增长率(亿元,%)	2302.8,2.6
三次产业比重	10:35.8:54.2

资料来源:《吉林市 2017 年国民经济和社会发展统计公报》。

一　现状与优势

（一）总体概况

1. 国民经济保持小幅增长

2017 年吉林市实现地区生产总值 2302.8 亿元，比上年增长 2.6%。其中，第一产业完成增加值 229.4 亿元，增长 2.2%；第二产业完成增加值 824.3 亿元，增长 0.7%；第三产业完成增加值 1249.1 亿元，增长 4.5%。三次产业结构的比例关系由上年的 9.8∶43∶47.2 调整为 10∶35.8∶54.2，第三产业比重提升 7 个百分点，产业结构进一步优化。全市人均生产总值达到 54969 元。

2. 农业生产保持良好发展态势

2017 年吉林市粮食总产量为 428.9 万吨，比上年增长 1.3%。其中，水稻总产量达到 103.0 万吨，下降 1.9%；大豆总产量 10.2 万吨，增长 31.2%；玉米总产量 311.5 万吨，增长 1.5%。全年完成农林牧渔业总产值 453.3 亿元，可比价增长 3.7%。其中，完成农业产值 203.2 亿元，下降 3.9%；完成林业产值 13.5 亿元，下降 1.1%；完成牧业产值 207.6 亿元，增长 13.8%；完成渔业产值 8.8 亿元，增长 2.3%；完成农林牧渔服务业产值 20.2 亿元，增长 0.7%。全年粮食作物播种面积 65.2 万公顷，下降

0.7%。其中：大豆播种面积3.4万公顷，增长34.8%；水稻播种面积13.8万公顷，增长0.1%；玉米播种面积47.1万公顷，下降2.8%。农业机械总动力达到381万千瓦，同比增长7.3%。

2017年全市建成可视化农业基地30家，休闲农业星级企业数量居全省首位。无规定疫病区一次性通过国家评估验收，中新食品区成为国家首批农业对外开放合作试验区。

3. 工业经济稳步增长

2017年吉林市规模以上工业企业1074户，完成产值3138.7亿元；完成增加值662.9亿元，可比增长1.0%。十大行业七升三降，其中：石化行业完成产值838.2亿元，增长16.7%；冶金行业完成产值346.3亿元，增长29.4%；医药健康行业完成产值165.6亿元，增长2.6%；电子行业完成产值30.2亿元，下降4.0%；农副食品加工行业完成产值587.5亿元，增长1.1%；轻纺行业完成产值280.7亿元，增长5.3%；机械加工与制造行业完成产值286.6亿元，下降13.2%；能源行业完成产值85.6亿元，下降1.7%；汽车及配件制造行业完成产值209.9亿元，增长8.9%；建材行业完成产值231.8亿元，增长4.2%。工业产品销售率达到98.7%，比上年提高0.3个百分点。规模以上工业实现主营业务收入3033.9亿元，增长7.8%；实现利润总额135.4亿元，同比增长34.9%。全市以节能环保、生物医药、电子信息、高端装备制造、新材料、新能源为主的战略性新兴产业完成增加值99.9亿元，可比增长7.2%，增速高于规模以上工业增加值6.2个百分点；高新技术产业实现增加值42.9亿元，可比增长2.5%，增速高于规模以上工业增加值1.5个百分点。

4. 消费品市场总体呈现稳中向好的态势

全年居民消费价格总水平上涨1.3%。其中，医疗保健类价格上涨8.7%，教育文化和娱乐类价格上涨3.2%，交通和通信类价格上涨2.0%，生活用品及服务类价格上涨1.7%，衣着类价格上涨1.5%，其他用品和服务类价格上涨1.3%，居住类价格上涨0.2%，食品烟酒类价格下降1.4%。

商品零售价格指数上涨1.7%。全年工业生产产品出厂价格上涨5.7%。其中：生产资料出厂价格上涨8.2%；生活资料出厂价格下降1.3%。生产资料三大构成中，加工类价格上涨9.3%，原料类价格上涨7.6%，采掘类价格上涨5.6%。

（二）现状格局

1. 综合经济竞争力下降明显

2017年吉林市综合经济竞争力指数为0.056，全国城市排名第178，与2016年相比下降了39个位次，与2015年相比下降了92个位次，可见综合经济竞争力下降幅度较大。从东北城市综合经济竞争力排名及吉林省城市综合经济竞争力排名看，吉林市综合经济竞争力排名均没有变化，2017年东北城市中，吉林市排名第9；吉林省城市中，吉林市仍居第2位，位列长春之后，均与2016年相同。

2017年吉林市综合增量竞争力指数为0.076，全国城市排名第164，与2016年相比下降了52个位次，与2015年相比下降了111个位次，下降幅度之大，值得探究。从东北城市排名情况看，2017年吉林市综合增量竞争力排名第7，与2016年相比，下降了1个位次，从吉林省城市排名情况看，2017年吉林市综合增量竞争力排名仍居第2位，与2016年相比，排名没有发生变化。2017年吉林市综合效率竞争力指数为0.004，全国城市排名第191位，与2016年相比下降了1个位次，下降幅度相对较小。从东北及吉林省内城市排名情况看，吉林市综合效率竞争力变化不大。2017年吉林市在东北城市排名第14位，比2016年下降了1个位次，吉林省城市内排名第2位，与2015年相比上升了1个位次（见表2）。

2. 可持续竞争力总体排名下降，分项指标有升有降

2017年吉林市可持续竞争力指数为0.356，全国城市排名第108位，比2016年排名下降了18位；在东北城市排名第11位，与2016年排名相同；吉林省内排名，与2016年相比没有变化，仍居第2位。从分项指数看，吉

表 2　吉林市综合经济竞争力及分项指数排名

年份	综合经济竞争力	排名			综合增量竞争力	排名			综合效率竞争力	排名		
		全国	东北	省内		全国	东北	省内		全国	东北	省内
2015	0.104	86	7	2	0.175	53	7	2	0.004	169	13	3
2016	0.069	139	9	2	0.096	112	6	2	0.004	190	13	3
2017	0.056	178	9	2	0.076	164	7	2	0.004	191	14	2

资料来源：中国社会科学院城市与竞争力指数数据库、吉林省社会科学院城乡发展指数数据库。

林市知识城市竞争力、和谐城市竞争力和信息城市竞争力，全国城市排名有所上升，分别由 2016 年的第 71 位、第 107 位、第 203 位，提升为第 56 位、第 104 位、第 192 位，其中知识城市竞争力提升尤为明显，提升了 15 位。生态城市竞争力、文化城市竞争力和全域城市竞争力，全国城市排名有所下降。2016 年，吉林市此三项指标在全国城市的排名均为第 96 位，2017 年此三项的指标分别是第 151 位、第 97 位、第 164 位，其中生态城市竞争力和全域城市竞争力降幅较大，分别降低了 55 位和 68 位，而文化城市竞争力降幅不大，仅降低了 1 位。从吉林市在东北三省的排名来看，2017 年吉林市和谐城市竞争力与上年相同，在东北三省位于第 21 位。知识城市竞争力排名上升 1 位，从第 6 位上升到第 5 位。文化城市竞争力和信息城市竞争力排名下降了 1 个位次，分别由第 5 位和第 23 位，下降到第 6 位和第 24 位。生态城市竞争力和全域城市竞争力下降幅度比较大，生态城市竞争力由第 11 位下降到第 20 位，全域城市竞争力由第 13 位下降到第 21 位，分别下降了 9 个位次和 8 个位次。从吉林省内排名看，2017 年知识城市竞争力和文化城市竞争力省内排名均为第 2 位，与 2016 年相同。2017 年吉林市和谐城市竞争力省内居于第 7 位，与 2016 年相比下降了 3 个位次，全域城市竞争力比 2016 年下降 1 个位次，位居省内第 3 位，生态城市竞争力居于第 6 位，与 2016 年相比下降了 3 个位次，信息城市竞争力省内排名是第 3 位，与 2016 年相比提高了 1 个位次（见表 3 和图 1）。

表 3　吉林市可持续竞争力及分项指数排名

年份	可持续竞争力			知识城市竞争力			和谐城市竞争力			生态城市竞争力			文化城市竞争力			全域城市竞争力			信息城市竞争力		
2016	0. 366			★★★★			★★★			★★★★			★★			★★			★★★		
2017	0. 356																				
	排名			排名			排名			排名			排名			排名			排名		
	全国	东北	省内	全国	东北	省内	全国	东北	省内	全国	东北	省内	全国	东北	省内	全国	东北	省内	全国	东北	省内
2016	90	11	2	71	6	2	107	21	4	96	11	3	96	5	2	96	13	2	203	23	4
2017	108	11	2	56	5	2	104	21	7	151	20	6	97	6	2	164	21	3	192	24	3

资料来源：中国社会科学院城市与竞争力指数数据库，吉林省社会科学院城乡发展指数数据库。

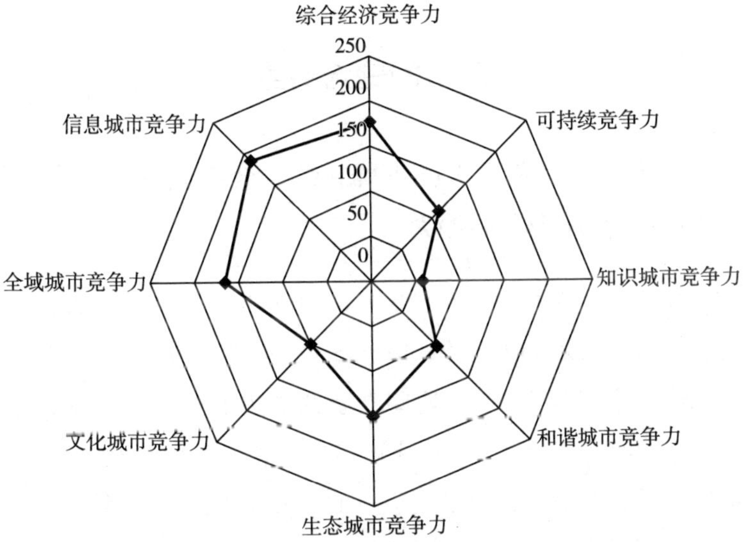

图 1　2017 年吉林市城市竞争力全国排名雷达

3. 近年来宜居城市竞争力总体提升幅度较大，但在2017年排名有所下降

2017 年吉林市宜居城市竞争力指数为 0. 505，全国城市排名第 64 位，与 2016 年全国第 48 名的排名相比，下降了 16 个位次，但与 2015 年吉林市在全国第 195 位的排名相比，总体提升幅度较大。从东北城市排名情况看，与 2016 年排名相比，2017 年吉林市宜居城市竞争力在东北城市中，排名第

6 位，下降了 1 个位次，2016 年吉林市宜居城市竞争力在吉林省排名没有变化，仍居第 2 位。

表 4　吉林市宜居城市竞争力指数及排名

年份	宜居城市竞争力	排名		
		全国	东北	省内
2015	0.306	195	14	2
2016	0.613	48	5	2
2017	0.505	64	6	2

资料来源：中国社会科学院城市与竞争力指数数据库、吉林省社会科学院城乡发展指数数据库。

二　问题与劣势

（一）综合增量竞争力大幅下降，综合效率竞争力在中等偏下位置徘徊，经济下行压力不断加大

吉林市综合经济竞争力逐年下降，从 2015 年到 2017 年，吉林市综合经济竞争力排名由全国第 86 位下降到第 178 位，下降了 92 位。2017 年吉林市地区生产总值增速仅为 2.6%。这些数字都说明了吉林市经济增速明显放缓，存在较大的经济下行压力。造成近年吉林市经济增速放缓、综合竞争力快速下降的主要原因是综合增量竞争力的大幅度下降。2015 年吉林市综合增量竞争力全国排名第 53 位，2016 年吉林市综合增量竞争力排名第 112 位，比上年下降 59 位，而 2017 年在全国排名第 164 位，比上年又下降了 52 位，降至第 164 位，从 2015 年到 2017 年总降幅为 111 位。同期综合效率竞争力虽变化不大，但始终处于全国中下游水平。2015 年排名在第 169 位，2016 年排名在第 190 位，2017 年排名在第 191 位，呈逐年下降的态势。吉林市改变综合经济竞争力不断下降的趋势，不仅需要以增量带动经济增长，更加需要以创新促进产业升级，推动发展动力转换，加快产业聚集，提升综合效率竞争力，使效率成为经济提质增效的带动因素。吉林市经济增速由

"高"到"低"的状态已存在多年，但在2017年出现经济增速快速下降的现象，值得警惕。从2012年到2017年吉林市地区生产总值增速与全省平均水平比较分析看，除2013年、2016年与吉林省平均增速持平外，其他年份均低于全省平均水平。2012～2017年吉林市地区生产总值增速为11.5、8.3、6.0、6.4、6.9、2.6，分别低于全省平均水平0.5个、0个、0.5个、0.1个、0个、2.7个百分点，经济失速的势头已经超过全省平均水平（见表5）。传统产业改造升级尚未完成、战略性新兴产业尚未发展壮大，现代服务业和传统服务业融合发展、文化产业和旅游产业融合发展均尚未发展成熟，信用体系建设和金融生态环境仍需改进等诸多因素都制约着吉林市经济的高质高效发展，形成经济下行的巨大压力。

表5　2012～2017年地区生产总值增速对比

单位：%

	2012年	2013年	2014年	2015年	2016年	2017年
吉林省	11	8.3	6.5	6.5	6.9	5.3
吉林市	11.5	8.3	6.0	6.4	6.9	2.6

资料来源：2012～2017年《吉林省国民经济和社会发展统计公报》《吉林市国民经济和社会发展统计公报》。

（二）传统产业比重大，经济发展新动能有待进一步培育

从现实产业支撑看，2017年吉林市全市规模以上工业企业1074户，完成产值3138.7亿元；完成增加值662.9亿元，可比增长1.0%。按产值排序：石化行业完成产值838.2亿元，农副食品加工行业完成产值587.5亿元，冶金行业完成产值346.3亿元，机械加工与制造行业完成产值286.6亿元，轻纺行业完成产值280.7亿元，建材行业完成产值231.8亿元，汽车及配件制造行业完成产值209.9亿元，医药健康行业完成产值165.6亿元，能源行业完成产值85.6亿元，电子行业完成产值30.2亿元。2017年吉林市以节能环保、生物医药、电子信息、高端装备制造、新材料、新能源为主的战略性新兴产业完成增加值99.9亿元，可比增长7.2%，增速高于规模以

上工业增加值6.2个百分点；高新技术产业实现增加值42.9亿元，可比增长2.5%，增速高于规模以上工业增加值1.5个百分点。可见，尽管2017年吉林市在推动战略性新兴产业发展方面取得了一定进展，但其支撑吉林市经济发展的支柱产业依然是石化、农副产品加工、冶金等传统产业，战略性新兴产业和高端制造业等支撑经济高质量发展的新动能所占比重还不高。

从固定资产投资看，2017年吉林市全年完成固定资产投资2018.2亿元，同比下降13.2%（2016年基数由2805亿元下调到2325亿元，调减480亿元，如按原基数计算增速下降28%）。其中，5000万元以上项目429个，完成投资452.2亿元；亿元以上项目300个，完成投资416.7亿元；10亿元以上项目48个，完成投资178亿元。在九个投资方向中，工业投资占主导地位。2017年，全市工业完成投资1142.9亿元，占全部投资比重为56.6%；房地产完成投资64.2亿元，占全部投资比重为3.2%；城乡基础设施完成投资157.3亿元，占全部投资比重为7.8%；商贸完成投资226.9亿元，占全部投资比重为11.2%；教育完成投资36.9亿元，占全部投资比重为1.8%；文化、体育完成投资9.1亿元，占全部投资比重为0.5%；医疗、卫生完成投资12亿元，占全部投资比重为0.6%；农林水利完成投资55.6亿元，占全部投资比重为2.8%；其他完成投资313.3亿元，占全部投资比重为15.5%。可见2017年吉林市固定资产投资方面，工业、房地产和基础设施建设，三者占比合计为67.6%，说明吉林市投资结构依然集中于传统产业。

吉林高新技术产业开发区和吉林经济技术开发区是吉林市国家级开发区，对吉林市经济发展起到重要的示范和推动作用，但2017年这两个开发区的增长速度相对放缓。2017年吉林高新技术产业开发区完成地区生产总值148.2亿元，不变价增长0.1%；规模以上工业完成增加值61.7亿元，可比下降0.5%；完成全口径财政收入21.6亿元，同比下降7.1%；完成固定资产投资239.8亿元，可比下降3.2%。2017年吉林经济技术开发区完成地区生产总值89.0亿元，不变价增长7.5%；规模以上工业完成增加值64.9亿元，增长7.0%；完成地方级财政收入4.6亿元，同比增长－22.1%；完成固定资产投资178.8亿元，同比增长－24.7%。

（三）居住环境和市政基础设施建设有待进一步加强，宜居城市竞争力发展受限

从近三年的情况看，尽管2016年吉林市宜居城市竞争力在全国排名略有下降，由2016年的全国第48位下降为2017年的第64位，但与2015年的第195位相比，依然有明显的提升。从宜居城市竞争力的分项指标看，宜居城市竞争力的7个分项指标中，有4项全国排名在150位之后，其中绿色的生态环境排名第150位，活跃的经济环境排名第153位，尤其是便捷的基础设施第192位和舒适的居住环境第283位的排名，严重地影响了吉林市宜居城市竞争力，成为制约吉林市宜居城市竞争力的发展短板。舒适的人居环境不仅影响着城市居民的幸福指数，而且对人力资源的流动产生重要影响，城市基础设施的规模、类型、水平直接影响着城市产业的发展和价值体系的形成，因此这两项指标不仅决定着城市的产品成本和生活品质，而且对未来城市发展的竞争力产生重要影响。由此可见，居住环境和市政基础设施发展水平偏低已经成为制约吉林市宜居城市竞争力的重要因素，降低了吉林市宜居城市竞争力整体水平。

三　现象与规律

（一）凸显城市资源优势，重点培育特色产业

城市资源优势是城市发展的依托，城市如何发挥自身独特优势，彰显出风格与魅力，形成其核心竞争力，已成为城市发展亟须解决的重点课题。对于吉林市来说，深厚文化底蕴和秀美自然风光是其重要的资源优势。吉林市既是史前文化发源地和中国满族发祥地之一，又是一座山水城市，美丽的松花江呈反“S”形穿城而过，“一城山色半城江”，城市由江而来、沿江而走、依江而展、因江而美。城外“青山环绕如画屏”，“前朱雀、后玄武、左青龙、右白虎”四座神山拱卫。浩浩江水的浸润、茫茫林海的簇拥，造

就了吉林市四季分明的自然景观和独具特色的旅游资源，形成了“春可踏青品鱼、夏可避暑度假、秋可观枫赏桦、冬可赏凇戏雪”的鲜明旅游特色，获得“国家历史文化名城”“中国优秀旅游城市”“国家级园林城市”“中国魅力城市”“首批国家全域旅游示范区创建单位”“倾国倾城：最值得向世界介绍的中国名城”等诸多荣誉称号。近年来吉林市不断探索发挥“自然风光＋文化底蕴”的比较优势，探索独具特色的旅游产业发展之路，在形成城市特色产业支撑方面有所突破。随着万科松花湖旅游度假区、温泉带综合开发、朱雀山国家森林公园等景区景点建设的大力推进，四季精品旅游线路不断完善，以冰雪游、温泉游、满族文化游为代表的旅游品牌影响力不断提升。2017 年接待旅游者突破 5083 万人次，同比增长 13.5%，占全省 26%；实现旅游收入 801 亿元，同比增长 18.1%，占全省 22%。《中国冰雪旅游发展报告（2017 年）》中，吉林市荣获中国十佳冰雪旅游城市第二名，雾凇冰雪节入选中国十大冰雪节事活动第二名，北大壶、万科松花湖入选中国十大冰雪休闲度假区。百度“2017 年最具影响力旅游城市”，吉林市位居榜首。

（二）突出科技创新，加快推进战略性新兴产业发展

创新是城市竞争力的源泉，只有以科技创新为牵引，不断提升战略性新兴产业的产业规模和层次，才能为城市经济社会转型发展提供有力支撑。2017 年，吉欧科自动化、大洋电气等 4 家企业的技术中心通过省级企业技术中心认定。目前，全市省级以上企业技术中心达到 59 家，涵盖了汽车、化工、信息技术、新材料、装备制造等多个行业。研发出醋青纤维、无补偿承插式热力钢塑复合管等重点新产品、新技术 22 项，提高了企业的持续创新能力和核心竞争力，对我市产业技术进步起到了引领和支撑作用。依托本地 8 所大专院校“双创”资源，规划建设了 6 个校城融合重大创新创业基地：军民融合产业创新创业基地、吉林市科技创新城、东北电力大学科技产业园、筑石国际健康产业双创基地、中新食品区创新创业孵化基地、昌邑区现代服务业创新创业基地。积极探索创业促就业工作新途径，截至

2017 年末，引导和扶持 10800 名返乡农民工实现成功创业，吸纳带动就业近 3.31 万人。2018 年初以来，中科院苏州医工所工程技术研究院成功落户吉林市，成为吉林市首个中科院研发机构。中科院应化所在吉林市设立中试基地，化工学院与化纤集团秸秆综合利用技术研究院挂牌成立，东北电力大学、东杰科技、吉隆科技与邓中翰院士领衔的中星微电子签订战略合作协议。

（三）突出生态文明建设，加快美丽城市建设

"绿水青山就是金山银山"，作为北方著名的山水名城，吉林市把以生态文明推动美丽城市建设作为提升城市整体竞争力、提高城市居民生活品质的重要工作。近年来，吉林市不断强化红线、底线高压意识，加快推进生态文明建设步伐。2017 年吉林市森林覆盖率达到 53.7%，城区人均公共绿地面积 12.1 平方米，全年城区环境空气质量可吸入颗粒物（PM10）年均浓度 79 微克/立方米，比 2013 年下降 18%，全年优良天数比例达到 72%。2017 年吉林市全年累计处理城市生活污水 13254.85 万立方米，处理污泥 10.02 万吨，无害化处理率达到 100%。松花江吉林江段各项污染指标均满足《地表水环境质量标准》中Ⅲ类标准，水质状况为优。2017 年吉林市全社会综合能源消费量 2040.7 万吨标准煤，单位 GDP 能耗降低率为 2.26%。其中，规模工业综合能源消费量 1402.3 万吨标准煤，单位工业增加值能耗降低率为 0.68%。

四　趋势与展望

（一）适应高质量发展要求，现代产业体系将加快构建

十九大报告指出："我国经济已由高速增长阶段转向高质量发展阶段。"这标示着中国经济将进入高质量发展的新时代，由此未来中国经济的内在要求、价值尺度、动力源泉、战略重点、评价体系和政策取向都将发生深刻的

变革。作为老工业基地，吉林市转型升级的关键是要着力推进建设符合高质量发展要求的现代产业体系，通过这个体系为吉林市经济发展提供更高附加值和更强大驱动能力。吉林市近年来以建设旅游文化名城、新型产业基地、生态宜居城市为目标引领，在加快构建“6411”产业体系方面取得了重大进展，在推进化工“补链”、推进冶金“转型”、汽车“上量”、农产品加工“提质”、现代服务业提升水平等方面有所突破。2017 年吉林市 30 种重点产品中，乙烯、粗钢、汽车、石墨及碳素制品等产品产量增长，原油加工量、原煤、铁合金、水泥等产品产量下降。同时一些大项目建设有序推进，也为传统产业注入了新的活力。2017 年吉林市康乃尔化工 60 万吨甲醇制烯烃一期、博大生化 30 万吨乙醇扩能等项目相继竣工；吉林铁合金、吉林炭素正式签订搬迁协议，昊融羰基铁等 6 个技改项目开工建设。吉汽龙山整车生产项目竣工投产，森雅系列整车销售突破 6 万辆。面向构建符合高质量发展现代产业体系，吉林市要进一步淘汰落后产能，推动产业联动、深化产业融合，拉长产业链条，着力加快战略性新兴产业和现代服务业的发展，使城市综合增量竞争力和综合效率竞争力得到快速提升，以适应日益激烈的区域竞争。

（二）把握“新经济”发展规律，新旧动能转换将加速实现

自李克强总理在政府工作报告中使用“新经济”这一概念以来，“新经济”已经成为概括未来支撑我国经济发展方式、生产力组织方式、资源配置方式和科技创新方向的关键词。吉林市面对转型升级、全面振兴过程中出现的“旧中有新、新旧交错”的现实产业格局，吉林市无法效仿南方发达地区以产业梯度转移的方式，提升接纳新型生产要素能力，实现“去旧迎新、吐故纳新”式的经济转型，而应采取“以旧育新，以新代旧”的方式，通过对旧产能的深度改造，使之适应经济发展的新方向，同时加快高科技产业和现代服务业培育，在避免产业空心化的前提下实现产业的高端化。2017 年吉林市电子商务保持强劲发展势头，国家电子商务与物流快递协同发展试点城市建设通过验收，棋盘、黄松甸建成“中国淘宝村”，全市网络零售额同比增长 50%。

（三）创新型城市获批准，城市经济转型升级的定位更加清晰

2018 年 4 月，吉林市成功入选国家科技部和发改委支持的创新型城市建设名单，是东北地区唯一的入选城市。截至 2017 年末，全市科技“小巨人”企业发展到 240 户；全市国家级、省级、市级企业技术中心分别达到 5 个、54 个和 110 个；细分产业应用技术研究院达到 24 个；重点引进了中科院、吉林大学、浙江大学等吉林市亟须的优势资源，建成东北首家国家科技领军人才创新驱动中心；拥有省级以上大学科技园 3 个，其中：东北电力大学科技园为国家级大学科技园，北华大学和吉林化工学院大学科技园为省级大学科技园。启动了市科创中心、百度（吉林）创新中心、科技创新创业大数据云平台建设。创新型城市是指主要依靠科技、知识、人力、文化、体制等创新要素驱动发展的城市，对其他区域具有高端辐射与引领作用。吉林市获批国家创新型城市，将推动城市经济在思想观念创新、发展模式创新、机制体制创新、对外开放创新、企业管理创新和城市管理创新取得重大突破。科技部和国家发改委将重点对有关城市全社会研发经费投入强度、科技公共财政支出占比、万人发明专利拥有量、高新技术企业数量、地区生产总值增速、服务业增加值占比、全员劳动生产率等 7 个关键指标，定期开展监测与评价，由此将促进吉林市不断深化创新体制改革，不断完善创新体系建设，不断探索创新工作机制，为城市综合竞争力的快速提升提供有力保障。

五　政策与建议

（一）努力打造优质营商环境，改善制约经济发展的投资和市场环境

习近平总书记在中央财经领导小组第 16 次会议上强调：“我们提出建设开放型经济新体制，一个重要目的就是通过开放促进我们自身加快制度建设、法规建设，改善营商环境和创新环境，降低市场运行成本，提高运行效

率，提升国际竞争力。”营商环境是城市发展的最重要的软环境。优质的营商环境会对城市发展所需的人才、资源、资金、技术产生磁石效应。吉林市应对标国内先进地区，以推进“放、管、服”改革为主要抓手，全面改善服务质量，提高办事效率，加大涉软案件查处力度，全力打造零障碍、低成本、高效率的一流营商环境。首先要做到更加彻底的“放”，精简行政审批事项，完善并联容缺承诺审批机制，探索一枚印章管审批模式，实现大厅之外无审批、清单之外无审批。其次要做到更加有效的“管”，创新完善监管模式，“双随机一公开”行政执法业务实现全覆盖。最后要做到更加优质的“服”，加快政务大厅标准化建设，大幅提升实体政务大厅服务能力；推进网上政务大厅建设，推动行政审批事项和公共服务事项上网运行，促进线上线下服务实时同步、实体大厅和网上大厅融合互补，努力实现让企业和群众“办事不见面”“最多跑一次”的目标。

（二）加快城市创新体系建设，推进创新科技、创新产业、创新要素、创新文化融合发展

开展创新型城市建设是贯彻落实习近平总书记关于“尊重科技创新的区域集聚规律，因地制宜探索差异化的创新发展路径，加快打造具有全球影响力的科技创新中心，建设若干具有强大带动力的创新型城市和区域创新中心”重要指示的重大举措。应该看到创新型城市建设是一个系统工程，其中城市作为创新的载体，产业创新是关键，科技创新是动力，人才创新是支撑，必须以系统思维，建设城市创新体系，提升城市整体创新能力。要用好校城融合、企业家论坛等机制，加强创新体系建设，加快科技成果转化，深化科技体制改革，逐步实现实体经济发展的动力转化。要加快科技与产业发展融合，提高科技与城市特色产业的关联度，围绕新材料、新能源等新兴产业，推动碳纤维研究院、生物质炼制研究院等优势创新平台建设。要加快高校、科研院所、企业、创客空间等创新主体融合步伐，建设东北电力大学科技产业园等六大创新创业基地，支持高校、科研院所、大型企业建设行业性、专业化创客空间和企业孵化器，形成创新型产业链生态体系。要推动产

学研用融合试点工作，支持化工学院与吉林化纤建立联合实验室，加快吉林大学吉林市研究院、中科院应化所中试基地建设，发挥中科院、浙大等在吉技术转移中心和百度创新中心载体作用，深化北华大学等高校与国外科研机构开展国际交流合作。要推动人才、资本、信息与技术等创新要素融合。建立离岸人才孵化器，发挥国家科技领军人才创新驱动中心等平台作用，支持“三高”人才回归创新创业。

（三）推进人才支撑产业发展体系建设，提供城市经济高质量发展的坚实智力支撑

从总体上看，近年来，东北地区人力资源尤其是高端产业人才和科技人才出现流失加剧的问题。值得注意的是，人力资源的流动往往和资本的流动同向、同步，产业的空心化会导致人才尤其是高端人才的空心化，而人才的空心化又会加剧产业的空心化，因此构建符合城市经济发展的人才支撑产业发展体系显得至关重要。人才支撑产业发展体系就是指在构建区域经济发展支柱产业、优势产业的过程中，坚持以人为本的理念，以产业发展的人才需求分析为基础，进行符合产业发展要求的人才战略规划、制度建设、机制创新、政策引导和结构调整，通过人才项目与产业项目的有机组合、深度融合，确保人才发展方式和经济发展方式的高度匹配，进而保证产业的快速、高效和可持续的发展。首先，要充分认识人才发展方式是经济发展方式的关键，以人才与产业发展互动模型为基础，确立人才支撑产业发展项目体系的基本框架。紧紧围绕“6411”产业体系，加快补齐人才短板，深入实施人才强区战略。其次，要高度重视人才集聚模式是产业集聚模式的支撑，以产业发展战略为导向，确定人才支撑产业发展项目体系的关键领域和重点内容。实施企业家素质提升工程，选派企业优秀管理人员到央企及发达地区国企挂职锻炼，依托国内顶尖培训机构或知名高校开展专题培训。实施人才招引工程。突出“高、精、尖、缺”，加大技术创新专家型人才、高级经济管理人才引进力度，建设引智示范基地和人才小镇。实施大学生本地就业工程。建立高校毕业生创业贷款风险补偿基金，完善大学生就业创业补贴政策，搭建就业双

选对接平台。实施“江城工匠”培树工程。大力弘扬“工匠精神”，培养造就一批高技能、知识型、创新型“江城工匠”，组建高技能人才库，筹建技能大师工作室。最后，要重点把握人才供应链是产业链延伸、优化、融合的先导，创新“资智”深度融合的体制机制和平台建设。对海内外院士、诺奖得主、国家级领军人物等杰出人才采取“不求所有，但求所用”的柔性引才机制，为吉林市高质量发展提供高端智力支撑和高水平人才保障。

（四）加快智慧城市建设步伐，构建面向未来的城市竞争优势

智慧城市是指利用各种信息技术或创新意念，集成城市的组成系统和服务，以提升资源运用的效率，优化城市管理和服务，以及改善市民生活质量。作为未来发展趋势的智慧城市把新一代信息技术充分运用在城市的各行各业之中，形成基于知识社会的城市信息化高级形态，成为实现信息化、工业化与城镇化深度融合，实现精细化和动态管理，提升城市管理成效和改善市民生活质量的关键途径。吉林市应尽快完成新型智慧城市建设总体规划，以智慧城市建设带动大数据、云计算产业发展，争创国家新型智慧城市试点。充分挖掘大数据潜力，打造智慧城管、智慧医疗、智慧养老、智慧教育、智慧小区。加大对域内智能产业扶持力度，形成智慧产业链和智慧产业集群。坚持建管并重的原则，推进城市管理执法体制改革，构建城市智慧管理平台，不断提升城市管理精细化、网格化、常态化水平。

参考文献

《吉林市人民政府2017年政府工作报告》，吉林市人民政府网站。

《吉林市2017年国民经济和社会发展统计公报》，吉林市人民政府网站。

《吉林省2017年国民经济和社会发展统计公报》，吉林省人民政府网站。

B.8
吉林省城市竞争力（四平市）报告

李 平*

摘 要： 2017年，四平市经济虽保持稳中向好，但受经济发展方式转变、产业结构调整以及国内外经济形势变化等多方面影响，其综合经济竞争力和分项指数排名有所下降；四平市的可持续竞争力指数和排名与上年相比也有小幅度上升，在可持续竞争力指数的各分项指标中，和谐城市、文化城市、全域城市和信息城市竞争力在全国排名均有所提升；宜居城市竞争力指数和排名有所下降。未来四平市仍需深化供给侧结构性改革，大力发展民营经济，激发经济发展活力，优化生态环境，构筑宜居城市新优势，完善公共服务体系，着力推动城乡融合发展。

关键词： 四平市　综合竞争力　可持续竞争力

四平市位于东北中部，吉林省的西南部，辽宁省与吉林省的交界处，行政区划土地面积1.44万平方公里，总人口320.4万人（见表1），其中市区面积1480平方公里，人口68.1万人，占总人口的21.3%。现辖铁东、铁西两个区，公主岭、梨树、双辽、伊通四个县（市），1个国家级经济技术开发区，5个省级经济开发区。四平市地处东北亚区域中心地带，位于东北振兴哈长沈大一级发展轴上，是哈长城市群南部的桥头堡、

* 李平，吉林省社会科学院城市发展研究所助理研究员，研究方向：城市发展与产业经济。

吉林省中部创新转型核心区主要节点城市，是东北地区重要的交通枢纽和物流节点城市。

表1　2017年四平市基本情况

项目	数据
土地面积(平方公里)	14382
总人口(万人)	320.4
GDP总量及增长率(亿元,%)	1230.3,4.2
三次产业比重	23.2∶40.8∶36.0

资料来源：《四平市2017年国民经济和社会发展统计公报》《吉林统计年鉴（2017）》。

2017年，四平经济虽保持稳中向好，但受经济发展方式转变、产业结构调整以及国内外经济形势变化等多方面影响，其综合经济竞争力和分项指数排名有所下降，在全国294个城市中，位列第206位，比上年排名下降了10位。综合增量竞争力和综合效率竞争力在全国排名均有下降，综合增量竞争力在全国的排名由2016年的第183位下降至2017年的第188位，综合效率竞争力在全国的排名由2016年的第191位下降到2017年的第193位。四平可持续发展竞争力综合排名也有所提高。在包括港、澳在内的289个城市中的排名由2016年的第208位上升到2017年的第201位。四平市的宜居城市竞争力排名显著下降，在全国城市中的排位由第104位下降到第118位，在东北三省34个城市中的排位也由2016年的第13位下降至第14位，在省内的位次依然保持在第4位。随着吉林省中部创新转型核心区的加快建设，四平市突出创新转型，加快动能转换，补齐发展短板，综合经济竞争力和可持续竞争力有望稳步提高。

一　格局与优势

（一）总体概况

2017年，四平市经济运行稳中向好。全年实现地区生产总值1230.3亿元，比上年增长了4.2%。其中三次产业增加值分别达到284.9亿元、502.3亿元和443.1亿元，同比增长率分别为3.4%、5.1%和3.9%。经济结构进一步优化，三次产业产值占生产总值比重由2016年的25.0∶39.8∶35.2调整为23.2∶40.8∶36.0，人均生产总值达38161元，比上年增长3.9%。全市一般公共预算全口径财政收入103.5亿元，比上年下降3.4%。全年完成全社会固定资产投资879.3亿元，比上年增长5.3%。2017年，四平市实现社会消费品零售总额649.3亿元，与上年相比增长了7.2%，剔除价格上涨因素，实际增长5.5%。四平市民生工作不断推进。2017年，城镇常住居民人均可支配收入25295元，比上年增长6.7%，农村常住居民人均可支配收入12871元，比上年增长6.7%。城镇参加基本养老保险24.4万人（不含公主岭），比上年下降0.5%，参加失业保险19.6万人（不含公主岭），比上年增长0.1%。全年新增城镇就业4.07万人（不含公主岭），全市城镇登记失业率控制在4.5%以内（不含公主岭）。全市共有36558户、51255人享受城市居民最低生活保障，其中，市区16422户、23430人。110437人享受农村居民最低生活保障，其中，市区12720人。全市共有13426人享受农村特困人员救助供养，其中市区1079人。

（二）现状格局

1. 四平市综合经济竞争力及分项指数排名略有下降

2017年，四平市综合经济竞争力指数达到0.052，比2016年下降了0.005，在全国294个城市中，位列第206位，比上年排位下降了10位，在东北三省34个城市中位列第12位，排位与2016年持平，在全省8个地级市中位列第3位，排位与上年持平。从各分项指标来看，四平市综合增量竞争力指数为0.063，与上年相比略有提升，但从排名来看，在全国的排名由2016年的第183位下降至2017年的第188位，在东北三省的排名由2016年的第13位提升到第10位，在全省8个地级市排名中，依然保持在第3位的水平。四平市综合效率竞争力指数略有提升，由2016年的0.003提高到2017年的0.004，在全国的排名略有下降，由2016年的第191位下降到

2017年的第193位，在东北三省和吉林省各地级市中的排位未发生改变，仍位列第15位和第4位（见表2）。

表2　2016年和2017年四平市综合经济竞争力及分项指数排名

年份	综合经济竞争力	排名			综合增量竞争力	排名			综合效率竞争力	排名		
		全国	东北	省内		全国	东北	省内		全国	东北	省内
2016	0.057	196	12	3	0.062	183	13	3	0.003	191	15	4
2017	0.052	206	12	3	0.063	188	10	3	0.004	193	15	4

资料来源：中国社会科学院城市与竞争力指数数据库、吉林省社会科学院城乡发展指数数据库。

2. 可持续竞争力指数和排名略有提高

2017年，四平市的可持续竞争力指数为0.258，比2016年的0.222略有提高，在289个城市中的排位也由2016年的第208位上升到第201位，提高了7个位次。在可持续竞争力指数的各分项指标中，和谐城市、文化城市、全域城市和信息城市竞争力在全国排名均有所提升，分别由2016年的第178位、第249位、第200位、第246位提升至2017年的第138位、第241位、第172位和第215位，和谐城市、全域城市和信息城市竞争力提升位次相对较多。在东北三省排名中，可持续竞争力指数由第25位上升至第24位，和谐城市竞争力、生态城市竞争力和全域城市竞争力在东北三省的排名均有较大提升，分别从第31位、第18位、第29位上升到第24位、第14位、第24位，除知识城市竞争力外，其他分项也有小幅提升。在省内排名中，和谐城市竞争力和全域城市竞争力也均有所提升，由2016年的第7位和第7位，提升到2017年的第6位和第4位。与之相对应的是知识城市、生态城市竞争力在全国排名有下滑趋势，由2016年的第84位和第151位下降到2017年的第92位和第178位，其中生态城市竞争力下降幅度最大（见表3）。可见，四平市仅知识城市竞争力位列全国中上水平，和谐城市竞争力、生态城市竞争力、全域城市竞争力位于全国中等水平，文化城市竞争力、信息城市竞争力位于全国下游水平。因此，四平市可持续竞争力表现为由知识城市竞争力、和谐城市竞争力、生态城市竞争力、全域城市竞争力拉动型，文化城市竞争力和信息城市竞争力是四平可持续竞争力提升的短板(见图1)。

表3 四平市可持续竞争力及分项指数排名

年份	可持续竞争力			知识城市竞争力			和谐城市竞争力			生态城市竞争力			文化城市竞争力			全域城市竞争力			信息城市竞争力		
	全国	东北	省内	全国	东北	省内	全国	东北	省内	全国	东北	省内	全国	东北	省内	全国	东北	省内	全国	东北	省内
2016	208	25	5	84	9	3	178	31	7	151	18	7	249	29	6	200	29	7	246	30	6
2017	201	24	5	92	10	3	138	24	6	178	14	8	241	28	6	172	24	4	215	29	6

资料来源：中国社会科学院城市与竞争力指数数据库、吉林省社会科学院城乡发展指数数据库。

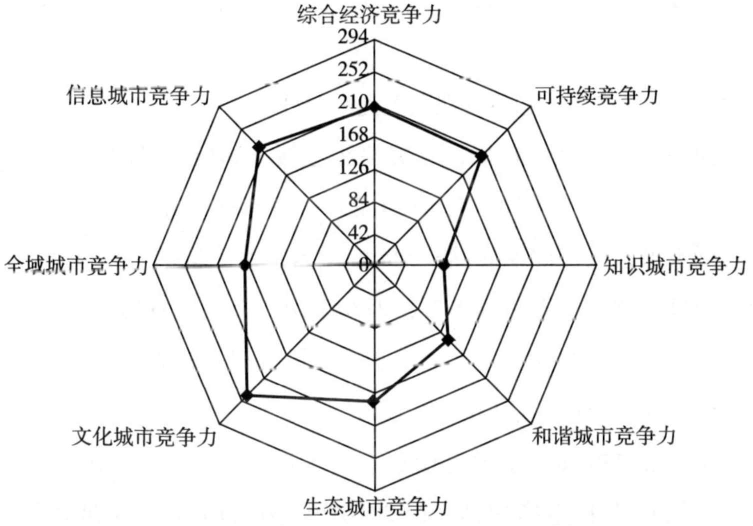

图1 2017年四平市城市竞争力排名雷达图

3. 宜居城市竞争力指数和排名有所下降

2017年四平市宜居城市竞争力指数为0.391，与2016相比，下降较多，在全国城市中的排位由第104位下降到第118位，在东北三省34个城市中的排位也由2016年的第13位下降至第14位，在省内的位次依然保持在第4

位（见表4）。四平市的宜居城市指数显著下降，与舒适的居住环境、便捷的基础设施、活跃的经济环境指数与排名在全国均不高并显著下降有关。尤其是城镇居民人均可支配收入及增长率指数和排名出现了较大幅度的下降，房价收入比标准化指数为0.735，由2016年的全国排名第12位下降到2017年的第42位，也出现了较大幅度的下降，这都在一定程度上拉低了四平的宜居城市竞争力。

表4　四平市宜居城市竞争力指数及排名

年份	宜居城市竞争力	排名		
		全国	东北	省内
2016	0.497	104	13	4
2017	0.391	118	14	4

资料来源：中国社会科学院城市与竞争力指数数据库、吉林省社会科学院城乡发展指数数据库。

4. 四平市城市竞争力总体体现以下几个特征

一是四平市经济总量较低，发展势头趋缓。2017年四平市实现地区生产总值1230.3亿元，经济增速仅为4.2%，虽然比上年增速有所提升，但仍处于较低水平，低于同期全国6.9%的增速水平。同时，四平市经济增长的效率和增量虽比上年有小幅提升，但在全国及东北三省排名中均有不同程度下降，说明四平市的经济发展速度和质量提升相对较缓慢，仍需进一步转变经济发展方式，提高经济发展速度和质量。

二是四平市可持续竞争力有所提升，环境友好的生态城市指数表现优异。其中单位GDP耗电指数排名由2016年的第215位上升到2017年的第172位，单位GDP二氧化硫排放量指数排名也有一定的提高。可见，近年来四平市不断推进经济转型升级，三次产业结构进一步优化，2017年四平市的三次产业比例为23.2∶40.8∶36.0。此外，四平市加快城乡基础设施建设，城乡人均道路比指标排名明显提升，建设的国道绥沈公路已有部分路段通车，扎实推进市政道路和农村道路的建设和改造。地下综合管廊稳步推进，2017年新建续建20.4公里。

三是四平市宜居城市竞争力下降明显，但绿色生态环境指数排名提高明显。这与四平市近年来重点抓生态环保工作有关，城乡环境明显改善。2017年四平市区淘汰了166台燃煤小锅炉，推进规模集中供热，对市区黄标车进行专项整治，环境空气质量得到明显改善，空气优良天数明显增多。在水环境保护方面，实行“河长制”，稳步推进“清河行动”，进行水源地专项整治，彻底解决了水源地保护历史遗留问题。2017年多个污水处理厂建设完工投入使用，截至2017年底市区污水管网覆盖率达到85%，污水处理率达到98%，四平境内河流水质明显好转。一系列环境综合整治专项行动的开展，取得了显著的成效，2017年四平市再次被认定为国家卫生城市，美丽四平建设稳步推进。

二　问题与不足

（一）综合经济实力有待增强，经济发展质量不高

2017年四平市的综合经济竞争力在全国排名均有所下降，在吉林省的排名基本不变，从分项指数来看，四平市在综合增量和综合效率方面的表现均有所欠缺。2017年四平市实现地区生产总值1230.3亿元，人均生产总值仅为38161元，远低于吉林省56102元的平均水平，可见四平市的综合经济实力有待进一步增强。2017年，四平市通过去产能、去库存等多措并举优化产业结构，但由四平市三次产业结构可以看出，四平市的经济发展依然以第二产业为主，第二产业对经济增长贡献率也远高于第一、三产业，且第一产业在三次产业中所占的比重依然较高，第三产业发展不足。此外，从第二产业内部来看，四平市工业经济发展质量不高，传统制造业所占比重较高，技术含量高、环境污染小、附加值高的产业所占比重不大，工业经济的发展还有待进一步转型升级。可见，四平市转方式、调结构、促转型的任务依然繁重，仍需提档加速。

（二）知识城市、和谐城市部分指标表现不佳，制约可持续竞争力加快提升

在可持续竞争力的分项指标中，四平市创新驱动的知识城市竞争力和和谐城市竞争力指数与排名与上年相比下降较多，表现不佳。在知识城市竞争力的各指标中，专利指数、科研人员指数等指标排名较低，拉低了四平市创新驱动的知识城市竞争力的排名。可见，目前四平市的科技创新体系仍然不完善，2017 年四平市仅有 7 个科技成果转移转化中心落户，科技成果转化率远远低于长春、吉林等省内发达城市。新建院士工作站 2 个，新增省级科技“小巨人”企业仅 5 户，创新能力不足。和谐城市竞争力总体上与 2016 年相比有所提升，但在和谐城市竞争力的具体指标中，社会保障程度指标排名与上年相比出现了较大幅度的下降，2017 年四平市城镇参加基本养老保险 24.4 万人，比上年下降 0.5%，说明四平市在医疗保险、养老保险、失业保险的参保方面还需加强。

（三）舒适的居住环境、活跃的经济环境表现不佳，成为四平宜居要素短板

2017 年四平市宜居城市竞争力指数和排名止升转降，在全国城市中的排位由第 104 位下降到第 118 位。宜居城市竞争力所涉指标包括优质的教育环境、健康的医疗环境、安全的社会环境、绿色的生态环境、舒适的居住环境、便捷的基础设施和活跃的经济环境七大指标。各指标的变化各不相同，其中舒适的居住环境和活跃的经济环境表现不佳，在较大程度上拉低了四平市宜居城市竞争力指数和排名。其中，尤其是城镇居民人均可支配收入及增长率指数和排名出现了较大幅度的下降，房价收入比标准化指数为 0.735，由 2016 年的全国排名第 12 位下降到 2017 年的第 42 位，也出现了较大幅度的下降，成为四平市宜居城市竞争力提升的短板。2017 年四平市城镇常住居民人均可支配收入 25295 元，比上年增长 6.7%，但低于全省平均水平，2017 年吉林省城镇常住居民人均可支配收入为 28319

元。未来，四平市有必要加快补齐宜居要素短板，助推宜居城市竞争力的进一步提升。

三 现象与规律

（一）GDP 增速趋于平稳，依然处于经济转型的关键期

四平市综合经济竞争力与上年相比小幅下降，处于全国中下游水平，与东北地区及省内长春、吉林相比，综合竞争力相对较弱，表明四平市正处于经济转型的关键时期，国民经济继续保持平稳增长态势。此外，从综合竞争力指标的分项看，综合增量竞争力和综合效率竞争力均有小幅下降，这说明四平市经济结构性矛盾依然存在，一方面，虽然近年来四平市不断推进经济结构调整步伐，但依然存在第一、二产业比重较大，第三产业发展不足，产业结构不尽合理的问题；另一方面，产业内部的结构还需进一步优化，产业链条尚未形成，大部分产业还处在产业链的低端，产品的附加值低，新兴产业发展不足，还需加大力度培育经济发展新动能。因此，加快转变经济发展方式，进一步调整优化产业结构，是推动四平市综合经济实力不断提升、经济发展质量和效益提高的关键。

（二）生态建设力度加大，生态环境持续改善

近年来，四平市加快建设“美丽四平、幸福家园”。四平市环境友好的生态城市指数表现优异。其中单位 GDP 耗电指数排名由 2016 年的第 215 位上升到 2017 年的第 172 位，单位 GDP 二氧化硫排放量指数排名也有一定的提高，这与四平市近年来加大“三去一降一补”工作力度，彻底拆除“地条钢”企业违规生产设备有关，这说明四平市节能减排、产业转型升级取得了一定进展。城乡环境明显改善，生态环保取得较好成绩。2017 年四平市淘汰 166 台燃煤小锅炉，淘汰 6500 辆黄标车，全年的空气优良天数为 276 天，彻底解决水源地保护的历史遗留问题，多家污水处理厂建设完工，四平

市污水管网覆盖率和处理率均有所提升，出境河流的水质明显改善。大力推进“四绿工程”，全年造林 82.7 万亩。随着四平市生态环境治理和保护力度持续加大，生态城市竞争力排名有望止降转升。

（三）全域城市、信息城市要素表现较好，拉动可持续竞争力小幅提升

2017 年四平市城乡一体的全域城市和开放便捷的信息城市要素表现相对较好，拉动了可持续竞争力的小幅提升。四平市稳步推进城乡融合一体发展，启动乡村振兴战略、推进城乡医保整合，加快推动城市公立医院综合改革，多元一本的全域城市稳步推进。四平市近年来高度重视对外开放与合作，鼓励优势企业“走出去”，开展国际产能合作，进一步优化了四平市的投资和外贸结构，2017 年四平市全年外贸出口增长 11.3%。同时，四平市作为哈长城市群和长平经济合作区重要支点，积极落实规划及相应的重点建设任务，在“四辽铁通”次区域合作与建设方面积极主动，有力地推动了四平市的对外开放水平，加快了信息城市建设的步伐。

（四）知识城市竞争力虽有小幅下降，仍是四平可持续竞争力提升的主要动力

从知识城市竞争力的排名来看，虽然 2017 年四平市知识城市竞争力在全国排名由 2016 年的第 84 位下降到了 2017 年的第 92 位，下降了 8 个位次，但在全国的排名依然在上游水平，说明四平市的知识城市竞争力在全国具有一定的优势。2017 年四平市的科学技术支出 3682 万元，增长 77.4%，重点加强与高校和科研机构的合作，2017 年企业高校及科研机构签订了 65 项产学研合作项目，7 名国家级专家学者受聘成为四平市的高级顾问，成立了 7 个科技成果转移转化四平中心，达成 44 项合作协议。同时，科技创新环境进一步优化，承办了吉林省科技活动周，设立十大展区，展示了吉林 1 号卫星、大型无人机等国内外先进技术及科研成果，近 2 万人参加了活动，得到科技部的高度认可。

四 趋势和展望

（一）产业结构日益优化，转型升级步伐加快

2017 年四平市三次产业的结构比例为 23.2∶40.8∶36.0，产业结构日益优化。深化供给侧结构性改革，扎实推进“三去一降一补”重点任务，在去产能、化解房地产库存方面稳步推进。现代农业加速推进，工业动能转换全面提速，四平市重点发展节能环保、高端装备制造、生物医药、新能源、新一代信息技术等战略性新兴产业，形成了一批自主创新能力强、发展潜力大的龙头企业，成为四平市经济发展新的增长点。推动产业从要素驱动转向创新驱动、从成本竞争转向技术品牌竞争，四平的产业结构将更趋优化，转型发展所需的新旧动能转换将呈现加速趋势。现代服务业加快发展，拉动经济增长作用凸显。可见，随着产业结构的日益优化，四平市综合经济竞争力有望提升。

（二）创新能力日益提升，经济内生增长动力不断增强

四平着力加强科技创新载体建设，创新能力日益提升。近年来，新建“吉林梨树黑土地保护与利用”院士工作站，国家可持续发展实验区平台通过中期验收。进一步强化产学研协同创新，鼓励企业重视及加大研发投入，增强企业的科技创新能力。确定“THT”为换热器产业共享商标，推动吉林省换热器产业创新中心建设。加快传统产业的转型升级，推进换热器以及专用车、农机等千亿级产业集群发展。进一步巩固四平市“三四三”特色产业体系。加快科技成果转化速度，实现科技成果转化为现实生产力，提升四平市整体创新能力，经济内生增长的动力不断增强。

（三）改革加速推进，经济发展环境日益改善

四平市十分重视“放、管、服”改革，简政放权工作稳步推进，取消了多项行政审批事项，下放和调整行政职权多项，改革加速推进，经济发展

环境日益改善。商事制度改革步伐不断加快，实施“多证合一”，民营经济加快发展，2017 年民营经济主营业务收入实现 3000 亿元。整合建立市公共资源交易平台，经济发展环境日益改善。推动“双随机、一公开”全覆盖，协同监管和联合惩戒机制基本形成。重点领域改革取得实效。2017 年四平市高度重视对外开放合作，与国内的石家庄市、营口市缔结友好城市，并走出国门与俄罗斯阿尔樵姆市缔结为友好城市，在产业、人才等多方面开展合作。同时，与浙江省的金华市签署对口合作框架协议，对口合作有序推进。未来，四平市仍将进一步优化经济发展环境，不断创新和改善审批方式，努力实现最优制度供给、营造良好的经济发展环境。

（四）和谐、全域和信息要素日益优化，可持续增长趋向多元化发展

从 2017 年四平市可持续竞争力的分项指数来看，除了知识城市竞争力发挥了重要引领作用以外，和谐、全域和信息要素对于四平可持续竞争力提升的作用也不容忽视，与上年表现相比，四平的和谐、全域和信息城市竞争力排名均实现了较大幅度提升。具体而言，四平市不遗余力地推进城乡融合一体发展，完善城乡基础设施和公共服务设施，社会保障覆盖率逐年提高。此外，四平还积极强化城市的开放便捷维度，加快智慧城市建设步伐，启动智慧铁路物流小镇建设项目，提升四平市信息化水平。随着上述各项工作逐步取得新进展，四平的和谐、全域、信息竞争要素表现势必得到进一步优化改善，未来主导四平市可持续竞争力的增长极也将有望由单一化趋向多元化发展。

五　政策与建议

（一）深化供给侧结构性改革，实现经济平稳增长

近年来，四平加快推进经济发展方式转变，持续推进产业结构调整，但从 2017 年综合经济竞争力的表现来看，四平市的综合增量和综合效率在全

国排名有所下降，导致综合经济竞争力排名也有所下降。因此，在这一发展形势下，四平市有必要继续强化优势资源和重大项目对本地要素的激活作用，进一步深化推进供给侧结构性改革。改造提升传统装备制造业、农产品加工等传统优势产业，加快培育智能制造、光电产业、干细胞应用、工业物联网等新业态，加快发展现代物流、金融服务、信息服务等现代服务业，推动传统的商贸流通业提档升级，积极推进主导产业高端化、传统产业新型化、新兴产业规模化，着力构建特色鲜明、技术先进、布局合理、清洁安全的现代产业体系，提高经济发展的质量和效益，促进四平市经济又好又快发展。加快推进一批战略性新兴产业园区建设，提高园区的承载能力，促进新兴产业集聚发展。优化经济结构，培育新动能，持续提升经济发展质量和效率，进而实现经济平稳增长。

（二）大力发展民营经济，激发经济发展活力

当前，四平市高度重视民营经济的发展，民营经济的发展势头良好，2017 年民营经济主营业务收入实现 3000 亿元，民营经济已成为四平市经济发展的重要支撑和新的经济增长点。四平市未来要因势利导，深入推进民营经济发展和改革步伐，在健全和完善民营经济发展的体制机制方面进行积极探索，民营经济的发展环境进一步优化，将民营企业培育成转变经济发展方式、推进供给侧结构性改革、振兴老工业基地的重要力量；鼓励民营企业开展“二次创业”，加快企业技术改造和升级，不断提高装备水平、技术水平、产品档次和自主创新能力，全面优化民营经济质量和效益，形成经济、社会、人口、生态等统筹协调发展的绿色转型新格局；充分发挥四平市“助保金池”的作用，缓解企业融资难问题，同时，探索发展形式多样的民营经济股份制银行、金融超市等小型的金融机构，拓宽民营企业融资渠道，促进四平市民营经济又好又快发展，激发经济发展的活力。

（三）突出优化生态环境，构筑宜居城市新优势

近年来，随着对生态环境保护的日益重视，四平市的生态环境要素指标

明显提升，但宜居城市竞争力的排名有所下降，说明生态环境建设依然是四平市未来提升宜居城市竞争力的重点。一是要继续加强大气环境整治。加大对重点污染行业，如水泥、钢铁、火电等行业的整治力度，同时，对冬季秸秆焚烧问题要加强监管，确保空气优良天数增多，重污染天数越来越少。二是要继续加强水环境治理。统筹做好四平市水系治理及水资源的综合利用，未来要大力推进境内的河湖连通、对重点河流进行专项治理，开展黑臭水体综合整治，力争实现水质明显改善，确保出境水质达到国家相应的考核要求。三是要继续加大对生态环境的保护力度。制定生态环境保护规划，划定生态保护红线，继续推进"四绿工程"的建设，保护生态环境，提升四平市宜居城市竞争力。四是突出加强环境保护执法能力建设，严厉打击各类违规违法行为，始终保持严查、严处、严打的高压态势。

（四）完善公共服务体系，着力推动城乡融合发展

四平市应继续推进"五城联创"，加强城乡建设和管理水平，进而推动城乡的融合发展，提升和谐城市与全域城市竞争力。一是加强城乡统筹规划。启动四平市城市总体规划修编，制定四平市各级乡村振兴发展规划、支持特色小镇编制总体规划，以规划引领四平市的空间有序发展，推动第一、二、三产业融合发展。二是完善公共服务设施，着力补齐全域城市竞争力要素短板。加快推动四平市图书馆以及滑冰馆的建设，力争尽早竣工投入使用，着力推进四平市博物馆和大剧院的建设进度。进一步优化四平市城区的路网结构，推进重点道路的建设进程，加快推进海绵城市、管廊城市的建设步伐。三是扎实推进安全饮水、电网升级、光纤入户、厕所改造及村镇医疗、文化体育设施等工程建设，大力提升农村基本公共服务水平。

参考文献

《四平市 2017 年政府工作报告》，四平市人民政府网。

《四平市2018年政府工作报告》，四平市人民政府网。

《四平市2017年国民经济和社会发展统计公报》，四平市人民政府网。

《吉林省2017年国民经济和社会发展统计公报》，吉林统计信息网。

《四平市国民经济和社会发展第十三个五年规划纲要》，四平市人民政府网。

《中共四平市委关于制定四平市国民经济和社会发展第十三个五年规划的建议》，四平市人民政府网。

倪鹏飞：《中国城市竞争力报告No.16》，中国社会科学出版社，2018。

倪鹏飞：《中国城市竞争力报告No.15》，中国社会科学出版社，2017。

倪鹏飞：《中国城市竞争力报告No.14》，中国社会科学出版社，2016。

倪鹏飞：《中国城市竞争力报告No.13》，社会科学文献出版社，2015。

倪鹏飞：《中国城市竞争力报告No.12》，社会科学文献出版社，2014。

B.9
吉林省城市竞争力（松原市）报告

张丽娜*

摘　要： 松原市是一座典型的资源型城市，近年来受国际原油量价低位徘徊以及经济下行的影响，城市综合竞争力排名出现持续下滑的现象。2017年，松原市紧扣生态振兴、转型崛起发展主题，全力以赴打好“三大战役”，经济社会发展取得了一定进步，综合竞争力下降趋势减缓，可持续竞争力略有增强，但知识城市和信息城市竞争力短板问题一直没有得到有效解决，经济发展的新动能不足，未能形成新的支撑。未来时期，松原市仍旧需要加强生态建设，加快产业转型，提升经济发展质量，进而提高整个城市的竞争力。

关键词： 综合竞争力　产业转型升级　生态建设

松原市属于吉林省中西部城市，地理位置优越，境内有松花江流过，南部与长春市、四平市为邻，西部与白城市、内蒙古通辽市接壤，北隔松花江与黑龙江省大庆市相望。土地资源丰富，位于松嫩平原南端，地处北纬45度的世界黄金玉米带、黄金水稻带，面积2.2万平方公里（见表1）。民族特色突出，是多民族融合发展的城市，共39个少数民族；全市总人口达到275.41万人，其中少数民族人口154767人，超过万人的少数民族有3个，

* 张丽娜，吉林省社会科学院软科学所所长，研究员，研究方向：宏观经济和产业经济。

分别是蒙古族、满族和回族。行政区划主要包括1市（扶余市）、1区（宁江区）、3县（前郭尔罗斯蒙古族自治县、长岭县、乾安县）、2个国家级开发区（松原经济技术开发区、松原国家农业科技园区）和4个省级开发区（查干湖旅游经济开发区、哈达山生态农业旅游示范区、松原石油化学工业循环经济园区、前郭经济开发区），共有78个乡（镇）、1123个行政村。

表1　2017年松原市基本情况

项目	市域数据
土地面积(万平方公里)	2.2
总人口(万人)	275.41
地区生产总值及增长率(亿元,%)	1706,0.9
三次产业比例	15.8∶38.6∶45.6

资料来源：《松原市2017年国民经济和社会发展统计公报》。

松原市农业资源、水力资源、旅游资源和矿产资源基础雄厚，特别是拥有储量丰富的石油、天然气、油页岩、油砂、陶粒页岩、铸型用砂、膨润土、泥炭等15种矿产资源，形成石油和天然气开采业、农副食品加工业、木材加工和木竹藤棕草制品业、非金属矿物制品业、化学原料和化学制品制造业五大支柱产业，可以说是“因油而建、因油而兴”，是一个典型的资源型城市。近些年来，松原市以“生态振兴、转型崛起”为主题进行发展，加快产业转型，进一步提高经济发展质量，虽然矿泉水产业、新能源产业等新兴产业还未形成规模，对经济发展的支撑力度有限，但还是取得了一定成效。从综合经济竞争力指标来看，仍旧是下降的趋势，但下降的幅度有所减缓。2017年综合经济竞争力排名为第211位，较2016年下降了8位，较上年下降幅度66位显著缩小。从吉林省内的情况来看，综合经济竞争力保持在第4位。从可持续竞争力指标来看，2017年可持续竞争力全国排名第234位，与上年持平，在省内排名第7位，前进1位，说明松原市经济发展的新动能不断累积，产业转型的成效初步显现。

一 现状与格局

（一）总体概况

1. 经济发展保持稳定

2017 年，面对经济下行压力加大、原油量价低位徘徊和抗震救灾、防汛抗洪等诸多挑战，松原市深入贯彻落实党的十九大和习近平总书记系列重要讲话精神，大力推进生态振兴、加快经济转型崛起，全力打好“稳增长保卫战、调结构攻坚战、促发展持久战”，经济发展保持了稳定的发展态势。2017 年，全市地区生产总值实现 1706 亿元，比上年增长 0.9%（按可比价格计算，下同），经济总量在全省排名仍旧保持第 3 位。其中，第一产业增加值增长 4.0%；第二产业增加值下降 5.1%；第三产业增加值增长 5.7%，三次产业的比例为 15.8∶38.6∶45.6。地方级财政收入完成 47.9 亿元，同比增长 -5.6%。全社会固定资产投资完成 1416.9 亿元，同比增长 0.1%，继续保持千亿级投资规模。社会消费品零售总额实现 705.8 亿元，同比增长 5.5%。城乡常住居民人均可支配收入分别达到 25380 元和 10870 元，均增长 6%。

2. 现代农业提质增效

2017 年，松原市农业保持了快速、集约、绿色的良好发展态势。一是粮食生产再获丰收。春耕生产期间，全市进一步加大农业生产投入力度，农业生产总投入 46 亿元，较上年增加 1.5 亿元。全市粮食总产量达到 744.5 万吨左右，同比增长 0.1%。二是种植业结构调整成效显著。2017 年籽粒玉米种植面积调减到 78 万公顷，增加特色作物面积达 5.5 万公顷。优质花生生产基地、脱毒马铃薯生产基地、优质葵花生产基地、谷子生产基地、红辣椒生产基地、西瓜香瓜生产基地、杂豆生产基地、棚膜经济生产基地八大特色农产品基地初具规模。三是绿色有机农业示范基地建设扎实推进。市县两级投资 8000 万元，完善贷款贴息、农机补贴、物化补助、“三品”认证、科技服务、免费参展等扶持政策，着力打造“绿色农业城”。制定和完善绿色有机农业生产标准159个，全市绿色有机农业示范基地发展到57个，较上年增加41个，核心区面积20万亩，辐射带动“三品”认证面积200万亩。四是“我在松原有一亩田”项目顺利启动实施。以发展高端农业、实现精准订单为方向，与广州商会、北京地铁集团等实现良好合作，全市发展“一亩田”项目11个，面积6080亩，预计年产量825万斤。五是畜牧业发展再上新台阶。通过出台政策、引进牧业大项目、发展规模养殖等一系列措施促进牧业经济扩能升级，取得了明显成效。2017年，全市生猪、肉牛、肉羊、禽类分别发展到571万头、77.8万头、427万只、6825万只，同比分别增长6.9%、1%、6.5%、7.2%。牧业产值实现180亿元以上。牧业大项目建设取得实质性进展。中粮集团长岭200万头生猪产业项目、正邦集团扶余200万头生猪产业项目、齐全公司宁江100万头生猪项目等顺利开工建设。规模化、标准化养殖水平明显提高。2017年全市建设170个规模养殖场。六是农业机械化发展水平不断攀升。2017年全市农机购置补贴预计使用补贴资金2亿元，受益农户7500户，购置补贴机具9000台（套）。农机总作业量预计达到4.6亿亩，比上年增加2000万亩，主要农作物综合机械化水平达到90%，比上年提高1.8个百分点。

3. 工业经济趋稳向好

2017年，松原市面对国内外经济严峻形势的考验，以提升发展质量核心，全力推进工业提速增效，工业经济发展逐步稳定，且趋势向好。规模以上工业增加值实现614亿元，增长0.8%，新增规模以上工业企业20户。转型升级步伐加快，成为首批全国产业转型升级示范区之一。一是支柱产业贡献增强。在全市规模以上工业中，五大支柱产业（石油和天然气开采业、农副食品加工业、木材加工和木竹藤棕草制品业、非金属矿物制品业、化学原料和化学制品制造业）增加值累计实现增长1.0%，占规模以上工业增加值总量的68.7%，对全市规模以上工业增长的贡献率达到248.6%。二是主导产业规模持续扩大。积极助力吉林油田公司稳油增气，油气产量当量达到

472 万吨。获批国家级油页岩原位转化先导试验示范区。松原石化 10 万吨丙烯一期项目投入试生产。金海石化 5500 吨苯乙烯阻聚剂项目建成投产，填补全省该类产品生产空白。农产品加工业扩能提质，天船马铃薯综合开发利用项目、鲁花 10 万吨花生油生产项目、嘉吉生化 200 万吨玉米深加工等项目陆续开工建设。三是新兴产业发展势头较好。2017 年，松原市医药制造业增加值同比增长 14.5%，五芝一叶草口服液项目、黄栀花药业口服液、吉隆生物药业变性淀粉项目等一批医药产业项目签约投产。新创生化总溶剂项目重新启动。新能源产业积极开展，松原市积极筛选符合条件的园区及企业与发电企业直接交易，帮助企业降低用电成本，推动企业扩大生产。推进松原市光伏领跑者项目进展。顺泰生物质热电联产项目主体完工。龙凤湖 20 万千瓦国家级风电制氢项目开工建设。2017 年，电力产业增加值同比增长 22.7%。

4. 服务业支撑作用进一步增强

2017 年，松原市全方位、多角度制订服务业发展方案、细化工作任务，全面落实各项政策措施，重点发展金融、物流、旅游、健康、养老等 18 个服务业领域，推动服务业提档升级。一是商贸服务业稳定向好。中东新天地、欧亚购物中心、金钻商圈、东镇商业广场投入运营，成为吸纳就业和消费主体。“居然之家”家居建材购物中心落户松原，蓝湾都汇销展中心项目一、二层商业区实现运营，江南、江北现代商贸框架基本成型。二是物流集聚效应凸显。瑞禾仓储物流园、星火医药物流园跨入省级现代服务业集聚区，入驻企业达 140 户，产业集聚效应逐步显现。西江农产品物流、尚谷粮食现代物流投入运营，郭尔罗斯农副产品物流产业园开工建设，物流业后续发展不断增强。完成货运量 6257 万吨，货物周转量 1838292 万吨公里，分别增长 2.2% 和 1.8%。三是旅游业引领作用加强。通过参加海峡旅博会，走进迪拜、阿联酋等地进行会商交流，大力宣传推介松原旅游。分别与海口市、舟山市旅游委签署《战略合作框架协议》，加强区域合作，实现互利共赢。第二届查干湖莲花文化旅游节隆重举办，游客数量增加 3 万人次。全年接待旅游人数 733.8 万人次，同比增长 15.6%；旅游收入 141.1 亿元，同比增长 24.7%。

5. 民生改善效果显著

松原市始终坚持“把人民对美好生活的向往作为奋斗目标”，深入实施民生行动计划，保障和改善民生深入推进，努力打造幸福松原升级版。一是大力实施民生行动计划，涉及百姓安居、环境治理、市政便民、饮食饮水、教育医疗、社会救助等6个领域36个民生项目全部完成年度任务。二是社会保障覆盖范围进一步扩大。截至2017年末，全市城镇基本养老保险覆盖总人数达到37.41万人，比上年增长3.3%。城镇基本医疗保险参保人数达到90.62万人，增长0.02%。医疗保险实现跨省结算。失业保险参保人数达到16.16万人，下降0.9%。全年共发放城乡低保资金3.33亿元，城区低保月标准达到514元，比上年增长6.4%；农村低保年标准达到3500元，增长2.9%，有效保障了20439户城乡低保对象的基本生活。三是社会救助力度加大。“情暖松原”系列救助活动覆盖全市，全年投入医疗救助资金943万元，资助救助城乡困难群众38302人次。四是社会就业保持平稳发展。新增城镇就业4.6万人，转移农村剩余劳动力67万人次。五是抗灾救灾能力进一步提升。市规划区震害预测和市防震减灾科普基地项目全面完工。全面打赢了抗震救灾持久战和防汛抗洪保卫战，疏散并妥善安置群众1.05万人，新建、修缮和加固房屋3632户，创造了“无一人重伤、无一人死亡”和“当年受灾、当年重建”的奇迹。

（二）现状格局

1. 综合经济竞争力下降趋势减缓

近年来松原市牢固树立“生态振兴、转型崛起”的发展理念，依托资源优势，挖掘发展潜力，不断推进产业转型升级的进程，取得了一定的效果。2017年松原市综合经济竞争力在全国排名第211位，较2016年的第203位下降了8位，但下降趋势较上年（下降66位）大幅减缓。综合经济竞争力指数为0.051，较2016年的0.055仅下降了0.004（见表2），表明松原市经济发展有所回升，尽管经济转型升级仍处于缓慢态势，高技术产业、新兴产业等发展还不充分，但效果有所体现。从综合增量竞争力指标看，松原市总量规模小幅扩张，这与松原市扩大主导产业规模有关，指数由2016年的0.060提高到2017年的0.062，在全国排名第189位，下降了1个位次。在东北地区范围内，综合增量竞争力指标由2016年的第14位提升到第11位，在吉林省内，仍保持第4位。从综合效率竞争力指标来看，松原市经济发展效率变动仍属微调，指数排名全国第206位，下降了2个位次，效率指标保持在0.003的水平。在东北区域内，松原市的综合效率指标排名由2016年的第14位下降到第16位，下降了2个位次，在吉林省内位次下降1位，位列第5位。

表2　松原市综合经济竞争力及分项指数排名

年份	综合经济竞争力	排名			综合增量竞争力	排名			综合效率竞争力	排名		
		全国	东北	省内		全国	东北	省内		全国	东北	省内
2016	0.055	203	8	4	0.060	188	14	4	0.003	204	14	4
2017	0.051	211	14	4	0.062	189	11	4	0.003	206	16	5

资料来源：中国社会科学院城市与竞争力指数数据库、吉林省社会科学院城乡发展指数数据库。

2. 可持续竞争力保持稳定

松原市持续有效推进供给侧结构性改革，集聚发展新动能，内生动力得到加强，可持续竞争力进一步提高。2017年松原市可持续竞争力扭转了继续下降的态势，可持续竞争力指数由2016年的0.200上升至2017年的0.221；在全国排名第234位，处于全国的中等偏下水平。在东北区域范围内，排名由2016年的第28位下降到第29位，处于东北的后半段；吉林省内排名第7位，提升1位。从构建可持续竞争力的分项指标来看，知识城市、和谐城市和信息城市竞争力指标一直表现不佳，排名位于东北地区和全省范围的后位。尤其是信息城市竞争力指标一直处于东北地区和吉林省的末位，说明松原市开放程度较低，城市的智慧管理和运行能力显著不足，信息化与工业化、城镇化的互动关系还需要进一步协调。信息城市竞争力偏弱也成为松原市可持续竞争力提升的显著制约因素。和谐城市竞争力全国排名由2016年的第212位提升到2017年的第172位，前进了40位，变动幅度较大，进入全国的中游圈，表明松原市加强了社会治理方面的工作，更加注重城乡一体化建设，体现了公平、包容的城市发展内容。生态城市竞争力优势有所下降，排名继续下降，由2016年的全国第80位下降至第103位，省内排名第2位。全域城市竞争力指标下降最快，全国名次由2016年的第142位下降至2017年的第209位，下降了67位，在东北区域内下降了10位。文化城市竞争力排位也出现一定程度的下降，在全国下降了10位，东北区域和吉林省都下降了1位。

表3　松原市可持续竞争力及分项指数排名

年份	可持续竞争力	知识城市竞争力	和谐城市竞争力	生态城市竞争力	文化城市竞争力	全域城市竞争力	信息城市竞争力
2015	0.226	0.129	0.292	0.522	0.115	0.160	0.277
2016	0.200						
2017	0.221						

年份	排名			排名			排名			排名			排名			排名			排名		
	全国	东北	省内	全国	东北	省内	全国	东北	省内	全国	东北	省内	全国	东北	省内	全国	东北	省内	全国	东北	省内
2015	213	28	8	268	30	7	146	21	7	85	7	3	232	34	8	214	33	8	222	27	5
2016	234	28	8	280	33	8	212	34	8	80	9	2	223	25	4	142	19	5	274	34	8
2017	234	29	7	235	26	7	172	31	8	103	10	2	233	26	5	209	29	4	271	34	8

资料来源：中国社会科学院城市与竞争力指数数据库、吉林省社会科学院城乡发展指数数据库。

3. 宜居城市竞争力整体水平出现下滑

宜居城市竞争力指标体现的是城市建设满足人类对城市生活的基本追求。城市建设只有满足了人类的文明进步、安全健康、生态良好、舒适居住、交通便捷等方面的宜居需求，才能提升居民对生活的满意度和幸福感，吸引人才集聚，进一步推动城市的可持续发展。2017年，松原市坚持以人为本、建管并重，突出生态、彰显宜居，着力打造天蓝、水清、地绿的“高颜值”、高品质花园之城，但基础设施建设进度还需进一步加快，医疗环境和居住环境需要显著改善。从宜居城市竞争力指标上来看，2017 年宜居城市竞争力全国排名由 2016 年的第 142 位跌至第 182 位，下降了 40 位，在东北地区排名第 22 位，下降了 2 位，在吉林省仍旧位列第 7（见表 4）。从分项指标来看，对宜居城市竞争力指标影响至深的是居住环境指标，全国排名第 287 位，这与松原所处的地理位置和自然条件密切相关。从细分指标看，气温舒适度指标一直处于全国的下游圈，全国排名第 271 位，每万人拥有的剧院（影院）只有 1 个，水平较低；此外，2017 年松原市地震频发，对居住环境指标都产生了不利影响。医疗环境指标表现较差，全国排名第 232 位，在吉林省内位列第 7。现代人们更加注重身心健康发展，松原市三甲医院只有 1 家，每万人拥有医生数、病床数排名均靠后。教育环境和基础设施指标分别排名第 192 位和第 196 位，处于全国的中等偏下水平，在省内分列第 7 位、第 8 位。经济环境指标由 2016 年的全国排名第 65 位降为第 146 位，降幅为 81 位，社会环境指标由 2016 年的全国排名第 120 位降为第 178 位，降幅为 58 位，这与松原市经济处于下行阶段有关，经济增长缓慢直接影响了城乡居民的可支配收入和财政收入的增长，进而对社保、医保都会产生一定的消极影响。生态环境指标表现良好，在全国排名第 76 位，较 2016 年的第 101 位提升了 25 位，在全省保持第 2 位。2017 年松原市全面贯彻落实“河长制”，在全省率先实行生态环保责任制，实施排污许可证制度并走在全省前列，获批国家电能替代试点城市，强力推进秸秆禁烧，城市空气优良天数达到 290 天，生态环境质量明显改善，构建了宜居环境的有利条件。

表 4　松原市宜居城市竞争力指数及排名

年份	宜居城市竞争力	排名		
		全国	东北	省内
2015	0.243	238	20	3
2016	0.428	142	20	7
2017		182	22	7

资料来源：中国社会科学院城市与竞争力指数数据库、吉林省社会科学院城乡发展指数数据库。

二　问题与不足

（一）信息城市竞争力始终徘徊低位

信息城市竞争力体现的是一个城市的便捷化、智能化与对外联络沟通的能力。信息化早在十五届五中全会上就提升到了国家战略高度，十八大更是明确提出“促进工业化、信息化、城镇化、农业现代化同步发展”。近几年，智慧城市更是城市发展的主要方向，用信息技术手段解决城市发展中存在的问题是当今的潮流。2017 年，松原市信息城市竞争力排名第 271 位，排名略有上升，处于全国的下游水平，在东北和吉林省都处于末位。外贸依存度低一直是影响信息城市竞争力的主要因素，2017 年松原市累计实现外贸进出口总值 111716 万元，比上年下降 8.5%，外贸依存度仅为 1%。旅游是松原的优势产业，但吸引境外游客的能力有限，2017 年接待入境游客 2.64 万人次，同比增长 3.13%；旅游外汇收入 1359.78 万美元，增长 3.85%，国际商旅人员数指标得分较低。松原市机场在 2017 年已经正式通航，首批开通至北京、上海、大连、三亚、呼伦贝尔 5 条航线、通达 7 个大中城市，松原机场保障航班起降 378 架次，完成旅客吞吐量 2.44 万人次，航空便利程度指标排名第 138 位，下降了 12 位。松原市集中力量促进信息服务等产业发展，完善“数字松原”软硬件基础设施建设，重点发展农村电商平台产业园区和大数据中心，守望乡村东北电商园发展势头良好，全省首个农村淘宝 3.0 模式试点效益显著，浪潮云计算大数据中心和“扶余四粒红”花生大数据信息应用平台全面建成并正常运营，但与其他地区相比还存在一定差距，信息化指数在东北地区倒数第2 位。

（二）投资增速持续下降

松原市经济发展主要是依靠投资拉动，近些年投资一直高速增长，2013

年投资增速达到20.2%。自2014年东北经济出现下滑，投资开始处于下行态势，出现持续下降，投资的上升动力明显不足。2017年，受国际原油市场低位影响，工业产品价格持续走低，资本收益率下降，投资风险加大，投资规模大的项目数量急剧减少，投资增速降为0.1%，较上年下降了9.5个百分点（见图1）。虽然2017年新开工亿元以上项目130个，但投资规模10亿元以上项目只有13个，立市、立县特大项目不多，很难对投资任务完成和产业链条延伸起到有效支撑，特别是由于土地、拆迁、资金等前期工作进展缓慢，许多项目迟迟不能落地开工。2017年新建项目完成投资增长22.6%，扩建项目完成投资增长0.3%，改建和技术改造项目完成投资下降24.4%。

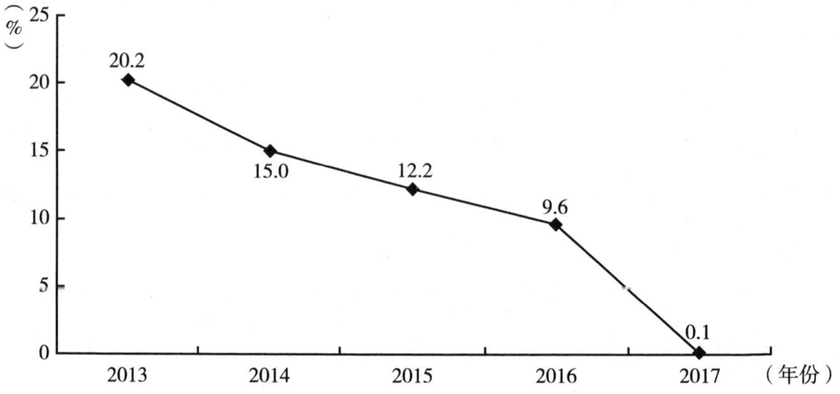

图1　2013～2017年松原市全社会固定资产投资增长速度

资料来源：《松原市2017年国民经济和社会发展统计公报》。

（三）城乡居民收入水平需要提升

城乡一体化水平需要通过全域城市竞争力指标体现，主要包括城乡居民所能共享的社会改革发展成果的公平与权益、城镇化发展程度。2017年松原市全域城市竞争力排名明显下降，由2016年的第142位降至第209位，降幅达到67位，在东北区域范围内排名第29位，下降10位，省内排名第4位。近三年，松原市全域城市竞争力指标波动较为剧烈，先是急剧上升又骤然下降，这与城乡居民收入有极大关系。2017年，松原市城镇常住居民可支配收入达到25480元/人，同比增长6.4%；农村居民纯收入达到10976元/人，增长7.0%。尽管农村居民收入的增速高于城市居民收入增速，但由于城乡居民收入的不平衡性，城镇居民的可支配收入一直高于农村居民的纯收入。由于受松原经济低速增长的影响，城乡居民收入的增速缓慢，增幅较上年分别下降了0.5个和0.3个百分点。城乡人均收入比指标排名显著下降，由2016年的第178位降为第247位，下降了69位。城乡收入的低水平会极大影响居民的消费意愿，减少消费预期支出，减弱经济增长的动力，不利于城市的可持续发展。

三　现象与规律

（一）生态城市竞争力对整体竞争力的正向影响显著

十八大以来，绿色发展理念贯彻到整个经济活动和城市建设领域，尤其是习近平总书记提出“绿水青山就是金山银山”，更是要求加强生态文明建设，加大生态环境保护力度，坚持可持续发展道路。2017年松原市抓住中央环保督察有利契机，取缔市城区10吨以下燃煤小锅炉170台，规范治理加油加气站306座，淘汰黄标车和老旧机动车11891辆，完成松花江干流治理工程年度任务，解决环保难点焦点和群众身边问题550个，极大促进了松原经济社会“绿色发展”，有力保障了全市广大人民的“绿色权益”。2017年松原市生态城市竞争力水平全国排名第103位，虽然较上年下降了23位，但处于全国的上游水平，位居吉林省第2位，对可持续竞争力和宜居城市竞争力都产生了积极的促进作用。

（二）知识城市竞争力提升表明新动能正在不断累积

知识城市竞争力代表一个城市的创新能力，正在孕育的新的增长点。从指标上来看，2017年松原市知识城市竞争力指标在全国排名第235位，较上年上升了45位，东北地区排名第26位、吉林省内排名第7位，均有所提升。近年来，松原市充分认识到科技创新的重要性，为企业科技创新营造有利环境。2016 年，制定下发了《关于加快科技创新体系建设提升科技创新能力的意见》《关于印发松原市科技创新券实施办法的通知》，鼓励企业增强创新活力，提高全社会自主创新能力。进一步加大科技创新的资金投入，保证科研项目立项和完成。积极宣传科技创新政策，提高企业对高新技术企业、科技小巨人、科技型中小企业的认知度，引导企业在项目、成果、产品、投入、产权等方面创新发展，促进企业项目管理水平向高新技术企业标准提升。通过一系列的举措，松原的创新热情得到有效激发，新动能也在不断积累。

四　趋势与展望

（一）政策效应逐步扩大，转型升级时机有利

抓住国家“一带一路”、新一轮东北振兴、吉林全面振兴、哈长城市群建设及吉林省实施的“西部生态经济区”“中部创新核心区”等重大战略机遇，积极与国家、省发改部门沟通对接，争取更多的政策支持。利用产业转型升级示范区建设契机，用活、用足、用好国家政策，积极实施创新驱动战略，主动加强对上联系，及时掌握工作导向；进一步落实东北振兴、吉林振兴重大项目推进机制，确保每个项目都能够顺利进行。围绕国家重点投资方向，尽快筛选一批能够进入国家、省计划的项目，争取得到更多政策和资金支持以促进转型升级的顺利实施。

（二）以国家产业转型升级示范区建设为突破口，经济转型的速度有望加快

当前松原市三次产业结构仍不尽合理，第三产业中传统服务业占比仍然较大，现代服务业和新兴业态发展缓慢；第二产业不强，油气开采业产量持续下滑，地方工业增长缓慢，工业化水平仍然较低。松原市已

经成功入选国家首批12个产业转型升级示范区，石油化学循环工业园区被列为产业转型升级示范园区，经济技术开发区、查干湖旅游经济开发区和哈达山生态农业旅游示范区被列为重点园区。今后应以国家产业转型升级示范区建设为突破口，抓住国家级老工业城市和资源型城市产业转型升级示范区历史机遇，发挥规划引领作用，加强对松原市转型发展路径的谋划设计，重点从国家政策承接、空间发展策略、重大工程设计、地区协作配套以及重点发展任务等方面进行谋划，加快生物质、新材料、现代农业、特色旅游、基础设施等领域发展，全力推进松原经济转型，提升综合竞争力。

五　政策与建议

（一）全力打造绿色农业城，率先实现农业现代化

一是促进农村第一、二、三产业融合发展，全力推进现代农业产业体系建设。进一步调整优化种植结构，突出畜牧业全产业链建设，促进粮经饲协调发展，构建以粮为基础、农牧结合、粮牧特加并举、三次产业融合式发展新模式。加快发展特色加工业，培育绿色有机无公害和地标农产品，打造绿色优质农产品品牌。二是加快农业科技创新，提高农业综合生产能力。充分发挥农科院职能作用，加快推进一批农业技术集成应用，不断提高农业科技创新应用水平。继续提高农业机械化水平，开展粮食生产全程机械化整体推进工作，以农机合作组织和农机大户为依托，以购机补贴政策为支撑，积极推广农业新机具、新技术，组织开展以保护性耕作、旱作节水农业、深整地和机械收获为重点的农机化生产。三是以多种形式适度规模经营为抓手，构建现代农业经营体系。继续扶持壮大农民专业合作社、家庭农场、专业大户等新型经营主体，鼓励发展多种形式规模经营，重点推广长岭县兴源合作社、宁江区民乐蔬菜合作社等典型模式，充分发挥典型带动作用，促进经营主体均衡发展，切实提高经营的集约化、组织化、规模化、社会化水平。

（二）全面纵深推进服务业发展，形成经济发展的有力支撑

一是培育壮大企业规模。在商贸、物流、金融、信息等服务业领域，培育和壮大一批省市级服务业重点企业，充分发挥龙头企业引领作用。积极争取国家和省服务业专项资金，同时落实市级各项奖补资金，助推企业发展。深入实施服务业品牌战略，通过品牌提升松原服务业的知名度和影响力。二是转变服务业发展方式。促进行业集聚发展，以商贸服务、现代物流、文化创意、科技创新、旅游会展等领域作为重点，打造一批现代服务业集聚区，以促进服务业集中、集聚、集约发展。坚持将中心城区集聚作为高端服务业布局的基本取向，着力加强“一江两岸”功能布局，打造特色鲜明的区域性服务业功能中心。加快产业融合共赢，突出打好旅游业与体育、文化、生态、民俗、宗教、渔猎相结合的这张牌，实现查干湖资源与旅游的有机融合；加强旅游与文化的融合，打造一批高品质、有特色的演艺精品，提升旅游的文化内涵。三是重点推进优势项目。全力破解项目建设瓶颈，切实做好项目用地、征地拆迁、企业服务等工作，扎实推进查干湖旅游服务中心等35个在建项目建设进程，努力推动大润发超市等25个新建项目尽快进入建设程序。

（三）加快对外开放进程，提升信息城市竞争力

一是扎实开展招商引资工作。依托资源、生态、区位等优势，结合自身实际再谋划包装一批项目，积极对外开展招商，力争引进有实力大企业、财团进驻松原。切实加强对外融资和争取资金，加强与银行、证券公司等金融机构的联系，寻找合作伙伴，实现融资渠道畅通；进一步加强与国家、省级部门的沟通联系，重点争取开发区、重大项目的发展专项资金。二是研究推进与浙江省对口合作。围绕《松原市与舟山市对口合作方案》，做好与浙江舟山等地的对口合作工作。积极协调各地、各部门进一步明确重点合作领域和重点项目，努力把对口合作工作向纵深推进。学习先进地区的发展经验和发展理念，引进先进技术和高级人才。

参考文献

《2018 年松原市政府工作报告》。

《松原市 2017 年国民经济和社会发展统计公报》。

《松原城市发展"十三五"专项规划》。

倪鹏飞：《中国城市竞争力报告 No. 15》，中国社会科学出版社，2016。

B.10
吉林省城市竞争力（通化市）报告

吴 妍*

摘 要： 本文分析了通化市城市竞争力基本情况。通过城市竞争力指数和排名的变化，发现问题，找出规律，预测通化市城市竞争力发展趋势。本文认为：综合经济竞争力全国排名下降；信息城市、知识城市、全域城市等指数排名靠后；宜居城市竞争力全国排名降幅较大，与首位城市长春市差距拉大；经济增长速度放缓、居民可支配收入下降、人口规模减小等制约城市竞争力整体水平提升是通化市城市竞争力存在的主要问题。展望未来，大健康产业发展、向南开放窗口建设，有望拉动城市竞争力整体水平提升。

关键词： 通化市　城市竞争力　综合经济竞争力　宜居城市竞争力　可持续竞争力

2017 在东北经济增长持续乏力，经济下行压力增大等严峻情势下，通化市着重做好稳增长、促改革、调结构、惠民生、防风险各项工作，经济社会健康发展。总体上，经济保持平稳运行，转型升级成效显著，向南开放窗口建设步伐加快，改革创新深入推进，城市建管水平明显提升，生态环境建设力度加大，社会各项事业协调发展，民生事业持续改善，政风建设和公共服务管理不断加强。城市综合经济竞争力表现稳定，城市可持续竞争力明显提升，宜居城市竞争力省内排名不变。

* 吴妍，吉林省社会科学院副研究员，研究方向：区域经济、城市化。

一　格局与优势

（一）总体概况

2017 年通化市经济社会健康发展。全年实现地区生产总值 909.5 亿元、人均 GDP 41883 元，在经济下行压力下，表现基本稳定。产业结构进一步优化，三次产业比例为 8.9∶42.5∶48.6，第三产业所占比例持续上升（见表 1）。全年完成一般预算全口径财政收入 107.9 亿元，其中，地方级财政收入 61.9 亿元，比上年略有下降。全年通化市城镇新增就业 50261 人，失业人员实现再就业 10581 人，全市实有失业登记人员 8472 人，登记失业率为 3.48%，比上年略增。

表 1　2017 年通化市基本情况

全市总人口及人口自然增长率(万人,‰)	217.15，-8.04
GDP 总量及增长率(亿元,%)	909.5，-5.7
三次产业比例	8.9∶42.5∶48.6

资料来源：《通化市 2017 年国民经济和社会发展统计公报》。

在保持经济社会稳定发展的前提下，通化市城市功能明显提升，生态城市、文化城市、信息城市建设效果显著。2017 年通化市荣获“2017 中国智慧城市示范城市奖”、国家森林城市命名授牌、全国百佳国税地税合作市级示范区等多项殊荣。

（二）现状格局

1. 经济下行压力增大背景下，综合经济竞争力表现基本稳定

通化市 2017 年综合经济竞争力指数为 0.047，全国排名第 228 位；与 2016 年相比，综合经济竞争力指数下降 0.002，全国排名下降 3 位（见表 2）。从东北三省 34 个地级以上城市排名看，通化市综合经济竞争力排名第 18 位，

与2016年持平。在吉林省8个地级以上城市中排名第6位，排名下降1位。从综合经济竞争力分项数据看：2017年通化市综合增量竞争力指数为0.055，与2016年相比，增加0.007；从排名看，综合增量竞争力指数全国排名和东北地区排名均有上升，全国排名第209位，比2016年上升6位，东北地区排名则上升5位，省内排名则保持不变。2017年通化市综合效率竞争力指数为0.003，与2016年持平；从排名看，2017年综合效率竞争力全国排名第219位，与2016年相比下降3位，东北地区排名第19位，下降2位，省内排名保持不变。

表2　2016～2017年通化市综合经济竞争力及分项指数排名

年份	综合经济竞争力	排名			综合增量竞争力	排名			综合效率竞争力	排名		
		全国	东北	省内		全国	东北	省内		全国	东北	省内
2016	0.049	225	18	5	0.048	215	19	5	0.003	216	17	6
2017	0.047	228	18	6	0.055	209	14	5	0.003	219	19	6

资料来源：中国社会科学院城市与竞争力指数数据库。

从综合经济竞争力指数和排名的变化看，东北地区经济不景气，经济下行压力增加对通化市综合经济竞争力全国排序影响较大，尤其是当地需求与全球联系等指数排名与国内先进地区的差距扩大的趋势明显。同时应看到，通化市在东北三省34个地级以上城市中的排名与2016年基本持平，综合经济竞争力、综合增量竞争力、综合效率竞争力均进入前20位，综合增量竞争力、综合效率竞争力吉林省内排名亦保持不变，这表明通化市在面临诸多矛盾和严峻任务形势下，经济运行基本保持稳定，通化市经济转型发展，产业结构优化升级，改革创新深入推进取得成效。

2. 可持续竞争力全国排名大幅上升，多项指标进步明显

同2016年相比（见表3），通化市可持续竞争力指数全国排名大步前进。2017年通化市可持续竞争力指数为0.324，比上年增加0.055，全国排名第143位，比上年提升了33位，进入全国前150位。但从省内排名看，通化市可持续竞争力排名继续保持在全省第3位。

表3　2016～2017年通化市可持续竞争力指数排名

年份	指数	可持续竞争力		知识城市竞争力		和谐城市竞争力		生态城市竞争力		文化城市竞争力		全域城市竞争力		信息城市竞争力	
		全国排名	全省排名	全国排名	全省排名	全国排名	全省排名	全国排名	全省排名	全国排名	全省排名	全国排名	全省排名	全国排名	全省排名
2016	0.269	176	3	175	4	79	2	135	4	205	3	137	4	195	2
2017	0.324	143	3	183	4	99	2	110	2	113	3	213	6	194	4

资料来源：中国社会科学院城市与竞争力指数数据库。

从可持续竞争力分项指标看：生态城市和文化城市竞争力进步明显。生态城市竞争力指数全国排名从2016年的第135位上升到第110位，上升了25位，省内排名居第2位，上升2个位次。这表明通化市加强生态环境建设力度取得显著效果。文化城市竞争力指数全国排名第113位，比2016年提升了92位，从排名200名外进入前120位，与先进地区差距明显缩小。这得益于通化市重视文化基础设施建设，注重文化遗产的保护与开发，大力发展旅游等相关产业。信息城市竞争力全国排名同2016年相比亦小幅提升，前进1位。与省内多数城市相比，通化市知识城市竞争力表现尚可，全国排名第183位，省内排名第4位。和谐城市竞争力全国排名同2016年相比虽然下降位次较多，由2016年的第79位降为第99位，但仍然处于全国前100位，也是通化市可持续竞争力分项指标里表现最好的，唯一进入全国前100位的。值得注意的是，全域城市竞争力全国排名从2016年的第137位下降到了第213位，下降了76位，降幅较大，同时也是可持续竞争力分项指标里唯一没有进入全国排名前200位的，省内排名也由2016年的第4位下降到第6位。这表明通化市在缩小城乡收入差距、推进城乡一体化、建设城乡一体等方面虽然取得许多成果但是相对发展速度变慢，与先进地区差距加大。

3. 宜居城市竞争力省内排名保持不变，教育环境、医疗环境提升明显

2017年，通化市宜居城市竞争力排名相较于省内其他城市不尽理想。全国排名第171位，省内排名继续保持在第6位（见表4）。

表4　2016～2017年通化市宜居城市竞争力指数排名

年份	指数	宜居城市竞争力		优质的教育环境		健康的医疗环境		安全的社会环境		绿色的生态环境		舒适的居住环境		便捷的基础设施		活跃的经济环境	
		全国排名	全省排名	全国排名	全省排名	全国排名	全省排名	全国排名	全省排名	全国排名	全省排名	全国排名	全省排名	全国排名	全省排名	全国排名	全省排名
2016	0.443	134	6	183	6	234	6	88	3	172	4	214	5	122	4	57	1
2017	0.297	171	6	143	6	182	5	96	3	190	6	285	7	174	5	149	5

资料来源：中国社会科学院城市与竞争力指数数据库。

在宜居城市竞争力7个分项指标中，教育环境与医疗环境进步明显。教育环境全国排名从2016年的第183名上升到第143名，前进了40位，这与近年来通化市大力改善教育软硬环境、注重义务教育均衡发展密切相关。医疗环境全国排名从2016年的第234位上升到第182位，提升了52位，进入全国前200位。这表明通化市加大公共卫生设施建设，全面完成城市公立医院改革，在全省率先实现居民健康卡发放与应用全覆盖，促进医疗环境明显改善提升。社会环境全国排名虽然比2016年下降了8位，但排名仍然在全国前100位，处于第96位。连续两年社会环境排名全国前100位，这主要得益于社会保障、医疗及卫生财政支出的增加，公共服务管理能力的提高及社会治安综合治理情况的不断改善。与省内多数城市一样，通化市居住环境排名比较靠后，与先进地区差距加大。生态环境和基础设施全国排名处于中下游水平，分列在第190位和第174位。受经济下行压力影响，经济环境排名明显下降，由2016年的第57位下降到第149位，下降了92位。

4. 通化市城市竞争力优势表现

分析城市竞争力的总体表现情况，通化城市竞争力优势主要体现出如下特点。①通化市具有丰富的历史文化资源和优良的自然资源，形成独具特色的产业体系。依托独特的资源优势，近年来通化市逐步形成以大健康产业为引领，医药、食品、旅游三大支柱产业为支撑、山区特色农业为基础的特色产业体系，与省内其他地级市相比产业特色明显，具有一定的比较优势。

2017年通化市启动大健康产业五年行动计划，设立大健康产业发展基金，争取到全省近70%的医药健康产业专项资金。出台人参产业健康发展实施意见，新增“长白山人参”品牌原料基地7个，人参产业产值突破200亿元。成立旅游发展委员会，组建文旅发展集团，设立每年1亿元规模的旅游产业发展引导资金，启动全域旅游发展规划编制，出台做大做强冰雪产业实施意见。[①] 这些举措的实施促进了产业结构进一步优化，促进了通化市经济转型升级。②依托优越的地理位置，成为吉林省向南开放的窗口城市。2016年7月吉林通化国际内陆港务区获省政府批复设立，标志着吉林省向南开放窗口建设取得重要突破。港务区建成后，将成为吉林省向南开放的新通道、新平台、新窗口，东北东部最大的综合物流园，辐射国内东南沿海各大主要城市、港澳台地区和东南亚各国等区域的国际内陆港。其必将带动通化市经济社会快速发展。③通化市城市公共治理水平不断提升。通化市和谐城市指标、社会环境指标排名均在全国前100名，生态城市、文化城市指标均排进全国前120名，教育环境和医疗环境指标全国排名大幅度提升，这些充分印证了通化市在公共福利、社会治安、生态环境等方面公共治理能力水平不断提高。

二　问题与不足

（一）综合经济竞争力全国排名持续下降，经济下行压力加大

2017年通化市综合经济竞争力全国排名比2016年下降3位，比2015年低17位，呈现连续下降趋势。2017年通化市实现地区生产总值909.5亿元，同2016年相比下降5.7%，人均GDP 41883元，也低于2016年的48100元。综合效率竞争力指数和排名均低于综合增量竞争力指数和排名，通化市经济发展仍然面临较大压力。

① 《2018年通化市政府工作报告》。

经济发展质量和效益不高，产业结构不优、创新能力不强、经济增长缺乏后劲等主要矛盾依然存在；受国内外复杂形势影响，实体经济景气指数不高，企业融资难、融资成本高问题依然存在；财政收支矛盾日益突出；重点领域的改革尚需落实到位，开放平台作用未能充分发挥，开放引领效应尚未充分体现；投资、营商、人才等诸多因素亟待改善问题。在东北经济振兴乏力，吉林省经济增长速度放缓的背景下，通化市经济下行压力仍然较大，经济社会发展面临诸多矛盾和挑战。

（二）信息城市、知识城市、全域城市等指数排名靠后，提升难度较大

与2016年相比，通化市可持续竞争力指数排名增幅明显。可持续竞争力整体排名由第176位上升为第143位，前进了33位。从可持续竞争力分项排名看，知识城市、信息城市、全域城市竞争力排名靠后，基本处于全国中下游和下游水平。同2016年相比，全域城市竞争力排名下降76位，知识城市竞争力排名下降8位，信息城市竞争力排名虽然上升1位也仅仅处于全国第194位。

知识城市竞争力由经济增长、知识投入、知识产出、知识经济四类指标构成，其中主要用GDP增量衡量经济增长，用大学指数衡量知识投入，用专利指数衡量知识产出，用每百万人科学研究、技术服务和地质勘测就业从业人数衡量知识经济。[①] 通化市经济增长指数排名全国第256位，2017年GDP增量负增长，受国内外复杂形势，世界经济不景气，东北经济振兴之力等影响，经济下行压力较大，虽然通化市采取诸多措施稳增长，但是短期内实现GDP快速增长难度很大，且通化市经济总量较小，与国内先进地区及省内首位城市相比，差距巨大。大学指数排名全国第199位，与省内首位城市长春相比，差距较大（长春市大学指数排名第8位），无论大学数量、最好大学排名、在校师生人数、学科专业建设等都处于吉林省中等

① 本文中所有指标体系构建采用中国社会科学院城市与竞争力指数数据库指标体系。

水平，而且受种种客观因素限制，难以实现大的跨越式发展。2018 年以来通化市虽然实施一系列人才发展政策，实施“千名学子归巢计划”，开展农村返乡创业人才和“通化工匠”评选活动，但是受经济发展水平、产业结构、教育发展水平等限制，短时期内科研人员指数提高困难较大。影响信息城市竞争力的主要因素是外贸依存度、国际商旅人员数、千人互联网用户数、航空交通便利程度等。通化市外贸依存度全国排名较 2016 年有小幅提升，但也只排在第 194 名，排名仍然处在中下游水平；航空交通便利程度全国排名第 279 位，处在全国下游水平。虽然近年来通化市加快对南开放窗口建设，加大对交通等基础设施的投入，但是由于整体水平较低，与先进地区差距较大，追赶难度大。

（三）宜居城市竞争力全国排名降幅较大，与省内首位城市差距拉大

2017 年通化市宜居城市竞争力全国排名下降幅度较大，由 2016 年的第 134 位下降到第 171 位，降幅 37 位。宜居城市竞争力涵盖优质的教育环境、健康的医疗环境、安全的社会环境、绿色的生态环境、舒适的居住环境、便捷的基础设施及活跃的经济环境等七个维度。其中，社会环境全国排名较 2016 年下降 8 位；生态环境全国排名第 190 位，较 2016 年下降了 18 位，省内排名下降了 2 位；基础设施全国排名第 174 位，较 2016 年下降了 52 位，省内排名下降了 1 位，位列第 5；居住环境全国排名第 285 位，较 2016 年下降了 71 位，省内排名下降了 2 位，位列第 7；经济环境全国排名第 149 位，较 2016 年下降了 92 位，省内排名下降了 4 位，由第 1 位降到第 5 位，无论全国排名还是省内排名下降幅度在宜居城市竞争力七个维度内都是最大的。

虽然，通化市宜居城市竞争力省内排名保持不变，但是与首位城市长春市相比，宜居城市竞争力指数和排名差距拉大。与 2016 年相比，2017 年通化市与长春市宜居城市竞争力全国排名差距由 95 个位次扩大到 122 个位次，竞争力指数差距由 0. 213 扩大到 0. 239。其中，生态环境竞争力由 15 个位次

扩大到134个位次，居住环境竞争力由领先12位变为落后63位，经济环境竞争力亦由领先28位转为落后10位。

（四）经济增长速度放缓、居民可支配收入下降、人口规模减小等制约城市竞争力整体水平提升

2017年，通化市实现地区生产总值909.5亿元，人均GDP 41883元。同2016年相比，地区生产总值下降5.7%，人均GDP减少6217元。2017年末通化市总人口为217.15万人，比上年末减少2.7万人，人口自然增长率为-8.04‰，年末人口总数持续下降，人口自然增长率为负数，老龄人口比重上升，劳动年龄人口比重下降。2017年通化市城镇居民人均可支配收入为25460元，比上年增长6.4%，但是增幅较2016年减少0.5个百分点。省内比较来看，2017年通化市地区生产总值占全省地区生产总值比重为5.9%，比2016年下降1.4个百分点；2017年全省人均地区生产总值达到56102元，比通化市人均地区生产总值多14219元；2017年吉林省城镇常住居民人均可支配收入达到28319元，比上年增长6.7%，收入和增幅均高于通化市。

综上可见，无论是纵向比较还是省内横向比较，2017年通化市经济增长速度、人均可支配收入、人口规模和构成比例表现不佳，制约城市竞争力整体水平的提升。在城市综合经济竞争力各分项指标中，通化市当地需求排名最低，位列全国第261名，而衡量当地需求的主要因子是人口规模、GDP总量和人均收入；受居民可支配收入影响，2017年通化市全域城市竞争力排名由2016年的全国第137位下降到了213位，在可持续竞争力6个分项指标中排名垫底，位列全国第213；在宜居城市竞争力的7个分项指标里，2017年通化市经济环境指标下降幅度最大，下降了92个位次，而衡量经济环境活跃程度的构成因素主要是城镇居民可支配收入、城镇居民人均可支配收入增长率和小学生人数增长率。这些充分表明经济增长速度、居民可支配收入和人口规模及构成比例是制约通化市城市竞争力整体水平提升的主要因素。

三　现象与规律

（一）通化市可持续竞争力高于综合经济竞争力

综合经济竞争力反映的是城市当期的产出和竞争力，可持续竞争力反映的是城市的投入与未来的发展潜力。从近几年的表现看，通化市的可持续竞争力高于综合经济竞争力，经济发展的潜力较大。虽然通化市综合经济竞争力排名处于全国下游水平，但是可持续竞争力排名连续几年进入全国前200名，2017年更是由第176位上升到第143位，进入全国前150名，处于全国中等水平。这也表明通化市通过推进重点领域改革，破解发展难题，促进转型升级，加快向南开放窗口建设，加大公共服务投入，提升政府治理能力等夯实了通化市发展基础，前景看好。

（二）通化市综合经济竞争力与宜居城市竞争力密切相关

通化市综合经济竞争力排名基本上处于吉林省8个地级市中的中下游水平，2016～2017年排在第5、第6位，变化不大。通化市宜居城市竞争力省内排名连续两年处于全省第6位（见表5）。综合经济竞争力省内排名与宜居城市竞争力省内排名基本吻合，呈现密切相关关系。

表5　2015～2017年通化市综合经济竞争力、宜居城市竞争力指数排名

年份	综合经济竞争力	排名		宜居城市竞争力	排名	
		全国	全省		全国	全省
2015	0.0602	209	5	—	—	—
2016	0.049	225	5	—	134	6
2017	0.047	228	6	—	171	6

资料来源：中国社会科学院城市与竞争力指数数据库。

四　趋势与展望

（一）特色产业体系建设有望带动经济发展，助力城市综合经济竞争力水平提升

通化市产业特色明显，依托优良的自然资源和底蕴深厚的历史文化资源，通化市形成了以大健康产业为引领，医药、食品、旅游三大支柱产业为支撑，山区特色农业为基础的特色产业体系。特别是近几年颁布《通化市大健康产业五年行动计划（2016～2020年）》，着力发展以医、药、食、养和全域旅游为重点的大健康产业，大健康产业布局全面展开。2017年启动大健康产业五年行动计划，设立大健康产业发展基金，争取到全省近70%的医药健康产业专项资金。2017年，全市规模以上工业中，医药、食品工业实现增加值155.8亿元，占全市规模以上工业的62.0%；全市规模以上工业实现利润92.8亿元，其中，医药、食品工业实现利润72.6亿元，占全市利润的78.2%；全年完成工业投资323.1亿元，医药行业完成投资66.8亿元，食品行业完成投资121.8亿元。特色产业体系的建成和优化，将为通化市经济发展提供新动能。可以预见，随着特色产业布局完善和《通化市大健康产业五年行动计划（2016～2020年）》的实施，通化市经济总量及经济效率竞争力会得到改善，进而带动综合经济竞争力整体水平提升。

（二）向南开放窗口建设步伐加快，带动城市竞争力整体水平提升

2016年吉林省出台了《关于支持通化市建设向南开放窗口的若干意见》，支持通化建成吉林省向南开放的新通道、新平台、新窗口。意见中指出："到'十三五'末期，通道基础设施实现互联互通，开放平台功能健全完善，外向型产业体系初步建立，通化市与丹东港实现联动发展，与周边区域实现协同发展，开放窗口的辐射和带动作用显著增强，成为吉林省国际物流新枢纽、开放发展新引擎、绿色转型发展新高地，构建起吉林省向南开放

发展的新格局。”① 2017 年，通化市向南开放交通基础设施建设取得新进展，加快建设通集、辉白高速公路，集桓高速公路纳入全省交通“十三五”规划；通化机场扩建列入国家民航“十三五”规划，新增通化至青岛航线，机场年旅客吞吐量突破 10 万人次。通化国际内陆港务区建设取得新成果。医药高新区被科技部认定为创新型企业集群试点、区域性科技服务试点，产业集群发展格局基本形成。集安边境经济合作区建设加快推进。白通丹经济带发展规划稳步实施；与浙江台州签订合作框架协议，对口合作全面启动。向南开放窗口建设步伐的加快，为通化市经济发展带来新的机遇，提升了城市竞争力整体水平。

五　政策与建议

（一）大力发展大健康产业，带动经济稳步发展

以医、药、食、养和全域旅游为重点的大健康产业已经成为通化市独具特色的支柱产业，通化大健康产业总体规模近 2000 亿元，医药产业增加值占通化市地区生产总值增加值三成左右。因此，促进大健康产业合理布局，促进大健康产业优化升级，强化其产业竞争力，对通化市地区经济发展具有重要意义。为此，一要强化企业自主创新能力。自主创新能力高低是决定企业能否获取竞争优势的决定性因素。要强化企业自主创新意识，提高企业自主创新素质，实施科技创新人才引进和培养战略；要加强企业尤其是医药产业企业技术创新中心建设；要完善自主创新制度安排，完善激励民营企业创新的政策制度，要促进产学研协同发展，为民营企业提供智力支持；要完善科技创新投融资机制，为自主创新提供资金保障。二要以绿色发展理念引领大健康产业发展。大健康产业是绿色发展理念实践范围最广、最深入，作用

① 《关于支持通化市建设向南开放窗口的若干意见》，http：//www. jlxy. gov. cn/news. aspx? id = 106120。

最持久的行业。通化市自然资源禀赋优良，为大健康产业发展提供良好的自然资源条件。近年生态环境指数全国排名位于中下游，为此在大健康产业布局和发展过程中，要深入贯彻绿色发展理念，生态环境保护与经济发展并重，形成绿色生产方式和生活方式，争取成为吉林省生态文明建设引领者。

（二）培养和引进科研创新人才，提高知识城市竞争力

从可持续竞争力六个分项指标看，通化市知识城市竞争力全国排名从2016年的第175位降到2017年的第183位，低于可持续竞争力全国排名。从衡量知识城市竞争力指标看，无论是专利指数、科研人员指数还是大学指数都与科研创新人才数量和素质密切相关。通化市虽然采取了一系列人才政策，但是科研创新人才短缺，高素质科技人才流失严重，人才结构和产业结构偏离等问题依然严重。为此，政府高度重视人才培养、引进与保护。要制定完善的培养和引进人才制度，优化人才环境，提供发展机遇和平台；利用向南开放窗口建设机遇，打造科研创新发展平台；不断优化人才工作和居住环境，确保人才留得住，提高人才的居住环境及福利待遇，提供人才奖励、创业优惠、生活补助等，同时在其配偶工作、子女入学、就医等方面实施优惠政策，解决后顾之忧。

（三）推进节能减排，平稳房价上涨幅度，提高宜居城市竞争力

2017年通化市宜居城市竞争力全国排名较2016年下降了37个位次。其中，居住环境和生态环境在宜居城市竞争力7个指标里表现不佳。居住环境全国排名比2016年下降了71个位次，排名第285位，是7个指标全国排名最低的。评价居住环境的指标主要是气温舒适度、房价收入比、每万人剧院影院数。对比2016年，房价收入比排名下降明显，拉低居住环境全国排名。生态环境全国排名比2016年下降了18位，位列第190。评价生态环境的指标主要是空气质量、单位GDP二氧化硫排放量、绿化覆盖率等。相比2016年，通化市单位GDP二氧化硫排放量全国排名下降了18位，是拉低生态环境竞争力全国排名的主要因素。

综上所述，单位 GDP 二氧化硫排放量和房价收入比是制约通化市宜居城市竞争力提升的重要因素。为此，要继续大力推进节能减排力度，降低企业单位能耗，调整产业结构，淘汰高污染、高能耗落后企业；要建立完善房价监督调控体系，合理控制房价上涨幅度，避免出现“炒房”等不利于房地产健康发展问题。

参考文献

倪鹏飞：《中国城市竞争力报告 No. 15》，中国社会科学出版社，2017。
崔岳春：《吉林省城市竞争力报告》，社会科学文献出版社，2017。
《通化市 2017 年国民经济和社会发展统计公报》。
《吉林省 2017 年国民经济和社会发展统计公报》。
《2018 年通化市政府工作报告》。

B.11
吉林省城市竞争力（辽源市）报告

刘 恋*

摘 要： 2017年是全面实施“十三五”规划的重要一年，同时也是供给侧结构性改革的深化之年。面对经济下行压力持续加大，东北经济发展形势依然严峻，辽源市政府全面贯彻党的十九大精神，统筹推进“五位一体”总体布局和协调推进“四个全面”战略布局，适应把握引领经济发展新常态，表现在城市竞争力方面，综合经济竞争力稳步提升，可持续竞争力有较大上升空间，宜居城市竞争力企稳向好。

关键词： 竞争力 可持续 转型升级 辽源市

辽源，一个坐落在吉林省中南部的地级城市，土地面积5140平方公里，总人口117.9万人（见表1），下辖东丰、东辽两县，龙山、西安、省级经济开发区三区。它因地处东辽河与辉发河的上游而得名，这里也是满族的发祥地之一。浓厚的历史底蕴给这座城市平添了古朴的色彩，新时代的创新发展又为这座城市注入了新的生机。

2017年是辽源市城市升级转型的重要一年，面对全球宏观经济下行压力不断加大，辽源市贯行党中央决策部署，紧紧抓住东北地区等老工业基地振兴和支持资源型城市转型发展的战略机遇，将平稳中求发展作为全市工作的总基调，以供给侧改革为主线，加快企业转型升级，注重经济结构调整，

* 刘恋，吉林省社会科学院城市发展研究所助理研究员，研究方向：智慧城市与城市经济。

全市经济由高速增长向高质量发展转变，经济总体保持了平稳向好的发展态势，综合经济竞争力在全国294个城市排名中，位列第216位，较上年提升了14个位次；可持续竞争力方面，辽源市表现不尽如人意，虽然可持续竞争力指数与排名都比上年有所提高，但可持续竞争力其他分项指标排名均不理想，这表明辽源市在可持续竞争力方面需要加强的地方仍然很多，需要政府加大关注力度，整体协调发展。

2017年国家大力推行生态环境保护，全国各地都开展了绿水青山行动，辽源市虽然在生态宜居方面也做了许多工作，2016年宜居城市竞争力指数与排名还曾一度赶超上年有大幅提升，然而在2017年表现略有不佳，宜居城市竞争力指数与排名在全国范围内均有下降，在东北地区较上年下降1位，省内排名位置未发生变化。

表1　2017年辽源市基本情况

项目	数据
土地面积（平方公里）	5140
总人口（万人）	117.9
GDP及增长率（亿元，%）	772.11，1.7
三次产业比例	7.3∶57.3∶35.4

资料来源：《2017年辽源市国民经济和社会发展统计公报》。

一　现状与优势

（一）总体概况

2017年是全面实施“十三五”规划的重要一年，同时也是供给侧结构性改革的深化之年。面对经济下行压力持续加大，东北经济发展形势依然严峻，辽源市政府全面贯彻党的十九大全会精神，统筹推进“五位一体”总体布局和协调推进“四个全面”战略布局，适应把握引领经济发展新常态，坚持以提高发展质量和效益为中心，全市实现地区生产总值772.11亿元，比上年度增长了1.7%，占全省的比重为5.1%，比上年下降0.1个百分点。产业方面，第一产业增加值56.49亿元，增长3.7%；第二产业增加值442.19亿元，增长1.0%；第三产业增加值273.44亿元，增长2.5%。三次产业比重为7.3∶57.3∶35.4，结构优于上年的7.7∶57.2∶35.1。第一、二、三产业对经济增长的贡献率分别为17.8%、33.1%和49.1%，分别拉动经济增长0.3个百分点、0.6个百分点和0.8个百分点。全年人均地区生产总值为64952元，增长2.9%。全市实现全口径财政收入36.29亿元，比上年下降12.2%。全市实现社会消费品零售总额239.18亿元，增长5.7%。全市实现外贸进出口总值17.67亿元，比上年下降10.6%。全地区城镇常住居民人均可支配收入25267元，比上年增长6.5%。

发展经济是为了更好地造福民生，更好地完善城市建设，使人民群众的生活更加美好，辽源市政府在民生服务与城市建设方面加大投入力度，取得了一定成效。2017年，全市期末从业人员总数31.05万人，比上年减少2万人。当年城镇新增就业人数41976人。其中，城镇失业人员再就业8166人，就业困难人员实现就业4152人。登记失业人员期末实有人数9629人，城镇登记失业率为3.0%，比上年下降0.4个百分点。截至2017年末，城乡居民基本养老保险参保人数32.76万人，比上年减少3.5%。用智慧改变生活，作为全国智慧城市试点城市，辽源市在全省范围内率先建设完成了大数据交互共享平台，时空大数据与云平台项目更是被列为国家测绘地理信息局试点。为更好地打造绿色生态环境，辽源市更新新能源公交车36台、出租车330台，施划机动车停车泊位1.3万个，投放公共自行车400辆。治理和修复采煤沉陷区废弃地28公顷，困扰多年的矿山治理项目设计变更获省批复。

（二）现状格局

第一，综合经济竞争力提升明显，无论是在全国范围内的排名还是在东北地区和省内的排名均有提升。表2数据显示，2017年辽源市的综合竞争力有明显的提升走势，综合竞争力在全国排名第216位，比上年提升14位；综合增量竞争力在全国排名第232位，提升17位；综合效率竞争力在全国排名第147位，提升2位。综合经济竞争力指数由上年的0.049上升到0.050，上升幅度虽小，但在2017年整体经济形势发展艰难的大环境下已属不易；综合增量竞争力指数表现突出，由2016年的0.036提升至0.047，综合效率竞争力指数由上年的0.0055上升至0.0070。由于各指数均表现优异，因此辽源市2017年的综合经济竞争力不仅在全国的排名有优秀的提升表现，而且在东北区域和省内的排名也均有提升。综合经济竞争力在东北地区排名前进5位，升至第16位，省内前进1位，排名第5位；综合增量竞争力东北地区排名第19位，前进5位，省内前进1位，排名第6位；综合效率竞争力东北地区位列第9位，前进2位，省内排名不变，依然保持全省第2位。通过竞争力指数与排名情况来看，辽源市2017年的整体经济发展稳中有进，通过近几年不断对城市经济发展产业结构调整与优化，提升了整体综合经济竞争能力，特别是综合效率竞争力更是连续三年位列省会城市长春市之后，稳居省内第2位，可以看出，辽源市在推动经济发展效率变革方面实施了行之有效的政策方针。

表2　2016年与2017年辽源市综合经济竞争力及分项指数排名

年份	综合经济竞争力	排名			综合增量竞争力	排名			综合效率竞争力	排名		
		全国	东北	省内		全国	东北	省内		全国	东北	省内
2016	0.049	230	21	6	0.036	249	24	7	0.0055	149	11	2
2017	0.050	216	16	5	0.047	232	19	6	0.0070	147	9	2

资料来源：中国社会科学院城市与竞争力指数数据库、吉林省社会科学院城乡发展指数数据库。

第二，可持续竞争力有待加强，排名连续三年下降，有关部门应当引起重视。根据表3数据可以看出，辽源市的可持续竞争力在2017年较之上年度下滑3个位次，位列全国第230位，已处于全国中下游水平，在省内排名虽未有变动，但在东北地区仍是下滑1位，排名第28位。辽源市的可持续竞争力连续三年表现欠佳，究其原因仍是部分指标多年未得到提升，从而拉低整体，使辽源市可持续竞争力综合表现欠佳，在全国城市可持续竞争力都在大幅提升的环境下，原地踏步就等同于后退。在可持续竞争力指标的其他分项中，辽源市的知识城市竞争力虽然在全国的排名有所提升，由2016年的第255位，升至第250位，但在东北地区和省内的排名均有所下降，省内更是下滑至八个地区的最后一位。辽源市在和谐城市竞争力、生态城市竞争力与文化城市竞争力这三个指标上的表现中规中矩，其中文化城市竞争力在全国、东北地区及省内排名均没有变化，与上年相同；和谐城市竞争力和生态城市竞争力两项指标均是在全国范围内排名下降1位，但在东北地区和省内的排名有所提升，和谐城市竞争力在东北地区排名上升7位，升至第17位，省内排名不变，仍位列第4位，生态城市竞争力在东北地区排名位置没有发生变化，但在全省的排名上升1位，位列全省第4位。信息城市竞争力排名在东北地区和省内排名均没有变化，但在全国的排名提升较为明显，由2016年的第229位，上升至第214位，前进了15位。全域城市竞争力指数排名是辽源市2017年下降较为明显的一项，在全国的排名由第118位，跌至第163位，东北地区排名由第17位下降至第21位，省内排名上升1位，排名第2位。通过对六个分项指数排名分析，辽源市整体可持续竞争力处于下滑趋势，其中以全域城市竞争力排名下滑最为显著，在城市的基础设施建设方面显然已落后于国内其他城市，政府相关部门应加以重视，及时调整工作方案，合理规划城市建设（见图1）。

表3　2016年与2017年辽源市可持续竞争力及分项指数排名

年份	可持续竞争力排名			知识城市竞争力排名			和谐城市竞争力排名			生态城市竞争力排名			文化城市竞争力排名			全域城市竞争力排名			信息城市竞争力排名		
	全国	东北	省内	全国	东北	省内	全国	东北	省内	全国	东北	省内	全国	东北	省内	全国	东北	省内	全国	东北	省内
2016	227	27	6	255	25	7	106	24	4	137	16	5	257	31	7	118	17	3	229	28	5
2017	230	28	6	250	28	8	107	17	4	138	16	4	257	31	7	163	21	2	214	28	5

资料来源：中国社会科学院城市与竞争力指数数据库、吉林省社会科学院城乡发展指数数据库。

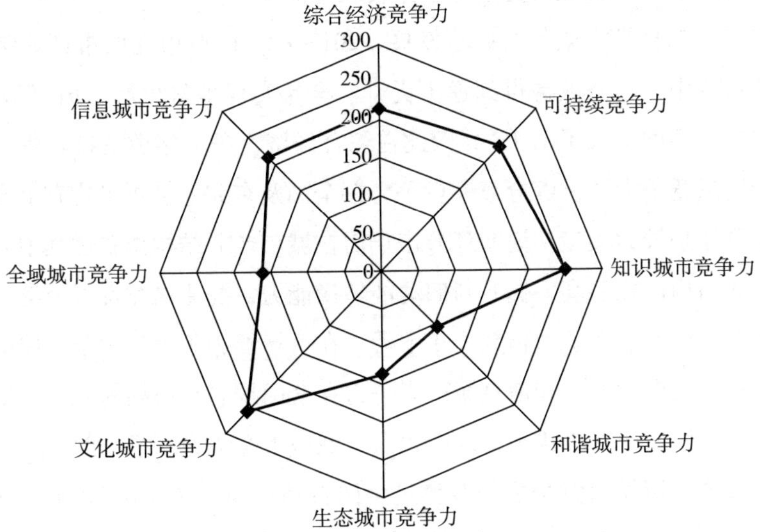

图 1　2017 年辽源市城市竞争力排名雷达图

第三，宜居城市竞争力指数有所下降，从表 4 数据分析来看，2017 年辽源市的宜居城市竞争力指数由上年度的 0.448 下降至 0.361，全国排名由第 129 位跌至第 134 位，东北地区排名下降 1 位，省内排名不变，可以看出宜居城市竞争力指数虽降幅不大，尚处于可控范围内，但整体水平仍处于省内中游地带，目前全国各大城市都在打造绿色生态的宜居工程，辽源市在这样的大环境里，宜居城市竞争力指数不进反退，需要引起当地政府的高度重视，及时对城市的社会环境、生态环境、居住环境等方面进行适时改善。

表 4　2016 年与 2017 年辽源市宜居城市竞争力指数及排名

年份	宜居城市竞争力	排名		
		全国	东北	省内
2016	0.448	129	16	5
2017	0.361	134	17	5

资料来源：中国社会科学院城市与竞争力指数数据库、吉林省社会科学院城乡发展指数数据库。

第四，辽源市的城市竞争力总体表现特征如下。

首先，综合经济竞争力稳步发展。2017 年，辽源市在城市产业结构调整优化过程中，经济效益得到稳步提升，全年实现地区生产总值 772.11 亿元，对比上年度增长了 1.7%，因此在综合经济竞争力指数及排名中，无论是综合增量竞争力还是综合效率竞争力在全国及东北地区排名均有上升，但上升速度还是较为缓慢，说明辽源市仍需在城市产业结构调整过程中，继续加强产业结构优化力度，提升新旧动能转换能力，提质增效发展经济。

其次，可持续竞争力指数连年下滑。在可持续竞争力的六个分项中，辽源市仅知识城市竞争力和信息城市竞争力在全国排名有小幅提升，其他分项在全国排名均处于下滑状态，其中尤以全域城市竞争力下滑幅度最大，2014 年辽源市的全域城市竞争力一度挺进全国百强行列，然而从 2015 年开始便出现下滑趋势，时至 2017 年已经跌落至全国第 163 位，全域城市竞争力是一个城市基础设施建设与城镇化发展的最有力体现，未来辽源市应在如何推进新型城镇化建设、促进城乡区域协调发展等方面多做思考，采取积极措施。

最后，宜居城市竞争力仍需加强。辽源市 2017 年的宜居城市竞争力排名在全国和东北地区均有下滑，省内保持不变。城市是否宜居与社会保障、城市环境等多方面因素有关，辽源市 2017 年在和谐城市竞争力、生态城市竞争力等方面均表现不佳，因而势必会导致宜居城市竞争力指数的下降。

二　问题与不足

（一）创新能力薄弱，知识城市竞争力急待触底反弹

知识是驱动城市发展的有力工具，通过不断加强对创新驱动型知识城市的建设工作，才能带动整个城市各项经济的高速发展。2017 年辽源市的知识城市竞争力指标虽然在全国排名中稍有提升，但在省内却跌落至末位。知识城市竞争力主要由教育环境、专利指数与科研人员数量等要素构成，辽源

市2017年全市专利授权量为175件，仅占全省的0.86%，在全国同级别城市中专利指数也处于中下游水平，致使科技成果无法实现高效转换；对教育资金投入力度不够，2017年辽源市的教育支出为17.66亿元，同比上年度下降3.0%，而在省内知识城市竞争力排在辽源市前1位的松原市，2017年教育支出为36.7亿元；东北地区一直饱受人才流失的困扰，辽源市也不可避免地要面对科研创新人才的短缺，在金融类及信息化科技人才拥有数量上，辽源市处于东北地区中等水平，种种因素的制约导致了辽源市在知识城市竞争力上倍感疲力，政府相关部门应切实关注针对创新型知识城市竞争力的短板，积极研究对策，加强对科技发展及教育水平的政策干预，及早提升城市的知识竞争力水平。

（二）城镇一体化建设步缓，全域城市竞争力急速下滑

2017年辽源市的全域城市竞争力下滑明显，由2014年的全国百强城市跌至第163位，东北地区跌出20名以外，排到了第21位，但在省内尚处于较为稳定水平。2017年国家城镇化率为58.52%，而吉林省城镇化率为56.65%，低于国家水平，反映出吉林省整体城镇一体化建设步调略为缓慢，受到全省大环境影响，加之在“城乡人均道路比”“城乡人均收入比”“城镇化率”指标上的排名滑落，都是全域城市竞争力在全国排名中大幅滑落的原因。全域城市竞争力一度是辽源市的优势指标，这表明辽源市在此竞争力上还是有较为扎实的基础，下一步应稳扎稳打，完善城乡统筹规划，合理设计交通道路，提升城乡收入，利用好自己的优势基础，提高全域城市竞争力。

（三）教育、医疗水平尚需完善，宜居城市竞争力有待提高

辽源市2017年全域城市竞争力的下滑，在一定程度上也对辽源市的宜居城市竞争力有所影响，造成宜居城市竞争力排名的小幅滑落。城市的宜居舒适度取决于包括教育、医疗、治安、生态环境等多方面因素，这中间的许多指标都与可持续竞争力指标息息相关，相互影响，辽源市在知识城市竞争

力上的低迷表现体现出在教育投入方面尚有不足，而与百姓生活切实相关的医疗方面，辽源市迄今为止尚未拥有一座三甲级医院，这些都成为制约辽源市宜居城市竞争力上升的因素。辽源市在绿地覆盖率、城市交通环境及居住环境舒适度方面都有着较为不错的表现，宜居城市竞争力提升空间巨大。

三　现象与规律

（一）资源型城市转型初具成效，综合经济平稳增长

辽源市 2017 年的三次产业比重为 7.3∶57.3∶35.4，结构优于上年的 7.7∶57.2∶35.1。工业产业仍然是辽源市的主体产业，2017 年全市规模以上工业企业 322 户，实现工业总产值 1631.56 亿元，比上年增长 4.2%，实现工业增加值 497.85 亿元，可比价增长 1.5%，占全市 GDP 比重为 64.5%，比上年提高 3.1 个百分点，实现利润总额 37.98 亿元，比上年增长 24.8%。全市 33 大类工业行业中，近八成产值同比增长，亏损企业数量下降 15%，全市规模以上工业利润总额增长 34%。民营经济发展势头持续高昂，全市民营工业产值占全市工业产值的 92.5%，民间投资占全市投资的 85.8%，全部成为全省第一。特色企业铝型材与袜制品逐渐在国际市场上占据一席之位，外贸出口增长 22%，其中独具辽源特色的纺织袜业获批国家级出口袜制品质量安全示范区，成为吉林省首个工业制品出口示范区。装备制造和农产品深加工两大主导产业与高精铝加工、纺织袜业、医药健康、蛋品加工、新能源等五个特色优势产业产值增长 7.5%，其中新能源产业产值增长 25%，有力地推动了工业产业转型升级。辽源市在经济转型过程中，结合自身城市特点，充分发挥地方优势，针对第一产业先天基础薄弱，第三产业缺乏发展环境、成长缓慢等问题，制定相应对策，调整农业结构，推进农业现代化，2017 年辽源市现代农业产业园区发展到 210 个；扩大服务业发展规模，加速推进智慧城市建设，创建市级科技示范园区和科普示范基地 40 个。通过多方努力，全面协调发展，产业结构得到进一步优化，第一、二、三产

业对经济增长的贡献率分别为 17.8%、33.1% 和 49.1%，分别拉动经济增长 0.3 个百分点、0.6 个百分点和 0.8 个百分点。

（二）文化、知识竞争力疲软，影响可持续竞争力发展

辽源市的可持续竞争力自 2015 年开始持续下滑，但并未引起政府相关部门的足够重视，2017 年知识城市竞争力跌至全省末位，文化城市竞争力处于全省倒数水平，整体可持续竞争力水平继续下跌。实现城市的可持续发展，经济是基础，而创新能力是时下信息化城市发展需要的强动力，将知识转换为动能，以知识经济带动整体经济高速发展，是未来发展的必然趋势，辽源市的大中专学校指数与专利指数都处于省内靠后位置，高科技信息与金融人才的缺失也在指标中有所体现，知识城市竞争力疲软导致辽源市自主创新能力较弱，影响城市可持续竞争力的发展。辽源有着厚重的历史文明，但在历史文化与国家级非物质文化遗产数量这两项指标上均没有任何优势，至今未能实现零的突破，文化基础设施的建设也处于省内中下游水平，一座城市的魅力不仅仅来自经济实力的展现，多元的文化也是城市竞争力的重要组成部分。

四　趋势与展望

（一）青山绿水家园，生态环境竞争力成果显著

辽源市近几年在打造绿色生态环境上做了许多工作，2017 年 9 个海绵城市建设工程同步开工，节能减排，投入新能源公交车 36 台、出租车 330 台，投放公共自行车 400 辆，治理和修复采煤沉陷区废弃地 28 公顷；人均绿地面积省内第 4，市区空气中主要污染物可吸入颗粒物（PM10）、二氧化硫（SO_2）浓度年均值为 59 微克/立方米和 18 微克/立方米，符合国家空气质量Ⅱ级标准，空气质量优良天数 288 天。全市县级以上集中式饮用水源地水质全部达到国家Ⅲ类水体标准。一系列行之有效的举措，使辽源市 2017

年生态城市竞争力在省内的排名提升1名，跻入四强行列，全国和东北地区排名保持稳定水平。

（二）智慧城市助力，信息城市竞争力前景广阔

2017年辽源市的信息城市竞争力指标在其可持续竞争力持续下降的趋势下，顶住压力，全国排名上升15位，东北地区及省内排名与上年持平，未来发展前景广阔。通过不断提高产品质量，辽源市的铝型材与袜制品逐渐在国际市场上立足根基，辽源市被设为国家级出口袜制品质量安全示范区，2017年辽源市实现出口总值13.04亿元，增长20.0%，全年实际利用外资3.67亿美元，增长3.4%；依托“智慧城市”建设工作的有序推进，辽源市加快完善城市信息基础设施建设工作，在全省率先建立了大数据交互共享平台，通过数字化信息发展技术，未来辽源市的信息交流水平将会大幅提升，网络城乡覆盖率也将进一步得以扩大，信息城市竞争力的快速发展有望成为辽源市提升可持续竞争力的突破口，带动可持续竞争力多指标提升。

五　政策与建议

（一）继续优化产业结构，适时开发新兴产业

辽源市在城市资源转型工作上已经取得了初步成效，经济得以稳步增长，但产业结构尚未调整至最优状态，未来仍需继续产业结构的优化工作，以保证经济增速平稳运行。工业产业作为辽源市的支撑产业，应加快工业产业的增量提质工作，引导传统优势产业向精深加工延伸、向终端产品拓展、向质量品牌提升转变做大做强，引领大企业要把做大做强优势产业作为促进全市经济发展的重要路径，大力促进传统优势产业发展。通过前文对辽源市信息城市竞争力、知识城市竞争力、文化城市竞争力的数据分析，以上三项都是辽源市发展的短板，可以看出以新兴服务业为代表的

第三产业在辽源市发展遭遇的瓶颈，创新性战略服务业等亟待加强投资，转变经济增长方式的任务较为紧迫。在“十三五”时期，重点培育医药制造、农副产品深加工、新能源汽车、生物质综合利用等优势产业链条。把现代服务业作为结构优化升级的战略重点来培育，加大信息产业与技术创新产业投资比重，加强对金融、物流、旅游、文化产业等现代服务业的投资力度。

（二）继续培育民营经济，鼓励创新创业发展

辽源市的民营经济发展空间大，全民创业的热情很高。应更多关注立市型产业和成长型企业，实施“中小企业入规升级”专项行动和“小微企业培育”工程，不断加快建立各种要素服务平台，加速产业升级步伐，在引导资金、技术、人才等要素方面，让民营经济逐渐向优势产业集聚。切实发挥企业在技术创新决策、研发投入、科研组织和成果转化中的主体作用，鼓励行业领军企业构建高水平研发机构，形成完善的研发组织体系，集聚高端创新人才。通过不断完善知识创新体系，增加科研经费的投入力度，催化知识产出，营造积极与健全的创新软环境，培育知识驱动的创业土壤，全面提升知识与信息城市竞争力水平。

（三）增强文化软实力，充分挖掘地域文化竞争力

利用辽源市的诸多地域特色，浓郁的东北黑土地文化，“中国琵琶之乡”“中国二人转之乡”“中国农民画之乡”“中国梅花鹿之乡”等美誉来打造城市文化形象，加强城市营销。应注重挖掘城市特色文化资源，对于功能相近的文化资源，应加以有效整合打造红色旅游、工业遗产旅游等特色线路，共同打造文化品牌。近几年辽源市文化竞争力可持续分项一直提升较慢，对于长久以来被忽视的文化资源，应进行创新性的开发和利用，如城市工业遗产，既可以各类工业建筑遗产特别是大型工矿企业旧址为载体，大力发展文化创意产业，也可以文化遗址公园、工业博物馆等形式向社会公众呈现城市工业发展历史和工业遗产内涵。

（四）加强智慧城市建设，助力信息城市可持续竞争力

作为国家智慧城市试点的辽源市，起步较早，成绩突出，未来应把智慧城市基础设施建设与城市建设相融合，以“智慧强政、智慧惠民、智慧兴业”为主线，在政务、金融、交通、医疗、安全、文教、物流等领域开展信息科技平台建设。把智慧城市建设与新兴产业发展紧密联系，一方面促进重要领域基础设施及应用的智能化转型，另一方面推进互联网经济，加强互联网与传统产业、新型产业的融合。把智慧城市建设的实绩转化为信息城市竞争力提升的决定因素，推动电子商务、智慧旅游、智慧养老、云计算服务等产业的发展。在政策与规划层面，政府应当做好信息化建设的顶层设计，制订符合本地特色的方案，注重招商引资，为信息化建设积累资金，加强与民众的互动，获取民众参与，提高信息高速公路建设和使用的效率。

（五）增强城镇承载能力，构建宜居城市环境

辽源市近年来资源型城市转型升级发展情况良好，特别是城镇化建设与城市建设方面，有较大进步，未来应进一步优化城市空间布局、完善城市基本功能、提升城市的品位和质量，全面推进城镇基本公共均等化进程，加大对中心城市基础设施的投入，统筹推进教育、就业、医疗、养老、社会保障等各项社会事业的进展，不断提高城市的综合承载力。促进城乡区域协调发展。充分发挥中心城市的辐射带动作用，解决市内各区发展不均衡问题，稳步推进东丰、东辽两县，龙山、西安、省级经济开发区三区基础设施建设，加强特色示范镇建设，构建美丽乡村环境。贯彻绿色发展思想，实现城市发展模式的初步转变，结合产业结构升级和城市功能提升，将辽源市建设成为中国东北工业城市绿色转型发展模式的典范，加大“美丽家园”宜居城市的推进力度。

参考文献

《2017 年辽源市国民经济和社会发展统计公报》。

《2018 年辽源市政府工作报告》。

倪鹏飞等:《中国城市竞争力报告 No. 16》，中国社会科学出版社，2018。

崔岳春等:《吉林省城市竞争力蓝皮书（2016～2017）》，中国社会科学出版社，2017。

B.12 吉林省城市竞争力（白城市）报告

常春辉*

摘　要： 在严峻复杂的国内外宏观经济形势和经济下行压力下，面对日趋复杂的国内经济发展环境，白城市依托资源和区域优势，紧紧抓住建设特色城镇化和吉林西部生态经济区的战略机遇，持续推进供给侧结构性改革，做好稳增长、促改革、调结构、惠民生等工作。白城市应深度优化产业结构，贯彻落实乡村振兴战略；推进城市文化建设，吸引高端人才集聚；继续完善城市公共服务，积极构建城市综合体；发挥生态环境优势，打造宜居宜商品牌城；积极改善宜居和宜商环境，加快提升综合承载能力，白城城市竞争力将有望获得更快提升。

关键词： 白城市　城市竞争力　产业结构　宜居宜商

2017年，在严峻复杂的国内外宏观经济形势和经济下行压力下，白城市城市竞争力情况总体稳定，白城市2017年综合经济竞争力指数全国排名第254位、东北地区排名第23位、吉林省内排名第7位，同2016年排名情况相比较，全国排名和吉林省内排名名次相同，东北地区排名提高2位。白城市可持续竞争力指数仍处于全国中等偏下水平，全国排名第239位、东北地区排名第31位、吉林省排名第8位，同2016年排名情况相比

* 常春辉，白城师范学院经济管理学院，硕士研究生，研究方向：创业教育、城镇化建设与民生问题。

较，全国排名提高2位，东北地区和吉林省排名未发生升降。白城市可持续竞争力指数中的经济增长指数排名由2016年的第260位提升到第235位，在东北地区排名第15位；航空交通便利程度指数排名由2016年的第260位提升到第210位；但专利指数、社会保障程度、人均绿地面积指数排名均有所下降，分别位列东北地区排名的第29位、第30位、第30位。白城市2017年宜居城市竞争力指数较2016年相比有所下降，全国排名第184位，下降了19个位次；在东北地区排名第24位，较2016年相比下降了3个位次。2017年，白城市面对着严峻复杂的经济形势和繁重的脱贫攻坚任务，坚持以提高发展质量和效益为中心，在老城改造、精准扶贫、招商引资、保护生态环境等方面做出了一系列的开创性工作，白城市经济运行稳中有进，经济平稳健康发展，白城市振兴发展迈出了坚实步伐，白城市城市竞争力将有望得到优质提升。2017年白城市基本状况如表1所示。

表1　2017年白城市基本情况

项目	数据
土地面积(平方公里)	25759
总人口(万人)	190.9
GDP总量及增长率(亿元,%)	708.8;4.8
三次产业结构比	15.4:44.8:39.8

资料来源：《白城市2017年国民经济和社会发展统计公报》《吉林统计年鉴（2018）》。

一　格局与优势

（一）总体概况

在2017年愈加复杂的经济形势下，白城市政府不断探索新思路、新方法，积极并努力地适应经济发展新形势，以振兴白城经济、提高城市发展质量和经济效益为发展主题，统筹经济发展、改善民生、脱贫攻坚、保护生态环境，全市经济健康平稳发展。2017 年白城市地区生产总产值 708.8 亿元，同比上年增长 4.8%。在此期间，第一产业增加值为 109.2 亿元，同比增长了 4.0%；第二产业增加值为 317.4 亿元，同比增长了 4.1%；第三产业相比之前增加值为 282.1 亿元，增长了 6.0%。如按照年平均户籍人口来计算，其人均生产总值已经达到了 36924 元，同比上年产值提高了 6.5%。三次产业结构比例由 2016 年的 15.0∶46.9∶38.1 调整为 15.4∶44.8∶39.8，其中第一产业对经济增长的贡献率为 14.0%，第二产业的贡献率为 37.6%，第三产业的贡献率为 48.4%，第三产业比重较上年相比有所增加。2017 年，白城市城镇常住居民人均可支配收入达到了 22461 元，同比上年增长 6.5%；全地区农村常住居民人均可支配收入 9024 元，比上年增长 7.6%。2017 年全市固定资产投资（不含农户）791.6 亿元，增长 8.6%。在固定资产投资（不含农户）中，第一产业投资 119.5 亿元，比上年增长 6.1%；第二产业投资 359.3 亿元，下降 15.5%，其中，工业投资 264.1 亿元，下降 26.2%；第三产业投资 312.8 亿元，增长 63.4%。整体来看，白城市三次产业结构比不断优化，经济总量、人均可支配收入、固定资产投资等经济指标稳中有升。

白城市积极推进新型城镇化建设，加大财政投入改善民生。在财力趋紧的情况下，重点民生投入达到地方财政支出的 81%。城镇新增就业 4.4 万人，农村劳动力转移就业 27.8 万人次；城乡居民收入人均增长 6%。改造棚户区 9290 套，分配公租房 2821 套。为积极促进教育事业的稳步且均衡发展，新建标准化幼儿园 6 所，维修改造校舍 9 万平方米，并开始投入使用市中职实训基地。积极推进文化惠民工程，建设滑冰馆，新建贫困村综合文化服务中心 147 个，并扩建农村文化小广场 504 个。

围绕建设现代化宜居生态城市，老城改造取得决定性胜利，完成整体改造。累计拆违 18 万平方米。投资 68 亿元，实施 16 类 469 项工程，改造主要街路 48 条，建设地下管廊 28 公里，改造全部老旧小区 172 个，新建改造公园、广场 6 个，实现“三年工程、两年完成”“老城变新城、小区变花园”目标。打造白城市样板，在实践中探索出具有白城市特色模式的“海绵城市 + 老城改造”，成为北方寒冷缺水地区模范的海绵城市。在智慧城市指挥中心竣工之后，视频监控全面覆盖城市重点区域。其间市民文明素养普遍提升，增强了居民生活的获得感、幸福感、自豪感。

（二）现状格局

（1）白城市综合经济竞争力保持稳定，综合增量及综合效率竞争力稳中有升。2017 年，白城市综合经济竞争力指数为 0.039，较上年指数下降 0.002，在全国 294 个城市中排名第 254 位，在吉林省的 8 个城市中排名第 7 位，全国排名和吉林省内排名均和 2016 年排名相同；在东北地区的 34 个城市中排名第 23 位，比 2016 年排名提升 2 个位次。从综合增量经济竞争力指数的分项指标来看，白城市的综合增量竞争力指数为 0.043，全国排名第 243 位，同 2016 年相比，指数提高 0.007，排名提高 3 个位次；在东北地区城市中排名第 22 位，同 2016 年相比，排名提高 1 个位次；在吉林省排名第 7 位，同 2016 年相比，排名下降 1 个位次。白城市的综合效率竞争力指数为 0.001，指数同上年度持平，全国排名第 267 位，比 2016 年排名提升 1 个位次；在东北地区排名第 28 位，比 2016 年排名下降 6 个位次；在吉林省排名第 8 位，同 2016 年排名相同，未发生变化。综合分析，白城市 2017 年综合经济竞争力指数全国排名第 254 位，在东北地区排名第 23 位、吉林省内排名第 7 位，同 2016 年排名情况相比较，全国排名和吉林省内排名相同，东北地区排名提高 2 位，白城市综合经济竞争力保持稳定，综合增量及综合效率竞争力稳中有升，如表 2 所示。

表 2　2016 年与 2017 年白城综合经济竞争力及分项指数排名

年份	综合经济竞争力	排名			综合增量竞争力	排名			综合效率竞争力	排名		
		全国	东北	省内		全国	东北	省内		全国	东北	省内
2016	0.041	254	25	7	0.036	246	23	6	0.001	268	22	8
2017	0.039	254	23	7	0.043	243	22	7	0.001	267	28	8

资料来源：中国社会科学院城市与竞争力指数数据库、吉林省社会科学院城乡发展指数数据库。

（2）白城市可持续竞争力排名处中下游水平，和谐城市竞争力指数明显提升。2017年，白城市的可持续竞争力排名较2016年略有上升，可持续竞争力指数为0.214，在全国排名第239位，较2016年上升2个位次，在东北地区排在第31位、吉林省内排名第8位，同2016年比较未发生变化。但从白城市2017年可持续竞争力指数的分项指标看，2017年，白城市和谐城市竞争力指数较为突出，全国排名第84位，较2016年上升了58个位次。知识城市竞争力、生态城市竞争力、文化城市竞争力、全域城市竞争力指数都有所下降，尤其是文化城市竞争力、全域城市竞争力指数排名均处于全国的下游水平。详见表3所示。

表3 2016年和2017年白城市可持续竞争力及分项指数排名

年份	可持续竞争力排名			知识城市竞争力排名			和谐城市竞争力排名			生态城市竞争力排名			文化城市竞争力排名			全域城市竞争力排名			信息城市竞争力排名		
	全国	东北	省内	全国	东北	省内	全国	东北	省内	全国	东北	省内	全国	东北	省内	全国	东北	省内	全国	东北	省内
2016	241	31	8	186	17	5	142	29	6	146	17	6	258	32	8	273	34	8	250	31	7
2017	239	31	8	193	19	5	84	14	2	168	21	7	263	32	8	281	34	8	246	31	7

资料来源：中国社会科学院城市与竞争力指数数据库、吉林省社会科学院城乡发展指数数据库。

（3）宜居城市竞争力优势退减，全国及东北排名均有明显下降。2017年，白城市宜居城市竞争力指数为0.273，在全国排名第184位，东北地区排名第24位，与2016年相比分别下降了19个位次和3个位次；在吉林省内排名第8位，同2016年相比没有发生变化。由于白城市位于吉林省西部，特殊的地理环境使该地区形成了“光照充足，降水变率大，旱多涝少”的气候特点，因此白城市在省内气候宜居竞争处于劣势。通过分项指标来看，白城市在“教育环境”“生态环境”等方面优势明显，全国排名均在150位左右；白城市人均社会保障、就业和医疗卫生财政支出排名在全国第35位。城镇居民人均可支配收入、气候舒适度方面存在劣势，有待进一步加强。详见表4。

表 4　2016 年与 2017 年白城宜居城市竞争力指数及排名

年份	宜居城市竞争力	排名		
		全国	东北	省内
2016	0.374	165	21	8
2017	0.273	184	24	8

资料来源：中国社会科学院城市与竞争力指数数据库。

（4）综合分析，白城市城市竞争力可归纳为以下三个方面。

第一，白城市转型升级步伐加快，主要指标增幅在全省排名靠前，经济发展实现稳定增长。面对经济下行的压力，白城市积极应对、攻坚克难，践行新发展理念，转型升级步伐加快。持续优化白城市农业结构，扩大杂粮杂豆、水稻种植面积，减少玉米种植面积，水田发展到 281 万亩，成为吉林省水田第一大城市。白城市工业经济提质增效，实施投资超亿元的敖东药业、中一精锻、永固连杆、银诺克药业等技改项目 51 个，50 万千瓦光伏领跑者基地项目正式获批；工业总产值增长 8%、利润增长 30%，均居全省前列。服务业增加值增长 8%。民营企业户数同比增长 27%，不断提高实体经济发展能力。白城市 2017 年综合经济竞争力指数全国排名第 254 位，在东北地区排名第 23 位、吉林省内排名第 7 位，同 2016 年排名情况相比较，全国排名和吉林省内排名名次相同，东北地区排名提高 2 位，白城市综合经济竞争力保持稳定，综合增量及综合效率竞争力稳中有升。

第二，白城市海绵城市工程建设成效显著，宜商城市竞争力有所提升。白城市于 2015 年成为全国首批、东北唯一的海绵城市建设试点城市，在充分理解尊重百姓意愿和坚持以人为本的理念下，对“海绵城市 + 老城改造”工程进行统一设计，发挥白城市在理念、元素、风格不同方面的特点，经过长达两年的建设，白城市城市功能品质不断优化、城市公共服务质量水平不断提高、居民宜居环境建设水平不断提高，并且在城市理念促进发展不断融合的过程中，白城市海绵城市建设在“深呼吸”与“大循环”中构建绿色生态新城。白城市经济增长指数排名由 2016 年的第 260 位提升到第 235 位，航空交通便利程度指数排名由 2016 年的第 260 位提升到第 210 位。海绵城市工程使白城市的经商环境得到很大改善，为白城市招商引资提供着必要的硬件保障，宜商城市竞争力有所提升。

第三，宜居城市竞争力综合排名下降，主要原因是由于受白城市城镇居民人民可支配收入的影响，但城市公共服务和社会保障服务优势有所提升。虽然白城市的海绵城市建设工程使白城市的公共服务设施、城市绿化等有了很大完善，但白城市所处的地理位置无法改变，夏季干旱炎热、冬季少雪寒冷的气候条件仍在制约着白城市的自然环境，白城市的自然环境指标优势度不高。通过近年来的建设，白城市舒适的居住环境、便捷的基础设施、绿色的生态环境、安全的社会环境、健康的医疗环境、优质的教育环境等指数排名都明显有提升。但由于白城地区经济发展水平相对较低，城镇居民人均可支配收入低于全国水平，由 2016 年的全国第 114 位下降到 2017 年的第 152 位；城镇居民人均可支配收入增长率由 2016 年的全国第 1 位下降到 2017 年的第 48 位，这两项指数直接影响了白城市宜居城市综合指数的排名。2017 年白城市城市竞争力如图 1 所示。

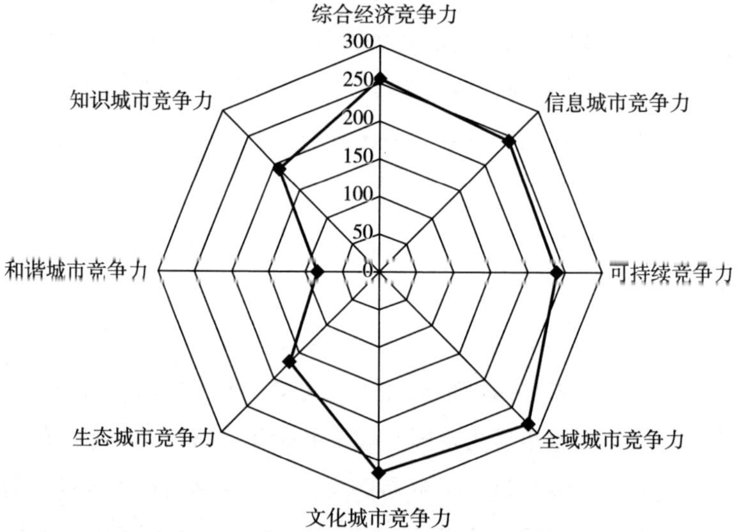

图 1　2017 年白城城市竞争力雷达图

资料来源：中国社会科学院城市与竞争力指数数据库、吉林省社会科学院城乡发展指数数据库。

二　问题与不足

（一）白城市经济发展创新性不强，综合经济竞争力有待增强

虽然白城市综合经济竞争力表现较稳定，排名稳步提升，综合增量和综合效率无明显变化，但白城市经济实力仍处于吉林省的下游水平。2017 年白城市农业结构有所优化，水稻和杂粮杂豆的种植面积增加、玉米的种植面积减少，使其成为全省水田第一大市；实施投资超亿元的敖东药业、中一精锻等技改项目，形成小微企业、新升规企业、高新技术企业梯次结构。但与吉林省其他城市经济发展相比仍然存在一定差距，白城市对第一、第二产业依赖程度依旧较高，第三产业虽然有所发展，但第三产业的增长速度较慢，民营经济发展相对滞缓，使第三产业未能形成优质快速发展的态势。目前白城市的综合经济竞争力指数为 0.039，较上年指数下降 0.002，在全国 294 个城市中排名第 254 位，仍处于全国的中下游水平。

（二）白城市城镇居民人均可支配收入水平较低，智慧城市竞争力亟待加强

白城市位于吉林西北部地区，夏季干旱炎热、冬季少雪寒冷的气候条件阻碍着白城市的农业发展。经济发展方式依然属粗放式，白城市以农业为主、特色产业优势不明显、民营企业发展缓慢，白城市的经济发展水平相对较低，2017 年全地区城镇常住居民人均可支配收入 22461 元，低于全国居民人均可支配收入水平。白城市海绵城市建设工程，充分顺应城市特点，创新实施“海绵城市 + 老城改造”，目前，白城市智慧城市管理主要实现对重点区域视频监控、城区重点部位统一管控无死角。白城市科学技术和教育发展水平并不高，在信息互联互通、大数据运用和人工智能服务等方面还存在不足，白城市智慧城市建设同新时代人民对科技成果应用的需要存在一定差距，智慧城市竞争力亟待加强。

（三）白城市医疗服务竞争力不强，生态宜居城市优势不明显

2017 年，白城市宜居城市竞争力指数为 0.273，全国排名第 184 位，在东北地区排名第 24 位，与 2016 年相比分别下降了 19 个位次和 3 个位次，排在吉林省的末位。白城市因地域位置和经济条件制约，医疗卫生事业发展水平不高，目前白城市尚无一家三甲医院，居民患重大疾病时大多数选择去长春就医。2017 年白城市每万人拥有医生数约 24 人、每万人拥有床位数约 36 张，位列全国中等水平，医疗服务竞争力不强。白城市高端人才的引进政策相比其他城市力度不大，2017 年白城市空气质量和单位 GDP 二氧化硫排放量指数均位列全国排名中游，但白城市绿化覆盖率和气温舒适度均排名全国下游，这主要和白城市干旱少雨多风沙的气候条件有关，气候带来的负面影响也在制约着白城市宜居城市竞争力水平的提升。

三　现象与规律

（一）GDP 增量较小，产业结构仍处于改革调整期

2017 年，白城市生产总值达到了 708.8 亿元，按可比价格计算，同比增长 4.8%，增长比例低于吉林省全省地区的生产总值。2017 年吉林省城镇常住居民人均可支配收入达到 28319 元，白城市地区城镇常住居民人均可支配收入 22461 元，白城市城镇常住居民人均可支配收入与吉林省水平存在很大差距。2017 年，白城市综合经济竞争力指数为 0.039，较上年指数下降 0.002，在全国 294 个城市中排名第 254 位，处于全国下游水平；综合增量竞争力和综合效率竞争力指数在全国排名第 243 位和第 267 位，同样处于全国下游水平。2017 年，白城市三次产业结构比例为 15.4∶44.8∶39.8，对经济增长的贡献率分别为 14.0%、37.6% 和 48.4%；吉林省产业结构比例为 9.3∶45.9∶44.8，三次产业对经济增长的贡献率分别为 6.9%、36.9% 和 56.2%，通过对比，白城市的三次产业结构比例略低于全省水平。白城市

的经济增长仍是粗放型增长，第一、第二产业结构比重较大，产业结构仍处于改革调整期。

（二）知识城市竞争力相对较弱，品牌城市建设亟待加强

2017 年白城市创新驱动的知识城市指标中大学指数排名全国第 185 位，比 2016 年上升了 3 位；专利指数排名全国第 264 位，比 2016 年下降了 74 位；科研人员指数排名全国第 75 位，比 2016 年下降了 28 位。除了白城市科研人员指数排名占全国上游水平，其他知识城市竞争力分项排名均位列中下游水平，同比其他城市的知识城市竞争力较弱。通过白城市的竞争力分项指标可以看出，白城市历史文明程度、每百人公共图书馆藏书量比、文化体育事业的从业人数等指标都处于较低的排名。影剧院和剧场数量是制约白城市知识城市竞争力的硬性指标，白城市影剧院和剧场数等文化基础设施相对落后，对新时代传统文化的弘扬传播推进作用有限。同时，白城市的国际知名度并不高，品牌城市建设亟待加强。目前白城市的城市品牌仅集中在“向海、莫莫格”上，且仍有很多人并不知道向海和莫莫格，缺少极具影响力的城市品牌。白城市应着力打造现有的生态优势品牌，将扩大影响力和知名度作为品牌城市建设的着力点。

（三）海绵城市工程建设成效显著，生态宜居城市魅力提升

2017 年，白城市在生态环境、居住环境和便捷的基础设施方面竞争力均有所增强，尤其是在人均社会保障、就业和医疗卫生等方面，财政支出指数排名全国第 35 位，这和白城市海绵城市工程建设有直接关系。白城市因地制宜，修复城市水生态、改善城市水环境、保障城市水安全，修缮水系、绿地系统和道路交通，加大城市基础设施建设投入，建设地下管廊 28 公里，改造主要街路 48 条，改造老旧小区 172 个，改造或新建公园、广场 6 个，统筹城市融合发展，真正实现了“老城变新城、小区变花园”的目标。2017 年白城市空气质量指数比 2016 年提升了 40 位，排名全国第 164 位；空气质量优良天数比例达到 92.9%，居全省第一位，单位 GDP 二氧化硫排放量指数全国排

名第148位，比2016年提升了5位；国家级自然保护区指数全国排名第46位，积极拉动了白城市生态宜居城市竞争力，城市魅力日益提升。

四　趋势与展望

（一）产业结构转型升级，经济发展稳中有进

白城市为振兴城区发展，积极主动探索新思路、新途径，坚持以提升发展效益和提高发展质量为中心，经济保持健康平稳发展。2017年，白城市加快经济转型升级的步伐，市内主要指标增幅均在全省靠前。白城市集中优势招商引资，引进市值52亿元的牧原生态养猪、30亿元的阳春羊奶、65亿元的吉运肉牛等一批三产融合本地项目进行开工建设，同时引进投资100亿元的梅花集团300万吨玉米开展深加工项目，使白城市产业结构发生根本性变化。2017年，白城市三次产业结构由2016的15.0∶46.9∶38.1调整为15.4∶44.8∶39.8，第三产业比重有所增加，产业结构不断转型升级。在此背景下，白城市农业产业结构不断优化，扩大杂粮杂豆、增水稻、减玉米等种植面积；工业经济稳中求进，提质增效，白城市实施投资超亿元的敖东药业、中一精锻、银诺克药业等技改项目成效斐然；新增高新技术企业、省级科技小巨人企业；规模以上工业总产值同比增长8%、利润净增长30%，均居全省前列；服务业攻坚扎实推进，电子商务蓬勃兴起，市、县、乡、村四级电子商务服务体系逐步健全，实体经济不断壮大，经济发展稳中有进。

（二）基础设施建设日益完善，城镇化水平稳步提升

白城市围绕建设吉林西部现代化宜居生态城市的发展目标、加快老城改造工程，打造白城样板，主动探索出“海绵城市+老城改造”的“白城模式”，改造全部老旧小区172个，新建改造公园、广场6个，顺利完成“老城变新城、小区变花园”的建设目标。马路扩宽缓解交通压力、亮化工程助力城市形象；城市绿化面积扩大，机械化保洁使市区干净整洁；智慧城市

指挥中心竣工，重点区域视频监控全城覆盖，基础设施建设日益完善。与此同时，白城市全面落实民生问题，着眼发展实事，在全省率先出台一系列优惠政策，如鼓励大学生创新创业、农民工及其他人员返乡创业等；积极推动教育事业均衡发展，维修改造校舍9万平方米；改造棚户区9290套，分配公租房2821套；城市形象发生巨大改观，居民幸福指数明显增高，城镇化水平稳步提升，现代化生态宜居水平提高。

（三）海绵城市成效显著，生态环境明显改善

白城市积极探索“海绵城市+老城改造”模式，海绵城市成效显著。在老城区结合具有雨水滞渗功能的绿地改造，提升小区整体景观品质；并增设生态停车场，解决小区停车和出行难题；增设垃圾收集设施，解决污水外溢等问题。新区结合市政道路的海绵化改造，建设了围绕鹤鸣湖及现有河道的生态溪流、湿地公园等连通工程，扩大了湖体汇水面积；新区水系连通同时提高了水体的整体流动性，多处人工湿地的建设也提升了水体的循环净化能力，有效防止了水体水质恶化。通过海绵城市工程建设，白城市城区积水得到有效解决、城市景观日益增多、城市停车难题解决、人居环境明显提升。同时，白城市不断加快培育壮大生态产业，全力推进河湖连通、湿地保护、土地整理、造林绿化、草原治理、蓝天清水“六大生态基础工程”，加快吉林西部生态经济建设。2017年白城市新连通水库泡塘64个，综合治理草原170万亩，植树造林38万亩，修复湿地56万亩；空气质量优良天数比例达到92.9%，居全省第一位，生态环境明显改善。

（四）精准施策攻坚脱贫，乡村振兴助力城市发展

白城市为农业大市，农业作为其支柱型产业，就2017年来说，白城市农林牧渔业总产值为221.2亿元，按可比价计算，约占白城市整体GDP的32%。农村农业发展的程度对于提升城市竞争力有很大影响。白城市积极制定扶贫项目，完善资金监管制度，在全国率先出台农村扶贫资产管理暂行办

法，教育扶贫实施意见，对学前到高中各个阶段的贫困学生，分类进行学费减免和生活资助；制定贫困残疾人帮扶救助政策，在就学、就业、就医等方面落实相应政策，切实解决实际困难。同时，白城市遵循市场经济发展的需要，主动适应规模经营发展的需求，扶持涵盖技术咨询与指导、生产资料供应、金融保障和生产农机器械等服务的专业组织，鼓励并引导农民代耕代种、土地托管、土地入股，确立了洮北区中兴村、洮南市新丰村等32个市级土地规模化经营示范点，发展新型农村经济合作组织近1万个，家庭农场约3300个。积极解决白城市农村土地的产量低、碎片化等问题，稳步推进规模经济，调整农业结构、引进新项目，带动特色农产品经济和庭院经济的发展，提高农民收入；全面推进文化惠民工程，扩建农村文化小广场504个，新建贫困村综合文化服务中心147个；完善基础设施建设、建立配套的医疗、教育服务，带动城镇化建设。

五　政策与建议

（一）深度优化产业结构，贯彻落实乡村振兴战略

提升城市竞争力，经济发展和产业结构是关键。坚持“乡村振兴”战略，农业供给侧结构性改革持续推进，坚持绿色导向，以“绿色生态”为主，加快农业结构转型，对农业龙头企业给予支持，加快推动“产地生态、产品绿色、产业融合、产出高效”的农业绿色发展新格局的形成。白城市应突出培育“两新”产业，推进服务业发展，同时还要抓好实体零售、批发和服务业创新转型，积极鼓励“互联网+传统商贸”模式，实现线上线下融合发展。进一步建设由政府推动、龙头企业带动、农民专业合作社和家庭农场及农户联动的运行机制，大力发展现代农业，促进农业劳动力的自由移动。白城市可通过发展旅游业带动乡村振兴和城镇化建设，打造吉林西部湿地生态、草原风光、民俗风情和风电景观等特色旅游，根据白城市农村独特的历史文化、自然景观、资源条件、乡风民俗等因素，构筑特色乡村形

态，建设“宜居、宜游”的魅力乡村，充分利用通榆向海国家级自然保护区优越地理位置带动作用，抓住新建大型滑雪场的机遇，积极发展乡村旅游，以旅游带动城镇化建设，深层次地提升为富有内涵的文化城镇、生态城镇、精品城镇，实现乡村振兴。

（二）推进城市文化建设，吸引高端人才集聚

2017 年，白城市文化城市竞争力指数在全国排名第 263 位，处于下游水平，城市文化建设急需提升。白城市应坚定文化自信，增强城市文化软实力，加强对“鹤乡、湿地”的文化研究和传播，全民树立新时代城市文化理念。白城市应积极培育城市人文精神，开展白城市精神文化活动，扩大城市知名度，同时也可以提炼白城市精神文化内涵；通过新闻媒体开展白城市历史文化、革命历程、发展建设等专栏宣传，组织高层次、高水平的学术研讨和文化交流活动，拍摄白城市文化的宣传片，提升白城市知名度和美誉度。同时实施人才兴市战略，人才是城市发展和城市竞争力提升的主力军，人才对城市综合竞争力的提升起决定性作用。优秀人才在一个城市的集聚，还可以吸引更多人才涌入此地，从而形成一种人才资源的规模效应。白城市应深化教育改革，强化现有的职业教育，鼓励在职人员参加职业技能训练，加大培训力度；进一步发挥白城师范学院促进城市文化发展的催化辐射作用、促进城市经济发展的带动作用、促进人才质量和数量提升的拉动作用。同时，白城市应加大人才引进力度，积极吸引高端人才到白城市创业就业，带动白城市科技、教育、服务等行业发展。

（三）继续完善城市公共服务，积极构建城市综合体

白城市通过海绵城市工程建设，城市基础设施建设日益完善，公园、广场、体育场等公共场所基本能够满足市民生活需求。但还有一些公共服务存在盲点，比如，目前白城市公交车线路和车次安排较吉林省其他地级市相对较少，个别小区尚无公交车通行，市民出行的便利性有待提高，宜加大公共交通投入，实现公交网全覆盖。在城镇化的过程中，城市综合体是城市发展过程中的新模

式，在我国一线城市和省会城市发展迅速。城市综合体是发展“夜经济”的重要依托，是市区居民下班后度过休闲时光的好去处。2017 年底，白城市全市总人口 190.9 万人，其中城镇人口 84.4 万人，乡村人口 106.5 万人，市区人口约 30 万，具备建设城市综合体的人口条件，构建城市综合体首先能集办公、会议、购物、娱乐、运动、文化、时尚、餐饮、居住于一体，避免土地资源的浪费，充分发挥城市的“集聚效应”；其次，构建城市综合体能够实现土地的集约，居民可在一处实现各种活动，从而减少外出安排，同时减少交通堵塞的发生，还可以减少市区环境的污染；最后，构建城市综合体，可以为白城市市民提供如文员、物业、餐饮、管理、营销、物流、教育、新媒体等多层次、多领域的创业和就业机会，进而提高白城市市民的劳动收入。

（四）发挥生态环境优势，打造宜居宜商品牌城市

加快符合白城市特点生态领域地方性法规建设，健全生态建设制度体系和生态保护法治体系。继续发挥生态优势，构建“自然生态、人居生态、创新生态”三大生态体系叠加共振的格局，加快草原修复、打造草原生态观光一体化，把草原打造成为白城市的生态名片；推进湿地修复工程，提升向海、莫莫格湿地品牌。同时以打造“绿色产业园、生态田园城”为目标，促进人与自然的和谐一体，进一步推动生态宜居城市建设。同时，注重特色产业与工业化协调发展，白城市可充分利用白城丰富的土地资源，依托本地区资源特色和政策机遇，合理高效配置区域资源，坚决抵制粗放型、浪费型、污染型工业生产，在带动地方经济增长的同时，保护本地区的青山绿水；结合产业发展实际，科学布局，改善城市经商环境，完善商业基础配套设施，强化商业氛围，改善经商环境，打造宜居宜商品牌城。

参考文献

《中华人民共和国 2017 年国民经济和社会发展统计公报》，中国统计信息网。

倪鹏飞：《中国城市竞争力报告 No. 16》，中国社会科学出版社，2017。
《2017 年白城市政府工作报告》，白城市人民政府网。
《2017 年白城市国民经济和社会发展统计公报》，白城市人民政府网。
《吉林省西部生态经济区总体规划》，吉林省政报网。
《2017 年吉林省国民经济和社会发展统计公报》，吉林统计信息网。
《2017 年上半年白城市农业农村工作情况》，吉林省农村经济信息中心。

B.13 吉林省城市竞争力（白山市）报告

王天新*

摘　要： 2017年，白山市的经济社会建设取得新成果，但综合经济竞争力的排名变化不大，稳固经济发展基础、加速转换新旧动能的任务依旧艰巨。白山市的可持续竞争力有明显提升，宜居城市竞争力略有下降，但排名仍保持在省域三强。未来随着白山市加快发展实体经济，聚力推动科技创新，深挖特色文化资源，大力优化居住环境，白山市的综合竞争实力将有望得到增强。

关键词： 城市竞争力　实体经济　科技创新　文化业态　民生建设

近年来，白山市的综合经济竞争力提升不明显，依然处在全国中下游位置，2017年，白山市该项指数为0.038，位列全国第264位、东北地区第24位、吉林省第8位；可持续竞争力指数为0.296，位列全国第166位、东北地区第19位、吉林省第4位。分项指标中，和谐城市竞争力表现出色，生态、信息、文化城市竞争力紧随其后，知识、全域城市竞争力表现不佳；白山市的宜居城市竞争力指数为0.436，位列全国第95位、东北地区第11位、吉林省第3位。在“十三五”开局之年，白山市的经济社会建设取得了新

---

* 本文是吉林省社会科学院城市发展研究所专项调研项目“吉林省文化消费提升路径研究”的阶段性成果。王天新，吉林省社会科学院城市发展研究所助理研究员、博士，研究方向：城市发展。

突破，但仍面临稳固经济发展基础、加速转换新旧动能的繁重压力，未来需要进一步促进实体经济发展，构建良好创新生态，营造开放便捷环境，塑造城市文化魅力，以此增强白山市的综合竞争实力，提升宜居宜业宜游水平。

一　格局与优势

1. 总体概况

2017 年以来，白山市全力以赴调结构、促转型，经济发展稳中有进，全年实现生产总值 705.33 亿元，按可比价格计算，同比增长 4.1%，2018 年前三季度，全市实现生产总值 349.36 亿元，同比增长 0.9%。白山市的产业结构持续优化，三次产业比重由 2016 年的 8.2∶55.7∶36.1 转变为 2017 年的 8.6∶50.4∶41.0（见表 1），2018 年前三季度，白山市的第一产业增加值为 39.28 亿元，第二产业增加值为 91.77 亿元，第三产业增加值为 218.31 亿元，第三产业成为拉动白山市经济增长的主要动力。白山市的投资增长平稳，2017 年，累计完成固定资产投资 678.1 亿元，同比增长 2.3%，三次产业投资比重为 11.9∶45.7∶42.7，2018 年前三季度，全市固定资产投资同比增长 3.7%，三次产业投资结构进一步优化。白山市的消费品市场总量扩大，2017 年，社会消费品零售额首次突破 300 亿元，增长 6.0%，2018 年前三季度，全市实现社会消费品零售额 216.67 亿元，同比增长 5.1%。总体来看，白山市的经济、产业、投资和消费表现均较上年有明显改善，为其综合经济竞争力提升夯实了基础。

表 1　2017 年白山市基本情况

项目	数据
土地面积(平方公里)	17505
总人口(万人)	119.5
GDP 总量及增长率(亿元,%)	705.33,4.1
三次产业比重	8.6∶50.4∶41.0

资料来源：《白山市 2017 年国民经济和社会发展统计公报》《吉林统计年鉴（2017）》。

在可持续竞争要素方面，2017 年，白山市大力推进科技创新，全市列入国家、省级科技发展计划项目共计 34 项，获得了 2621 万元的科技经费支持；开放合作取得了新进展，全年共引进省外（国内）资金 596.6 亿元，比上年增长 0.6%，实际利用外资 3.3 亿美元，增长 10.0%；民生保障力度加大，全年共投入 3 亿元推动五大保险扩面提标，民生支出占财政支出比重较上年提高了 2.1 个百分点；生态文明建设取得了实效，清洁空气、水体、土壤行动稳步推进，抚松、临江、长白入选了全国百佳深呼吸小城；城市文化魅力有所提升，全年接待国内外游客突破千万人次，实现旅游总收入超过 150 亿元。可以说，2017 年以来，白山市在科技创新、民生保障、生态建设、文化产业等方面均取得了重要成果，未来随着白山市进一步改善各项竞争要素表现，其综合竞争实力将有望获得提升。

2. 现状格局

（1）综合经济竞争力排名变化不大，综合增量竞争力和综合效率竞争力略有提升。2017 年，白山市的综合经济竞争力指数为 0.038，较上年指数有所下降，在全国排名第 264 位，与上年表现持平，列东北地区第 24 位，较上年提升了 3 个位次，列全省第 8 位，与上年位次一致。从分项指数来看，白山市的综合增量竞争力指数为 0.036，与上年指数相比有所提升，列全国第 255 位，较上年上升了 7 个位次，列东北地区第 23 位，较上年提升了 3 个位次，列吉林省第 8 位，与上年保持一致；白山市的综合效率竞争力指数为 0.002，在全国排名第 251 位，较上年下降了 6 个位次，在东北地区和吉林省分别排名第 23 位和第 7 位，与上年表现一致（见表 2）。

表 2　白山市综合经济竞争力及分项指数排名

年份	综合经济竞争力	排名			综合增量竞争力	排名			综合效率竞争力	排名		
		全国	东北	省内		全国	东北	省内		全国	东北	省内
2016	0.039	264	27	8	0.029	262	26	8	0.002	245	23	7
2017	0.038	264	24	8	0.036	255	23	8	0.002	251	23	7

资料来源：中国社会科学院城市与竞争力指数数据库、吉林省社会科学院城乡发展指数数据库。

（2）可持续竞争力排名有明显提升，其中，和谐城市竞争力优势延续，知识城市竞争力、全域城市竞争力仍需增强。如表 3 所示，2017 年，白山市的可持续竞争力指数为0. 296，在全国排名第166 位，较上年提升了25 个位次，在东北地区排名第 19 位，与上年相比提升了 5 个位次，在吉林省排名第 4 位，与 2016 年位次一样。从分项指数来看，2017 年，白山市的和谐城市竞争力表现稳定；知识城市竞争力表现一般，其中，大学指数、专利指数和经济增长指数分列全国第 189 位、第 231 位和第 255 位，需要着力改善相关要素表现；全域城市竞争力排名退步明显，在全国排名下降至第 252 位，其中，“城乡人均收入比”“城乡人均道路比”成为制约白山市全域城市竞争力发展的主要因素。

表 3　白山市可持续竞争力及分项指数排名

年份	可持续竞争力			知识城市竞争力			和谐城市竞争力			生态城市竞争力			文化城市竞争力			全域城市竞争力			信息城市竞争力		
	全国	东北	省内	全国	东北	省内	全国	东北	省内	全国	东北	省内	全国	东北	省内	全国	东北	省内	全国	东北	省内
2016	191	24	4	248	24	6	9	4	1	186	24	8	235	26	5	168	22	6	206	26	3
2017	166	19	4	230	24	6	9	2	1	150	19	5	209	21	4	252	33	7	177	23	2

资料来源：中国社会科学院城市与竞争力指数数据库、吉林省社会科学院城乡发展指数数据库。

（3）宜居城市竞争力略有下降，但排名仍保持在省域三强。2017 年，白山市的宜居城市竞争力指数为0. 436，较上年指数有所下降，分列全国第 95 位、东北地区第 11 位、吉林省第 3 位，仍处在中上游发展水平（见表 4）。从分项指数来看，白山的社会环境指数表现最佳；医疗环境指数有明显改善，其中，“每万人医院床位数”“每万人拥有医生数”分列全国第 33 位和第 59 位，全省均列首位；教育环境和基础设施指数表现稳定，一方面得益于白山市积极推进教育事业发展，大力完善文化场馆建设，另一方面则有赖于白山市提速大交通建设，着力增强城市综合承载能力，保障白山市宜居城市建设的顺利进行。

表4　白山宜居城市竞争力指数及排名

年份	指数	排名		
		全国	东北	省内
2016	0.564	68	8	3
2017	0.436	95	11	3

资料来源：中国社会科学院城市与竞争力指数数据库、吉林省社会科学院城乡发展指数数据库。

（4）总体来讲，白山市的城市竞争力优势主要体现在以下三个方面。

第一，白山市的和谐城市竞争力表现出色，拉动其可持续竞争力进一步提升。近年来，白山市始终坚持新增财力的80%用于保障和改善民生，2017年，白山市的民生支出增长8.4%，还积极开展“打黑除恶”“打盗骗、保平安”等专项行动，刑事案件发案率下降21.7%。正是这些民生举措助推白山市的和谐竞争要素表现连年保持全省领先。未来随着白山市建设完善多层次的社会保障体系，加快形成立体化、信息化的社会治安防控格局，白山市的和谐竞争要素优势将有望继续保持，对拉动其可持续竞争力提升也将继续发挥关键性作用。

第二，白山市的信息城市竞争力排名提升，生态城市竞争力有明显改善。2017年，白山市的信息城市竞争力指数止降反升，在全国排名第177位、全省排名第2位，其中，“信息生活”得分列全国第78位、全省第1位，这主要得益于白山市圆满完成了宽带中国示范市创建任务，不仅固定互联网宽带接入用户数、移动互联网宽带接入用户数持续增加，行政村光纤宽带还实现了全覆盖；白山市的对外开放也在持续深化，2017年，实现进出口贸易总额17.29亿元，引进域外资金、实际利用外资分别增长9%、10%。另外，白山市的生态城市竞争力也有所提升，2017年，万元地区生产总值能耗下降6.32%，二氧化硫排放量削减2275吨，还新增了抚松国家地质公园和龙山湖国家级森林公园。这些生态建设成果均有益于增进白山市的生态竞争要素表现，促进其生态城市竞争力实现提升。

第三，白山市的社会环境和基础设施持续优化，助推其宜居城市建设保持在全国中上游水平。2017 年，白山市的宜居城市竞争力指数虽有所下降，但其排名依旧保持在全省第 3 的位置上，并且处在全国中上游水平。从分项指数来看，白山市的社会环境和基础设施指数表现最为突出，分列全国第 12 位和第 45 位，其中，在社会环境指数方面，白山市的“人均社会保障、就业和医疗卫生财政支出”“户籍与非户籍人口之间的公平性”指标得分较高，表明白山市在民生领域加大了投入，重视提升公共服务均等化水平；在基础设施指数方面，白山市的“排水管道密度”“交通拥堵指数”“信息生活”指标得分均列全省第 1 位，这与白山市规划实施三年综合整治计划、积极开展交通领域大会战以及加快建设宽带中国示范市分不开。可以说，安全的社会环境和便捷的基础设施是白山市宜居建设优势的重要支撑因素，白山市需要进一步优化的是居住环境，以此促进宜居竞争要素的均衡化发展。

2017 年白山市竞争力雷达图如图 1 所示。

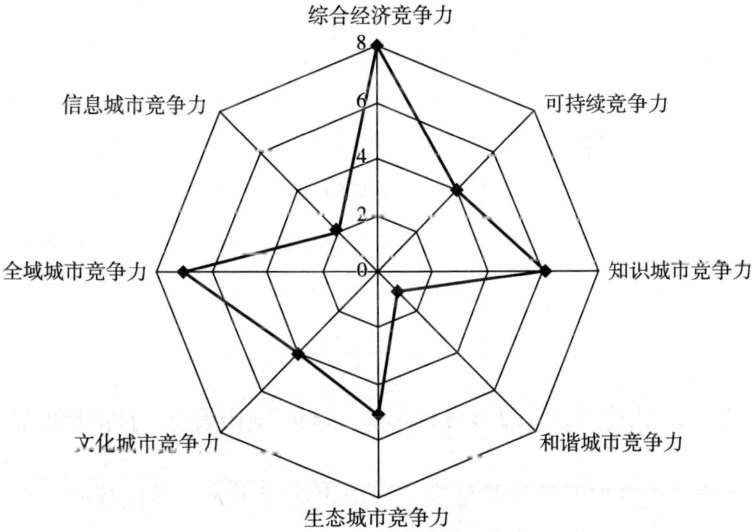

图 1　2017 年白山市竞争力雷达图

资料来源：中国社会科学院城市与竞争力指数数据库、吉林省社会科学院城乡发展指数数据库。

二　问题与不足

（一）综合经济竞争力不强，要素指标表现仍需提升

2017 年，白山的综合经济竞争力指数略有下降，依然处在全国中下游位置，在东北地区的排名提升了 3 个位次，但在省内排名末位的情况仍没有改变。从综合经济竞争力的解释性指标来看，白山市在当地需求、软件环境和全球联系方面表现欠佳，分列全国第 286 位、第 234 位和第 256 位。从当地需求指标来看，2017 年，白山市实现地区生产总值 705.33 亿元，比上年增长 4.1%，城乡居民人均可支配收入分别达到 22674 元和 10469 元，比上年增长 6.6% 和 7.1%，人均收入增速虽然跑赢了 GDP 增速，但仍落后于全省其他城市。从软件环境指标来看，2017 年，白山市深化“放管服”改革，大力推进“四单一网”和“多证合一”，但体现在营商指数方面，白山市该项得分为 0.387，仅列全国第 242 位、全省第 6 位，表明白山市仍需进一步优化营商置业环境，提升开放办企业的便利化水平。从全球联系指标来看，2017 年，白山市的进出口贸易总额比上年下降 18.4%，“外贸依存度”指标得分为 0.233，列全国第 222 位，表明白山市的开放型经济仍有较大的发展空间。可见，根据综合经济竞争力解释性指标数据，白山市需要加大力度发展实体经济，优化营商环境，深化对外开放，通过在这些方面的持续发力，白山市的综合经济竞争力有望实现提升。

（二）知识城市竞争力表现欠佳，全域城市竞争力退步明显

在可持续竞争力的分项指标中，白山市的知识城市和全域城市竞争力均处在全国中下游位置，对其可持续竞争力的提升形成了一定的制约。在知识城市竞争力方面，2017 年，白山市的科研人员指数得分较高，列全国第 87 位、全省第 3 位，但大学指数、专利指数、经济增长指数均表现一般。其中，大学指数得分为 0，最好大学仅在全国排名第 716 位；专利指数得分列全国第

189位、全省第5位，表明白山仍需着力培育具有知识产权优势的企业，进一步提升专利申请量和授权量。在全域城市竞争力方面，2017年，全省除长春以外，其他地级市的该项指数排名均处在全国中下游位置，其中，白山市的全域城市竞争力列全国第252位、东北地区第33位、全省第7位。从具体指标来看，白山市的“城市化率”“每百人公共图书馆藏书比”指标得分均高于全省平均水平，但“城乡人均收入比”“城乡人均道路比”得分均有较大幅度下降，表明白山仍需在推进城乡协调发展方面做出更多努力。

（三）宜居环境指数排名靠后，制约宜居城市竞争力提升

2017年，白山市的宜居城市竞争力指数为0.436，列全国第95位、东北地区第11位、吉林省第3位。从分项指数来看，白山市的社会环境安全稳定，指数得分保持全省领先；教育环境和基础设施建设有明显改善，“每百人图书馆藏书比”“交通拥堵指数”“信息生活”指标得分均排在全省首位。相较而言，白山市的居住环境指数有所退步，得分仅列全国第240位，这与全省其他地级市情况相似，需要在推进生活服务业发展、更好满足居民美好生活需求方面做出改进；另外，作为衡量生态环境的重要指标之一，白山市的“绿化覆盖率”得分也比较低，列全国第277位、全省第8位，表明白山市需要在绿化城市环境和整治环保问题方面加大力度，努力实现宜居竞争要素整体水平提升。

三　现象与规律

（一）企业本体和硬件环境排名靠前，具备提升综合经济竞争力的基础

2017年，白山市的综合经济竞争力指数在全国、东北和全省的排名均变化不大，综合增量和综合效率略有提升。从解释性指标来看，白山市在企业本体和硬件环境方面得分较高，排名靠前，成为正向推动综合经济竞争力

发展的主要因素。在企业本体方面，白山市该项得分为0.896，列全国第61位、全省第3位，其中，企业经营指数表现突出，得分列全国第2位，表明白山的经济产值稳定，民营经济发展也较为强劲。在硬件环境方面，白山市该项得分为0.541，列全国第47位、全省第1位，其中，“基准宾馆价格”和“距港距离”分列全省第1位和第2位，表明白山的基础设施建设较快，一方面得益于全速推进“铁公机”交通运输体系建设，积极服务对外经贸发展，另一方面则有赖于着力投建旅游综合开发等重点项目，完善酒店餐饮、休闲娱乐等配套服务设施。可见，白山市想要实现综合经济竞争力止降反升，有必要着力保持企业本体和硬件环境方面的要素优势，并且还需要在当地需求、当地要素、软件环境和全球联系方面改善指标表现。

（二）信息城市竞争力和生态城市竞争力明显增强，助推可持续竞争力进一步提升

2017年，白山市的信息和生态城市竞争力明显增强，成为推动可持续竞争力提升的重要因素。在信息城市竞争力方面，2017年，白山市的“信息生活”指标得分列全省第1位，引领信息城市竞争力止降反升；“外贸依存度”“国际商旅人员数”指标表现紧随其后，分列全省第3位和第4位。在生态城市竞争力方面，2017年，白山市的生态竞争要素表现有明显改善，其中，“国家级自然保护区指数”得分全省最高，列全国第20位，这主要得益于白山市大力推进生态建设，并且着力新增国家地质公园、国家级和省级森林公园；“单位GDP耗电”“单位GDP二氧化硫排放量”得分也较高，分列全国第95位和第139位，特别是后者较上年提升了54个位次，表明白山市的环保专项治理取得了实效。白山市需要强化提升的指标是“人均绿地面积”，有必要开展大规模的“增绿”行动，打造城市绿色景观带，促进白山市的可持续竞争力实现更快提升。

（三）文化产业发展加快，引领文化城市竞争力实现提升

2017年，白山市的文化城市竞争力较上年有所增强，在全国和全省的

排名分别提升了26个位次和1个位次。从具体指标来看，白山市的“每万人文化、体育和娱乐业从业人数”“每万人剧场、影剧院数”指标得分均高于全省平均水平，表明白山市在推动文化产业发展、促进文化消费方面具备一定的优势，这也成为拉动白山市文化城市竞争力提升的主要因素。另外，近年白山市的旅游业蓬勃发展，成功举办了“长白山之夏”“长白山之冬”旅游节，相关话题的网页点击量和阅读量共计达3亿余次，使其国际知名度和美誉度不断提升，对于增强其文化城市竞争力发挥了很大的助力。

四　趋势与展望

（一）供给侧结构性改革持续深化，经济发展新动能将加快集聚

近年来，白山市大力推进供给侧结构性改革，产业转型升级成效持续显现。2017年，白山市三次产业比重为8.6∶50.4∶41.0，服务业增加值增速高于GDP增速7.9个百分点，领跑全市经济；新动能产业发展势头良好，矿产新材料、矿泉水、医药健康、旅游和现代服务业“新五样”占GDP和财政收入的比重分别达到64.4%和48.6%；入选首批东北地区民营经济发展改革示范市，民营经济主营业务收入突破2000亿元大关。另外，白山市还获批成为全国首家绿色转型示范区，2017年，关闭退出4处煤矿，去产能57万吨，房地产去库存10万平方米，货币化安置率和去库存率分别达到100%和10%。可以预计，“十三五”时期，随着白山市多措并举推进绿色转型升级，构建完善现代产业体系，白山市经济新旧动能转换将进一步加快，其综合经济竞争力水平也有望实现提升。

（二）文化新业态发展壮大，有望促进可持续竞争力进一步增强

2017年，白山市的文化城市竞争力排名有所提升，成为助推其可持续竞争力增长的主要因素之一。究其原因，白山市大力推动文化产业及相关服务业发展，积极培育文化市场主体，加快推进鑫德文化街等一批文化产业项

目建设，促使白山市文化领域的新模式、新业态逐渐发展壮大，所吸纳的就业人数也在不断增多。与此同时，白山市还充分发挥了旅游资源优势，不仅接待国内外游客人数及旅游总收入连年增长，创造了文化消费外部增量，在国内外的知名度和美誉度也随之快速提升。此外，白山市作为非遗传承的重要地域之一，还不断深挖文化底蕴，加强文物保护利用和文化遗产保护，促进了城市文化软实力提升。未来随着白山市加快培育壮大文化新业态，积极打造文化旅游、体育赛事、文创设计、非遗传承等方面的文化精品，白山市的文化竞争要素优势将加速形成，文化经济发展水平也将有所提升，势必拉动其可持续竞争力继续增强。

（三）民生建设力度加大，和谐城市竞争力将保持全省领先

近年来，白山市的和谐城市竞争力表现尤为突出，连年成为拉动其可持续竞争力提升的关键因素，这与白山市大力推进民生建设分不开。白山市一直致力于完善社会保障体系，城镇职工基本养老保险、城乡居民基本养老保险、城镇基本医疗保险参保人数持续增加，城乡低保户数不断减少；推进建设脱贫攻坚“五个一批”工程，实施特色产业精准扶贫，退出贫困村22个，实现脱贫7879人，贫困发生率下降了2.4个百分点；深入推进公共服务领域改革，全面加强社会治理，公共安全视频监控联网应用平台开工建设，并成为全省首个获得国家重点支持的城市。当前阶段，白山市的民生建设相关工作仍在持续强化推进，势必带动其社会保障、公共服务、城市治安等和谐竞争要素表现更加优化，其和谐城市竞争力优势也将继续保持全省领先。

（四）创新驱动发展战略深入推进，知识城市竞争力有望增强

2017年，白山市的知识城市竞争力表现不佳，知识竞争要素得分大多低于全省均分，并且处在全国中下游发展水平，因此，如何加快集聚创新要素、激发社会创造力和发展活力变得尤为迫切。2018年以来，白山市着力推动科技创新，深化科技体制改革，获批为省创新型试点市，同时还加大对科技创新创业的扶持力度，鼓励创新型企业与清华大学、吉林大学等一流高

校加深产学研合作。此外，白山市还持续推进“院士专家白山行”活动，邀请和聘任国内外知名的经济和科技专家来白山考察，为白山市经济高质量发展提出新思路。可见，随着白山市深入推进创新驱动发展战略，在自主创新、产学研合作以及招贤引智方面不断取得新突破，白山市的创新型经济发展将有所加快，其知识城市竞争力水平也有望随之提升。

（五）社会环境和基础设施建设加快，宜居城市竞争力将实现提升

2017 年，白山市的宜居城市竞争力指数有所下降，在全国和东北地区的排名后退，但仍位列省域三强，宜居要素表现依然优于全省大部分城市，这与白山市在社会环境和基础设施建设方面累积的优势相关。从分项指标来看，白山市的社会环境指数得分排名靠前，主要得益于白山市始终重视处理民生热点问题，深化推进公共服务领域改革，并且加快推进平安白山建设；在基础设施方面，白山市的“交通拥堵指数”得分列全国首位，“信息生活”得分列全省首位，表明白山持续推进的交通基础设施建设已经取得阶段性成果，智慧城市建设也在加快推进，对于提升白山市居民生活的便捷度和满意度均发挥了积极作用。与全省其他城市相比，白山市的居住环境指数有所退步，成为其宜居竞争要素的主要短板，对此，白山市仍需着力提高城乡居民收入水平，支持发展生活服务业，而这已经在 2018 年的政府工作中有所体现。可以预计，随着白山市进一步在社会环境和基础设施建设方面累积优势，同时更加重视提升城乡医疗和教育水平，着力改善宜居宜业宜游环境，白山市将有望补齐宜居竞争要素短板，助推宜居城市竞争力实现止降反升。

五　对策与建议

（一）提升实体经济能级，推动经济高质量发展

近年来，白山市始终坚持生态立市、产业强市、特色兴市，以供给侧结构性改革为主线，大力推进绿色转型发展，经济运行稳中有进，但从 2017

年综合经济竞争力的解释性指标表现来看，白山市有必要进一步加快推进实体经济发展，深化与经济发达地区进行贸易合作，持续优化有益于培育壮大经济新动能的制度环境。具体而言，一是继续以提质增效为核心，加快推进绿色转型升级，强化对煤、林、铁“老三样”的绿色化改造，支持矿产新材料、矿泉水、医药健康、旅游和现代服务业“新五样”向产业链中高端发展，加紧提升白山市新动能产业发展的层级和影响力。二是紧抓长吉图开发开放先导区及白通丹经济带的建设机遇，深化与省内外经济发达地区进行宽领域、多层次的经贸合作，同时重视推进边境经济合作区和互市贸易区建设，支持矿泉水、医药、人参等国际集散基地和外贸转型升级示范基地建设，务实推进白山市开放型经济发展。三是持续深化商事改革，更好地推进以白山市作为东北地区民营经济发展改革示范市的相关建设，营造有益于新模式、新业态发展的制度环境。

（二）聚力推动科技创新，构建良好创新生态

2017年以来，白山市持续深入实施创新驱动发展战略，不断激发社会多元主体的发展活力和创造力，但就提升知识城市竞争力而言，白山市仍需在完善科技创新体系方面做出更多努力。具体地讲，一是大力支持科技创新创业发展。应针对高新技术企业加大财政科技投入，探索实施重大科技专项事前资助、知识产权质押融资事中贴息、“创新券”事后补助等改革举措，完善创新要素资源向企业集聚的体制机制。二是推动产学研深度融合发展。应大力支持高新技术企业与高校、科研机构等开展行业共性关键技术研发，并为其进行技术交流搭建平台，为科技创新成果转化及推广营造良好环境。三是强化科技创新人才引育。定期组织企业赴省内外知名高校招才引智，并对企业引进的创新团队和领军人才给予资金补贴，同时还应重视对本地人才进行培育，加快形成与白山市经济社会发展诉求相契合的创新人才结构。

（三）抓好信息城市建设，营造开放便捷环境

2017年，白山市的信息竞争要素表现较上年有明显改善，信息城市竞

争力排名迎来大幅度提升，因此，如何保持当前阶段的竞争优势，并进一步提高城市的开放便捷程度，将成为白山市下一阶段信息城市建设的施政重点。白山市应以数字吉林建设为引领，一方面，加强信息基础设施建设，促进信息技术在就业、社保、教育、医疗卫生、生活服务等领域的应用，加快提升白山市居民的生活便利度；另一方面，应强化新技术、新应用对白山全域旅游的服务支持，增加优质旅游供给，提档升级旅游基础设施，塑造白山旅游新优势。此外，白山市还应进一步加快交通基础设施建设，完善内联外通、便捷高效的立体综合大交通体系，拓宽白山市的交通圈、旅游圈和经济圈，吸引更多经济主体投资白山市、建设白山市。

（四）深挖特色文化资源，发展城市文化经济

根据2017年的文化竞争要素表现，白山市想要加快提升文化城市竞争力，需要继续深挖特色文化资源，加快推动文化旅游发展，构筑具有白山特色的文化经济新优势。首先，顺应居民消费升级趋势，可考虑利用老旧厂房、闲置仓库等，打造集剧场、影院、艺术展览、实体书店等于一体的复合式文化空间，促进文化新业态集聚发展，形成具有符号意义的白山市文化地标。其次，应借助鸭绿江中朝国际旅游和松花江民族旅游风情带的建设机遇，以及与浙江省湖州市的对口合作机会，加紧开发白山市文化旅游项目和精品路线，创新惠民文化旅游模式，进一步提升白山市的城市辨识度和美誉度。再次，应深挖白山历史文化资源，加快完善博物馆、文化馆等公共文化服务场所建设，丰富对契丹文化、女真文化、高句丽文化及相关文物的展出形式，鼓励设计研发与之相关的文创精品，促进白山市的特色文化更好地融入大众生活。最后，创新城市营销策略，充分发挥旅游节、冰雪节、大型赛事等文体活动的推介作用，扩大在微博、微信、抖音等社交媒体的宣传力度，进一步增强人们对白山市文化活动的认同和向往。

（五）持续优化居住环境，推进城乡宜居建设

近年来，白山市的宜居竞争要素表现有明显改善，尤以社会环境和基础

设施建设最为突出，促进白山市的综合承载能力不断增强。在下一阶段的宜居城市建设中，白山市可考虑将重点放在优化城乡居住环境方面，首先，多措并举提升城乡居民收入水平，拓宽居民增收渠道，缩小城乡收入差距，增强城乡居民的幸福感和满足感。其次，进一步优化城乡生态环境。一方面，重视增加城市中心区绿地，规划建设城市生态大道、园林大道、林荫大道及景观大道，加快环城生态绿色屏障建设；另一方面，深入推进实施农村人居环境改善行动计划，重视保护乡村景致，使白山市的城乡生态面貌获得新改观。最后，大力推动生活服务业发展，着力满足城乡居民在商业零售、文化消费、医疗保健、养老服务等方面的安居需求，促进相关产品和服务品质提档升级，进一步提升城乡居民生活的便利化水平。

参考文献

崔岳春、张磊主编《吉林省城市竞争力报告（2017～2018）》，社会科学文献出版社，2017。

倪鹏飞主编《中国城市竞争力报告 No. 16》，中国社会科学出版社，2018。

《白山市 2017 年国民经济和社会发展统计公报》，白山市人民政府门户网站，http：//tjj. cbs. gov. cn/wzsy/tjgb/201803/t20180328_ 283653. html。

白山市 2018 年政府工作报告，白山市人民政府门户网站，http：//www. cbs. gov. cn/zw/jcxxgk/gzbg/201801/t20180109_ 259467. html。

2018 年上半年全市经济运行情况，白山市人民政府门户网站，http：//www. cbs. gov. cn/sj/zxfb/201808/t20180808_ 347780. html。

2018 年 3 季度全市各县（市）区主要经济指标完成情况，白山市统计局网站，http：//tjj. cbs. gov. cn/wzsy/sjcx/jdsj/201810/t20181030_ 370199. html。

县级市竞争力报告

Competitiveness of County-level City Reports

B.14 吉林省城市竞争力（梅河口市）报告

于 凡*

摘 要： 近年来，梅河口市坚持发展第一要务，以改革和创新探索县域突破新路径，城市发展活力不断释放。梅河口市综合经济竞争力在吉林省20个县级市中排名第1，继续领跑全省。其中，综合效率竞争力排名第2；综合增量竞争力排名第3。梅河口市可持续竞争力在现行指标体系排名第4。其中，知识城市竞争力表现强劲，跃升榜首；全域城市竞争力排名由领先降至中游，落差较大；文化城市与和谐城市竞争力仍然有待提高。中等城市建设任务仍较艰巨，未来应继续发挥现有优势，加快产业转型升级、推进统筹发展、加大公共服务投入、着力破解民生难题。

* 于凡，博士，吉林省社会科学院农村发展研究所助理研究员，研究方向：农业经济理论与政策。

关键词： 综合竞争力　可持续竞争力　产业转型升级　梅河口市

梅河口市位于吉林省东南部、通化市北部、长白山西麓、辉发河上游，地处松辽平原与长白山区的过渡地带，是吉林省中部和东部核心区的节点城市、东南部区域中心城市。梅河口市距省会长春271公里，距通化市区120公里，位于沈吉、长通两线的交汇点，是吉林省东南部交通要冲和东北地区重要的交通枢纽之一，是吉林省东南部重要的商贸物流中心，煤炭生产集聚地。截至2016年，梅河口市总面积2179平方公里（见表1），辖1个省级经济开发区、19个乡镇、5个街道办事处。总人口60.09万人，是东北地区为数不多的人口流入城市。

表1　2016年梅河口市基本情况

项目	市域数据
辖区面积(平方公里)	2179
总人口(万人)	60.09
GDP及增长率(亿元,%)	330.51,1.56
三次产业比重	7.27:43.36:49.37

资料来源：《吉林统计年鉴（2016）》。

近年来，梅河口市始终把建设实力、活力、法治、幸福梅河口作为建成中等城市的深刻内涵，坚持发展第一要务，以改革为动力，用创新的理念、开放的态度、战略的思维，探索县域突破新路径。

2013年9月，梅河口市被省委、省政府确定为扩权强县改革试点，先后获得全国双拥模范城“五连冠”、全国平安建设先进市、全国十佳“美丽中国·最美城镇”等荣誉称号，被国家旅游局确定为“首批国家全域旅游示范区”。2017年，在成功创建国家级卫生城的基础上，梅河口市以东北县域第1名、全国第22名的成绩，获得全国文明城市称号，一年内成功创建两个国家级城市。经济综合发展水平2013年、2014年、2015年、2016年连续4年保持全省县市第1位。2018年10月，梅河口市入选“综合实力百强县”“全国投资潜力百强县市”“全国新型城镇化质量百强县市”。

2016 年，梅河口市综合经济竞争力指数在吉林省 20 个县级市中仍然排名第 1，延续上年强劲之势；可持续竞争力在现行指标体系中亦与前一年度排名一致，位居第 4，列于敦化、集安和延吉之后。

一　格局与优势

（一）总体概况

2017 年，梅河口市践行新发展理念，扎实推进“三三四四五五”战略布局，全力做好稳增长、促改革、调结构、惠民生等各项工作，经济和社会各项事业实现新发展。

1. 农村经济社会面貌全面发展

积极构建现代农业产业体系，培育发展中草药材、棚膜经济、畜牧养殖、休闲观光农业、食用菌栽培、绿优米种植、果仁加工七大产业基地，形成龙头企业带动乡村产业发展的新格局，农业产值达到 61.8 亿元，农民人均收入达到 14680 元。投资 5.2 亿元新建高标准农田 35 万亩，机械化作业水平达到 83%。实施了投资 8.8 亿元的康美梅河大米、投资 4 亿元的康美平地参、投资 2 亿元的康美有机肥、投资 10 亿元的建设集团现代农业示范区、投资 4.5 亿元的中城银信“三产融合”示范基地等农业产业项目。加大乡镇财源建设力度，在全省率先实行乡镇财政收入地方留用部分全额返还政策，市财政每年拿出 7 亿元，在保障乡镇人员工资和工作经费的基础上，将地方留用部分全额返还乡镇。实施“飞地项目”政策，对乡镇引进并落户开发区的项目，将税收全部返还给乡镇。乡镇财政收入首次突破 2 亿元，增幅达到 20%。突出抓好农村人居环境整治，制订出台农村人居环境整治三年行动方案，全市所有乡镇、村屯整体启动，打造标兵村 28 个、先进村 221 个。在全市各村屯建设永久性垃圾收集点 2000 个，完成 6 万户柴草垛整体搬迁、集中堆放，高标准改造农村厕所 6000 户。投资 3.22 亿元新建改建农村公路

313 公里。投资 3 亿元启动建设梅河口市至辉南县直通路。深化“美丽庭院、干净人家”评选活动，市财政投入资金 2000 万元，评选星级户 4.7 万户。

2. 产业转型升级成效显著

积极培育新产业、新业态、新模式，推动三次产业协调发展，工业加快转型升级，2017 年预计规模以上工业实现增加值 150 亿元，增长 6.5%；重点新产品规模化生产品种 48 个，完成新产品产值 50 亿元，增长 7%；完成煤炭去产能 170 万吨；医药健康、食品加工两个主导产业拉动作用进一步增强，占规模以上工业总量的 70%；成功举办全国医药创新高峰论坛、中国坚果炒货专业委员会年度理事会两个全国性经贸交流活动，被授予国家级出口果仁质量安全示范区、中国松籽产业贸易和加工示范区两个国家级称号，医药健康和食品加工产业对外影响力显著增强。服务业发展提档升级，规模以上服务业企业发展到 83 户，比上年新增 44 户，服务业增加值占地区生产总值比重比上年提高 0.6 个百分点，首次突破 50%。民营经济蓬勃发展，民营企业发展到 2955 户，增长 8.6%；个体工商户发展到 4.4 万户，增长 6.5%。

3. 社会事业持续协调发展

加大教育基础设施投入，投资 5450 万元新建教学楼 7 栋、运动场 8 个，维修改造校舍 30 所；引进优质教育资源，与东北师范大学和北华大学分别在基础教育和高等教育领域开展战略合作。推进医疗卫生基础设施项目，康美医疗健康中心 4 个板块主体工程全部完工，中医院异地新建和重大疾病防治设施建设项目即将竣工；深化医药卫生体制改革，公立医院全部实现药品网上订购和零差价销售；加强新农合保障体系和慢性病综合防控体系建设，被国家卫计委确定为新农合支付方式改革新增联系点和第四批国家慢性病综合防控示范区。体育中心四季运动场馆设立市民免费开放时段，开展中小学生体育课进场馆活动；文化中心图书馆、博物馆、文化馆、科技馆、城市规划展览馆面向市民开放；开展各类群众文化活动 270 余场次、送戏下乡演出 65 场次、放映农村公益电影 4600 场；成功承办“李宁·红双喜杯”2017 年中国乒乓球协会会员联赛第八站比赛、全国锦标赛（U15 组）暨全国少年乒乓球锦标赛、第二届吉林省残疾人运动会等全民健身赛事活动 15 项。

强化治安防控体系建设，刑事案件发案率下降14.6%，破案率上升60%，社会治安群众满意度达到98%。

4. 民生保障水平继续提升

2017年初确定的10件民生实事全部得到有效落实。扎实推进脱贫攻坚，积极实施“五个一批”精准帮扶措施，通过发展生产带动1087户2065人实现增收；为2649名低保贫困人口落实“两线合一”政策；医疗救助受益贫困人口1957户3720人；教育救助395名贫困家庭学生；为77户贫困户解决住房安全问题；包保帮扶慰问款物68.7万元。全年共实现1016人脱贫和7个贫困村摘帽。社会救助体系不断完善。城乡最低生活保障标准分别达到每人每月550元和每人每年3860元，保障标准居全省前列；特殊疾病全额救助受益人群不断扩大，共救助患者3500人次，发放医疗救助金518万元。深化养老服务业发展，推进国家级养老服务业综合改革试点，投资1400万元完成14所公办养老机构“双提升”维修改造工程。

（二）现状格局

1. 综合竞争力继续领跑全省

2016年，梅河口市综合竞争力指数值在吉林省20个县级市中排名第1（见表2）。从综合经济竞争力的分项指标看，综合效率竞争力在全省20个县级市中排名第2，位列延吉市之后，与上年水平相当。综合增量竞争力指数表现出较大幅度的提升，由上年度0.799升至0.924，排名赶超榆树市由第4位升至第3位，列于德惠市和公主岭市之后。总体上，梅河口市2016年综合经济竞争力领跑全省县域，其中，综合增量竞争力优势显现，指数值与1、2名差距明显缩小。

表2　2015～2016年梅河口市在吉林省县级市中综合竞争力情况

年份	综合经济竞争力		综合增量竞争力		综合效率竞争力	
	指数	排名	指数	排名	指数	排名
2015	1.000	1	0.799	4	0.833	2
2016	1.000	1	0.924	3	0.814	2

资料来源：中国社会科学院城市与竞争力指数数据库、吉林省社会科学院城乡发展指数数据库。

2. 知识城市竞争力跃升榜首

2016 年梅河口市可持续竞争力在全省 20 个县级市排名第 4，与上年保持一致水平（见表 3）。从构成可持续竞争力的各项指标看，将分项目指标在 20 个县级市分别排名，依次为知识城市排名第 1、生态城市排名第 5、信息城市排名第 6、文化城市排名第 8、全域城市排名第 9、和谐城市排名第 10。可见梅河口市可持续竞争力整体上较为领先的名次主要由知识城市竞争力所贡献。

从知识城市竞争力的内部构成看，由于梅河口市在高等教育方面并不具有先天优势，与较为突出的延吉市相比差距甚远，因此教育指标表现平平，自然无力为知识城市竞争力贡献额外力量。而 2016 年知识城市竞争力能够赶超延吉和敦化两市，由上年的排名第 3 跃升第 1，主要依靠其财政科技支出和专业技术人员指标的突出表现。2016 年梅河口市科技经费支出 20200 万元，较上年增长 82. 67%；科技经费支出占其财政收入的 6. 62%，而同期这一比例敦化市为 5. 30%，延吉市仅为 3. 05%。2016 年梅河口市专业技术人员总数为 43464 人，绝对人数上较第 2 的德惠市多 6012 人；专业技术人员占当年平均人口比重为每万人 717 人，相对数多出第 2 的敦化市 71 人。

表 3　2015 ~ 2016 年梅河口市在吉林省县级市中可持续竞争力排名及分项指标等级

年份	可持续竞争力		知识城市竞争力等级	和谐城市竞争力等级	生态城市竞争力等级	文化城市竞争力等级	全域城市竞争力等级	信息城市竞争力等级
	指数	排名						
2015	3. 832	4	★★★★★	★★★	★★★★★	★★★	★★★★	★★★★
2016	3. 584	4	★★★★★	★★★	★★★★	★★★	★★★	★★★★

资料来源：中国社会科学院城市与竞争力指数数据库、吉林省社会科学院城乡发展指数数据库。

3. 和谐城市竞争力有所提升

2016 年，梅河口市强化社会保障体系建设，加大城乡弱势群体救助力度，提高城乡居民参保率，围绕加快区域医疗建设加大基础设施投入力度，着力构建集医疗、卫生、养老于一体的大健康服务体系，引进社会资本助力医疗卫生事业发展。2016 年梅河口市和谐城市竞争力在全省排名由上年第 12 前进至第 10，主要得益于其社会保障程度的提升。数量指标上，基本养老、医疗保险参保人数分别达到 14.01 万人、33.55 万人，较上年分别增长了 39.24%、16.81%。2016 年医疗卫生支出 4.96 亿元，较上年增长了 22.31%。

二　问题与不足

（一）单位 GDP 资源消耗量与工业排放量仍然偏高

2016 年梅河口市生态城市竞争力标准化值在指标体系中未升反降，由 2015 年的 0.832 降至 0.624，降幅较大，在全省 20 个县级市排名由上年第 3 降至第 5，相应的评星等级也由 5 星降至 4 星（见表 3）。从生态城市内部各项看，梅河口市单位 GDP 资源消耗量与工业排放量仍然偏高。2016 年，梅河口市 GDP 为 330.51 亿元，供水总量 1554 万立方米，用电总量 57461 万千瓦时，工业二氧化硫排放量 3399 吨。从单位消耗水平看，单位 GDP 耗水量为 4.70 立方米/万元，与该分项指标排名第 1 的榆树市 2.90 立方米/万元水平相比，高于其 62.07%；单位 GDP 耗电量 173.86 千瓦时/万元，与该分项指标排名第 1 的公主岭市 79.64 千瓦时/万元水平相比，高于其 118.31%；单位 GDP 工业二氧化硫排放量 10.28 吨/亿元，与该分项指标排名第 1 的蛟河市 3.03 吨/亿元水平相比，高于其 239.27%。因此，在资源节约与环境质量指标评价中，梅河口市单位 GDP 耗水标准化值为 0.56，单位 GDP 耗电标准化值仅为 0.38，单位 GDP 二氧化硫排放量标准化值亦仅为 0.42。较低的标准化评价值直观地反映出社会生产耗能较大，环境成本较高，生产效率较低。

（二）全域城市竞争力整体落差较大

梅河口市 2016 年全域城市竞争力水平滑落明显，评星等级由 4 星降至三星（见表3），各项指标综合标准化值由上年的0.640降至0.471，在全省排名也由2015年的第3降至第9，落差较大，自上游水平降至中等程度。从分项指标看，一是城乡人均收入比，2016年梅河口市城镇居民可支配收入2.65万元，农村居民人均纯收入12710万元，城乡人均收入比经计算后加权得分0.259分，在全省20个县级市处于中等偏下水平。二是对应地级市与县级市的每万人拥有医生数比，2016年梅河口市平均人口60.31万人，医生数4019人，地级市与县级市的每万人拥有医生数比经计算后加权得分0.142分，在全省20个县级市中依然处于中等偏下水平。三是地级市与县级市的每千人互联网用户数比，2016年梅河口市国际互联网用户数9.29万户，地级市32万户，地级市与县级市的每千人互联网用户数比经计算后加权得分0.243分，仍然处于全省20个县级市的中等偏下水平。四是城市化与工业化适应性，2016年梅河口市第二产业比重43.36%，第三产业比重49.37%，非农业人口27.16万人，城市化与工业化适应性标准化值为0.412，在全省处于中等水平。以上各分项指标偏低的加权分数和标准化值，自然无法支撑全域城市竞争力水平的提升和保持。

（三）文化城市与和谐城市竞争力仍需提高

梅河口市2016年文化城市竞争力综合得分标准化值为0.365，与上年水平相当，在全省20个县级市排名亦与2015年一致均为第8，评星等级为三星（见表3）。其中，非物质文化指数标准化值0.273，在全省20个县级市处中游水平；以体育场馆、剧场、影院数计算的文化产业标准化值为0.632，在全省也属中等水平。以上两项并不突出的指数加上受先天条件所限的历史文化指数的空白，导致梅河口市文化城市竞争力在中游水平徘徊不前。

梅河口市2016年和谐城市竞争力综合得分标准化值为0.459，评星等级为三星（见表3），在全省20个县级市排名第10。虽然名次较上年第12有所前移，但整体仍有较大提升空间，主要体现于社会保障方面。2016年梅河口市人均社会保障和就业财政支出0.173万元，人均医疗卫生财政支出0.082万元，两项合计人均支出0.255万元，经计算标准化值为0.421，在全省20个县级市排名第12。而该项支出最多的是和龙市人均0.507万元，梅河口市仅占其50.30%。2016年梅河口市基本养老、医疗、失业保险参保率分别为23.23%、55.62%和3.31%，社会保障程度仍然偏低，计算后标准化值为0.513，在全省20个县级市排名第12。社会保障程度和人均社会保障、就业和医疗卫生财政支出水平偏低，制约了梅河口市和谐城市竞争力水平的真正提升。

三　现象与规律

（一）社会经济发展稳中向好

近年来，梅河口市牢牢把握经济中高速增长、保持县域经济发展排头兵位置的工作主线，财政收入、工业经济、固定资产投资等主要经济指标始终保持全省县市前列，在2013～2016年县域综合考评中，经济综合发展水平持续保持全省第1位。“十三五”以来，地区生产总值年均增长7%以上，财政收入年均增长11%。2017年地区生产总值360亿元，同比增长6.1%。在全省财政收入普遍出现调整性回落的情况下，地方级财政收入完成21亿元，总量仍居全省县市前列。完成固定资产投资350亿元，增长7%，总量居全省县市首位。实现社会消费品零售总额177亿元，增长8.5%。城镇常住居民人均可支配收入增长8%，农村常住居民人均可支配收入增长8.5%。2018年1～8月，地区生产总值实际增长5%，达到163亿元；全口径财政收入实际增长13.5%，达到26.5亿元。

（二）中等城市发展赋予科学内涵

梅河口市围绕建成中等城市目标任务，从发展战略和宏观布局进行深入研究谋划，对中等城市的发展赋予了科学内涵，完善并形成了“三三四四五五”战略布局，与中央“五大发展”理念和省委“三个五”发展战略一脉相承，成为梅河口市建设中等城市的行动举措，有力推动了经济社会和各项事业跨越式发展。完善形成了南部新城“四大板块”规划布局，在南部新城规划建设政治、经济、文化、生态“四大板块”，成为梅河口市经济社会发展的新动力、城市拓展的新空间、生态建设的新景区，中等城市框架初步形成。完善形成了“两城三区”城市格局，规划建设工业新城、南山生态城，以及现代服务业示范区、康美健康产业园区、教育产业园区，着力打造功能完善、现代一流、山水秀美的北方名城。中等城市发展的科学内涵不断完善、提升梅河口市的发展思路和战略举措。

四　趋势与展望

（一）“三个中心”攀升公共服务新层次

梅河口市坚持区域协调发展，以社会事业现代化为目标，区域医疗、文体、教育“三个中心”日渐形成。一是区域医疗中心建设全面开展。建成康美医疗健康中心，加快新华国际医院、精神康养中心等医疗机构建设，提升中医院医疗诊疗水平，引进高端医疗人才，积极推进智慧医疗，加快远程医疗网络、人口健康信息平台建设，深化医疗卫生体制改革，推行医联体建设模式，优化医疗资源配置。二是区域文体中心功能不断完善。发挥文化中心的示范引领功能，打造市民文化娱乐和休闲学习的好去处，发挥体育中心的辐射作用，引进专业团队运营管理各类场馆，启动万人体育场建设，提升承办国内、国际大型体育赛事的能力和水平，吸引周边区域群众开展文化体育活动。三是区域教育中心建设加快推进。积极引进社会资本，打造集基础教育、高等教育及教育服务为一体的教育产业园区，发挥传统教育优势，创新教育发展模式，不断深化与高校合作，提高教育教学现代化水平，打造基础教育品牌。

（二）“四大产业”打造现代化产业集群

梅河口市以构建现代化经济体系为引领，围绕“四大主导产业”发展，推进全产业链发展，具有梅河口特色的现代化产业集群逐渐成形。一是现代化医药健康产业。以吉林省打造医药健康产业走廊为契机，以四环制药、步长制药、吉药集团、恒金药业为龙头，做大做强医药工业，以紫鑫药业、康美药业、吉药集团为龙头，做大医药物流、医疗教育等产业，补齐医疗康养、医疗器械等产业发展短板。二是现代化食品加工产业。以阜康酒精为龙头，与泸州老窖、青岛啤酒、烟台啤酒等企业深度合作，带动白酒、啤酒产业发展壮大；启动阜康酒精年产 15 万吨乙醇汽油项目，进一步拓展玉米深加工产业发展空间；引进百草味、三只松鼠等龙头企业，加快弘越果仁、纳德国际果仁项目建设，打造梅河口果仁自主品牌；以康美集团为龙头，整合梅河大米资源，不断做大梅河大米品牌。三是现代化商贸物流产业。依托红星美凯龙等龙头企业及本地开发品牌企业，建设集高端商业地产、金融文化为一体的城市商业圈，以浙江传化物流为龙头，加快物流港等项目建设；加快推进居然之家项目建设，不断丰富商贸业态，依托开发区会展中心，大力发展会展经济。四是现代化服务产业。依托现代服务业示范区发展文化创意、电子商务等高端服务业，加快构建数字经济基础设施和创新平台，依托双创大厦打造双创示范基地，加快五奎山文化生态旅游区、康美健康小镇等重点项目建设，推进亮点景区、特色线路、智慧旅游建设。

（三）“五项工程”全面升级城市品质

梅河口市实施深化改革、创新发展、开放带动、区域协作、人才兴市“五大战略”，全力推进“五项工程”。一是产业提升工程。以构建现代化经济体系为引领，坚持把招商引资和项目建设贯穿“十三五”发展始终，围绕“四大产业”发展，发挥龙头企业引领作用，用数字化改造提升产业。二是社会事业现代化。以为梅河口市及区域百姓提供更高层次的公共服务为目标，区域协调发展，全力打造省级一流、全国领先的区域医疗、文体、教育“三个中心”。三是名城创建工程。通过“十三五”以来的大规模投入和建设，梅河口市的城市规划、建设和管理已经走在全省前列，进入全国先进行列，城市影响力和辐射带动作用不断增强，启动全国园林城市、全国生态文明建设先进市创建工作，提升城市现代化水平，梅河口市日益成为功能完善、生态宜居的现代化城市。四是农业攻坚工程。落实乡村振兴战略“产业兴旺、生态宜居、乡风文明、治理有效、生活富裕”总要求，全力整治农村人居环境，着力建设现代农业产业体系，加大乡镇财源建设，加快现代农业示范区建设，推进农业新兴业态发展，农村“发展吸引人、产业富裕人、环境留住人”的目标正逐步实现。五是民生提标工程。鼓励重点人群创业就业，实现更高质量、更充分就业，推动基本养老、基本医疗保险精准扩面，实现法定人群全覆盖；稳步提高最低生活保障标准，适度扩大低保对象覆盖面；加大城市棚户区改造力度，2020 年全部消除城市棚户区；推动均衡教育，推动均衡医疗，实现更加公平、高质的教育和医疗服务；加快构建以居家养老为基础、社区为依托、医疗机构为补充、医养结合发展的康养服务体系，民生底线提标和惠民提档工程有序推进。

五　政策与建议

（一）以转型升级提升经济发展质量

坚持把发展作为第一要务，全力稳定经济运行，围绕推进供给侧结构性改革，有效提升发展质量，保持经济中高速增长。一是大力实施创新驱动。加大企业技术创新引导和扶持，积极培育高新技术企业、创新型科技企业，建立公共科技服务平台；充分发挥工业新城企业孵化器作用，支持科技型、成长型中小微企业发展；抓好产学研合作，积极促成高校、科研院所与企业开展合作，促进科技成果加快转移、转化并形成现实生产力。二是壮大主导产业规模。补齐医疗器械、医药包材、保健品等产业短板，加大研发投入和新品种的引进力度；做大做全酒业板块，加快果仁示范园区建设，建设农产品贸易中心；加快推进物流园区项目落地，抓好现有商贸业态的提档升级；建立起现代服务业产业培养、政策扶持制度，推进项目的落地，补齐电子商务短板。三是提升企业发展质量。加大服务保障力度，围绕企业扩大产能、拓展市场、技术改造等方面落实帮扶措施，推动现有企业实现转型升级；制定出台优秀专业人才引进扶持政策，为企业加快发展提供智力支撑；发挥助保金池、产业发展基金等平台载体作用，积极帮助企业拓宽融资渠道、降低融资成本。

（二）以统筹发展推动建设全域城市

实施乡村振兴战略，加快推进农业农村现代化，促进城乡统筹发展。一是大力发展优质高效农业。加大农业产业发展扶持力度，发展高效特色产业，培育现代农业产业园；着力发展精品畜牧业，抓好农业区域公共品牌建设；大力发展农产品精深加工，一、二、三产业融合发展。二是夯实现代农业基础。加大投资建设高标准农田，加快实施辉发河城区段治理四期、小型农田水利、一统河灌区农业综合开发节水改造等水利工程建设，加快推进主要农作物全程机械化进程，加快推进农业大数据信息平台的数据采集、测试和上线运行。三是着力改善农村人居环境。建立健全城乡融合发展机制，集中力量实施镇区改造提升工程，参照城区标准加强镇区规范化管理；探索城乡环卫一体化模式，推行农村垃圾处理市、乡、村三级联动机制。四是稳步推进农村改革。启动农村集体产权制度改革，加快清产核资、产权界定、成员确认等基础性工作；稳步推进国有林场改革，妥善解决好职工安置、林场债务、职工社保等问题，发展壮大林下经济。五是精准施策全力保障脱贫。实行贫困人口精准识别动态管理，提升“造血”能力，破解产业扶贫项目融资难题，实现贫困人口产业扶贫；补齐保障短板，落实贫困人口重大疾病全额救助政策，解决贫困户住房安全问题；完善责任机制，建立防止脱贫返贫的长效工作机制。

（三）以公共服务补齐文化城市短板

围绕满足人民公共服务需求，继续加大文体事业投入，提升服务能力和水平，扩大区域影响力和带动力，大力发展文化体育事业，努力打造健康名城、文体名城。加快推进投资2.1亿元的万人体育场项目开工建设，抓好投资600万元实施全民健身广场维修改造项目。统筹推进城乡公共文化服务均衡发展，改造提升基层综合文化服务中心。加强全民健身公共服务体系建设，广泛开展群众性文化体育活动，积极创建“全国武术之乡”。充分发挥体育场馆的资源优势，积极承办国家级和省级体育赛事，提升对外影响力和知名度。

（四）以民生福祉营造和谐城市

着力破解民生难题、回应民生关切、满足民生需求，推动民生状况持续改善。一是加强就业服务，创造更多就业机会。开展多形式培训，切实抓好城镇新增就业和下岗失业人员实现再就业工作，引导农村劳动力合理有序流动，控制城镇登记失业率，保持零就业家庭动态清零。二是加强社会保障体系建设，提高社会保险待遇水平。做好养老保险扩面征缴和清欠工作，实现城镇居民基本养老、医疗、生育、失业、工伤和新农合参保全覆盖，新型农村养老保险试点范围实现全覆盖，提高城乡最低生活保障标准，养老金、失业金按时足额发放。三是加强社会管理，不断提升群众的安全感和满意度。完善社会治安综合治理运行机制，有效防范和打击各类违法犯罪行为，建设市、乡、村三级综治中心公共安全视频防控网络。加大信访积案和矛盾纠纷排查化解力度，从源头预防和减少社会矛盾。全面推进和落实安全生产领域改革，不断提升防灾、减灾、救灾能力，有效遏制各类安全生产事故发生。强化应急管理，健全完善各类应急预案，提高突发事件应急处置能力。

B.15

吉林省城市竞争力（集安市）报告

李冬艳*

摘　要： 集安历史悠久，文化底蕴厚重。集安作为通化市唯一的边境城市，东南隔鸭绿江与朝鲜一市三郡相望，边境线长203.5公里，是我国对朝三大铁路口岸之一。集安也是吉林省人参主产区之一，是全国边条参的唯一产区，其生态环境好，气候宜人，素有“吉林小江南、国家生态园”之美誉。本文通过深刻分析集安市目前的发展格局与优势、存在的问题与不足，总结发展现象与规律，对其发展趋势做出客观判断，并提出具有可操作性的政策与建议。

关键词： 集安　竞争力　民营经济

集安市位于吉林省东南部，面积3341平方公里，辖一个省级经济开发区、11个乡镇、4个街道，总人口23.6万人（见表1），是世界文化遗产地、中国历史文化名城、中国优秀旅游城市、国家级生态示范区、国家园林城市、全国休闲农业与乡村旅游示范县、中国十大边疆重镇。

集安市自身具有四大优势，这四大优势赋予集安极大的城市竞争力。第一，集安市是世遗古都。集安历史悠久，文化底蕴厚重，汉唐时期的高句丽民族政权曾在集安繁衍生息并建都长达425年，留下大量文物古迹，迄今为

* 李冬艳，女，吉林蛟河人，吉林省社会科学院农村发展研究所副研究员，研究方向：区域经济与农村发展。

表 1　2016 年集安市基本情况

项目	市域数据
辖区面积(平方公里)	3341
总人口(万人)	23.6
GDP 及增长率(亿元,%)	110,7.9
三次产业比重	9.0∶40.9∶50.1

资料来源：《吉林统计年鉴（2017）》。

止，集安境内共发现古遗址、古墓葬1万多处。2004年7月1日，高句丽王城、王陵及贵族墓葬被列入世界文化遗产名录，集安成为全国第30处世界文化遗产地。第二，集安市是国参故里。集安是吉林省人参主产区之一，是全国边条参的唯一产区，“新开河”品牌是我国人参行业唯一的中国驰名商标。目前，全市林下参发展到15万亩，园参留存面积2.62万亩，鲜参年产量4000吨，占吉林省1/6，占全国1/8，是世界最优质人参产区、最大的林下参基地。第三，集安市具有边境风情。集安是通化市唯一的边境城市，东南隔鸭绿江与朝鲜一市三郡相望，边境线长203.5公里，是我国对朝三大铁路口岸之一。第四，集安市是养生宝地。集安生态环境良好，气候条件在吉林省有“四最”，即平均降雨量最多，森林覆盖率（82.16%）最高，平均气温最宜人，生态环境最佳，素有“吉林小江南、国家生态园”之美誉。良好的生态环境孕育了品质优良的人参、山葡萄、五味子、蜂产品、食用菌、林蛙、水果等一系列驰名全国的特产资源。

一　格局与优势

（一）总体概况

1. 经济发展稳中有进

2016年，面对复杂多变的经济环境，集安市经济稳中求进，积极把握机遇、妥善应对挑战，以“三五四五”发展思路引领经济发展新常态，大力推进供给侧结构性改革，全市经济社会保持平稳健康发展，实现了“十三五”良好开局，呈现很多亮点。一是三项重要指标增速处于领先水平。2016

年，全市实现生产总值110亿元，按可比价格计算，同比增长7.9%，增速较上年提高0.7个百分点；规模以上工业增加值38.7亿元，同比增长9.2%；规模以上工业总产值91亿元，同比增长12.3%。以上三项指标增速均居通化四县（市）首位。二是产业结构更趋优化。三次产业占GDP比重由2015年的9.4∶41.7∶48.9调整为9.0∶40.9∶50.1，第一、第二产业比重分别下降0.4个和0.8个百分点，第三产业比重提高1.2个百分点，第三产业比重过半，三次产业结构更趋合理化。三是财政收入实现“正”增长。2016年，全市公共预算全口径财政收入实现95728万元，同比增长5.5%。其中，地方级财政收入实现73089万元，增长13.5%。两项财政收入均扭转了上年的负增长态势，实现了“正”增长。四是高新技术产业发展快于整体工业。2016年，全市规模以上高新技术产业实现增加值27.3亿元，同比增长13.1%，增速较整体规模以上工业快3.9个百分点，占整体规模以上工业比重由2015年的62.9%发展为70.5%，提高了7.6个百分点。高新技术产业的快速发展，填补了传统产业的下滑“空缺”，推动全市产业结构加速向中高端迈进。五是服务业引领经济快速发展。2016年，全市实现服务业增加值55.1亿元，按可比价格计算，同比增长9.2%，较GDP增速快1.3个百分点，对经济增长的贡献率为56.8%，占GDP比重达50.1%，服务业在各产业中贡献率最大、占比最高，服务业是全市经济增长的主引擎，引领经济快速发展。

2. 民生保障能力不断提高

2016年，城镇常住居民人均可支配收入五年平均增长7.6%；农村常住居民人均可支配收入五年平均增长10.3%。机关事业单位津贴补贴、基本工资比2011年分别翻了一番半和一番，位居通化各县（市）前列；行政事业单位职工住房公积金缴存比例由基本工资的5%调整到全额工资的15%，取暖费补助范围扩大到全市机关和全额拨款事业单位。就业政策有效落实，五年累计新增城镇就业3.4万人次、农村劳动力转移就业24.98万人次，城镇登记失业率控制在3.8%以内。社会保险覆盖面逐步扩大，新农合在乡人口实际参合率达到100%。社会救助体系不断完善，农村低保标准由年1613元提高到3500元，城市低保标准由月270元提高到410元。居住条件明显改善，五年累计投资24.8亿元，改造棚户区27.44万平方米、"暖房子"180万平方米、农村危旧房3.6万户，建设廉租住房1.57万平方米，发放住房租赁补贴2307万元。脱贫攻坚扎实推进，实施脱贫项目47个，2016年可实现1500名贫困人口脱贫、5个贫困村摘帽。农村饮水安全有效保障，五年累计投资1313万元，建设饮水工程100处，解决了2.1万人饮水安全问题。公共服务体系建设更加优化，五年累计投资3.3亿元，建设了市医院、中医院、第七中学、朝鲜族学校、老干部活动中心、全民健身活动中心等项目；职业教育中心成为全省唯一的省级旅游服务与管理示范性实习实训基地，中医院晋升为二级甲等中医医院；成功举办首届社区运动会、2016年全市田径运动会。

3. 民营经济发展初见成效

集安市积极推进"创生个、个变企、小升规、规改股、股上市""五转"工作。一是加强领导。成立"五转"工作领导小组，并抽调11名后备干部，组建"五转"工作领导小组办公室。二是落实任务。对规模以上工业企业中的边缘企业和拟入规企业进行跟踪指导，帮助破解难题，确保完成全年新增规模企业5户的目标。三是强化扶持。根据集安实际，研究制定5方面63条优惠政策，并设立民营经济引导资金5000万元、大健康产业发展引导资金5000万元、旅游产业发展引导资金2000万元，助力推进"五转"工作。四是深入宣传。组织"五转"政策进社区、进企业、进学校、进农村、进家庭等各类活动近千起，印发《"个变企"政策措施》等宣传册6000余份、宣传材料8万余份。截至目前，集安新增个体工商户数1123户，"个变企"240户，年内拟培育17户企业入规。

（二）现状格局

1. 可持续竞争力表现持续强劲

如表2所示，集安市可持续竞争力表现强劲走势，由2015年全省排序第3位上升为2016年第2位。集安市与排在第1位的梅河口市的主要差距是知识城市竞争力的差距。2016年集安市知识城市竞争力水平变化不明显，继续维持在4星级水平，全省排第5位，处于第2方队，而梅河口市全省排第5位，人口数量、专业技术人员数量、在校学生数量均处于全省领先地位。其中，由于集安市获得第三批历史文化名城，其文化城市竞争力5星级，在全省处于第1位；生态城市竞争力和信息城市竞争力位次与上一年持平，继续保持在全省领先水平，均是5星级，处于全省第1方队；和谐城市竞争力水平由于城市安全控制较好，星级档次由3星上升为4星；全域城市竞争力水平由于全市绿化覆盖率进一步提升，而由2星变为3星。

表2　2015～2016年集安市在吉林省县级市中可持续竞争力排名及分项指标等级

年份	可持续竞争力		知识城市竞争力	和谐城市竞争力	生态城市竞争力	文化城市竞争力	全域城市竞争力	信息城市竞争力
	指数	排名	等级	等级	等级	等级	等级	等级
2015	0.95	3	★★★★	★★★	★★★★★	★★★★★	★★	★★★★★
2016	0.97	2	★★★★	★★★★	★★★★★	★★★★★	★★★	★★★★★

资料来源：中国社会科学院城市与竞争力指数数据库、吉林省社会科学院城乡发展指数数据库。

2. 综合经济竞争力水平进一步提升

从表3可见，集安市2016年综合经济竞争力水平指数及排位明显提高。排位由2015年第15位提高到第12位，进步显著。其中综合增量竞争力进步显著，排位由第16位晋升到第11位。集安市经济总量连续4年保持正增长，2016年经济综合增量实现64617万元，绝对值全省排第11位；经济综合效率为317万元/平方公里，全省排第13位。连续的经济指标向好，推动集安市综合经济竞争力水平不断提升。与此同时，综合效率竞争力水平保持稳定，指数本身和排位均没有变化。

表3　2015～2016年集安市在吉林省县级市中综合竞争力情况

年份	综合经济竞争力		综合增量竞争力		综合效率竞争力	
	指数	排名	指数	排名	指数	排名
2015	0.19	15	0.18	16	0.12	13
2016	0.32	12	0.56	11	0.12	13

资料来源：中国社会科学院城市与竞争力指数数据库、吉林省社会科学院城乡发展指数数据库。

二 问题与不足

（一）经济总量仍然偏小

尽管集安市经济综合增量不断扩大，2016 年，全市实现生产总值 110 亿元，按可比价格计算，同比增长 7.9%，但是 GDP 增量绝对值排在全省第 11 位，处于下游水平。与此同时，GDP 与工业二氧化硫排放比为 1654.1 万元/吨，排名第 6，属中上游水平，全年出口额（海关数）2340 万美元，排名全省第 12 位，处于下游水平，表明工业取得一定的发展，但是效率仍然不高。反映在全市的实际情况是产业规模不大、支柱企业不多、招商质量不高等问题。

（二）社会保障水平需要进一步提高

集安市社会保障水平与社会发展要求还有差距。由基本养老保险参保人数、基本医疗保险参保人数、失业保险参保人数等组成的全市社会保障程度指数为 0.60，位居全省 20 个县级市第 7 位，处于中上游水平，有很大的发展空间，也是今后全市社会发展的主要方向。

（三）财政收支矛盾突出

2016 年，全市公共预算全口径财政收入实现 95728 万元，同比增长 5.5%。其中，地方级财政收入实现 73089 万元，增长 13.5%。两项财政收入均扭转了上年的负增长态势，实现了“正”增长。但是由于经济总量较小，财政收入总量较少，这样的财政收入，仍然不能满足保障和改善民生刚性需求的日益加大，一些关乎人民群众切身利益的问题亟待解决。

（四）全域城市竞争力较低

集安市公路里程（公里）1366 公里，位居全省 20 个县级市第 16 位，全域平均公路里程（公路里程/行政区面积）为 0.41，位居全省 20 个县级市第 14 位。公路尤其是高速公路的匮乏是制约集安市经济发展的重要原因。

三　现象与规律

（一）外部环境严峻，经济发展进入换档期

一是中美贸易摩擦给中国经济发展带来深刻的影响。集安市也将在这个大背景下，调整经济发展方式。实际上，十八大以来，尤其是环保督查倒逼地方政府改变传统的发展方式。今后的经济发展都要以绿色发展为统领，按照习近平总书记的要求，改变经济发展方式，让“绿水青山变成金山银山”。二是在供给侧改革背景下，地方经济发展必须努力提升商品质量，不断满足人民群众对美好生活的需求，这已经成为集安市经济社会发展的追求。三是精准扶贫攻坚是实现小康社会之前全社会工作的重中之重。集安市也将精准扶贫纳入乡村振兴总体规划，精准扶贫已经成为当下乡村振兴最迫切的手段和措施。

（二）城乡发展不平衡、不充分，乡村振兴任务艰巨

集安市与全省其他县市一样，尽管伴随着新农村建设、乡村振兴战略实施、城乡一体化发展等措施，“十三五”期间乡村快速发展，乡村面貌进一步改善，农村公共设施建设全面提升，城乡居民收入增速，收入差距开始减少。但是城乡经济发展、社会保障、生存环境、公共设施建设等方面的差距仍然存在，有些方面如教育、卫生、社区建设等发展不平衡、不充分的事实仍然存在，并且有扩大趋势。乡村的产业振兴、社会治理更是困难重重、矛盾丛生，乡村振兴任重道远。

（三）强化民营经济发展，走内生发展道路

民营经济的短板已经成为吉林省老工业基地发展缓慢的重要原因。集安市通过各种措施，走内生发展道路，强化民营经济发展。一是制订现代企业制度计划，引导民营企业加强基础管理，强化营销和风险管控，完善法人治理结构，推进管理创新，提高经营管理水平。二是实施民营企业自主创新计

划，市财政每年列支2000万元，重点支持人参种植、人参加工、新材料研制、通用机械等方面的技术创新，鼓励和引导企业坚持把自主创新作为发展的核心推动力，支持大型骨干企业不断加大研发投入。三是实施“个升企”计划，引导个体工商户转型为个人独资企业、合伙企业、有限责任公司等组织形式，在符合《企业名称登记管理办法》相关规定的前提下，允许转型后保留原字号和行业特点。四是实施“企升规”计划，实施大企业大集团培育工程、深化中小企业成长工程、推进小微企业扶持工程。五是实施企业并购重组计划。依托黄金、石墨、人参、旅游等优势资源，支持和引导企业并购重组，实现以企业为主体的兼并、联合及存量资产的合理配置，突出大公司和企业集团的主业优势，推动资产重组。六是实施企业直接融资计划，2016年以来，集安市政府积极协调金融机构，优先为民营企业提供贷款支持，建立银企对接机制，共计贷款16.2亿元；同时，加强企业对利用新三板、区域股权市场等融资辅导，引导企业提升融资能力。

四 趋势与展望

（一）要素市场环境不断改善，民营经济快速发展

集安市通过改善要素市场环境，促进民营经济健康发展。一是实施创业兴业工程。按照“劳动者自主择业、市场调节就业、政府促进就业和鼓励创业”方针，以稳增长促就业、鼓励创业就业带动经济增长。二是实施创业平台建设工程。通过政府出资和企业出资等方式，充分利用清河镇林下参交易市场基础设施和资源优势，通过政府出资和企业出资等方式，在清河镇建设了《集安市林下参创业孵化基地》，截至目前基地孵化企业5户，带动了人参企业100余户，个体人参商户700余户，常驻商家1000余人，2016年实现销售收入3550万元。三是实施民营企业开拓市场工程。鼓励民营企业“走出去”，开展境外投资、参与国际经济合作、申报国外知识产权、建立国外营销网络和研发机构。引导企业连锁经营、整体营销，支持企业名优

产品进入超市和大型市场设立产品专柜。鼓励支持民营企业举办、参加全国性、区域性专业展销会、博览会。四是实施企业集群发展工程。2015 年集安市相继建立了人参产业集群和葡萄产业集群，在国家、省推动“互联网 + 产业集群”建设行动下，市政府充分利用南京绿金在线在集安注册的吉林绿金中药材经销有限公司的有利条件，积极引导企业加入绿金在线，扩大销售渠道。同时引导企业加强与国内知名电商平台合作，利用第三方电子商务平台开展在线交易，帮助企业利用电子商务改造传统商业模式、开拓市场新空间。五是实施企业绿色发展工程。坚持生态、环保、节能优先，坚持和运用绿色发展理念和技术路径，整合优势资源和要素，大力培育发展医药健康产业、健康食品与保健用品产业，推进循环化改造，全面实施清洁生产、经济效益和生态效益最优化。

（二）人参产业发展得到国家认可，带动县域经济跃上新台阶

人参产业是集安市经济发展的主旋律。集安市现代农业产业园是全省唯一一个国家级人参现代农业产业园创建单位。2017 年，产业园总产值 89 亿元，人参产业产值 71.4 亿元，占产业园总产值的 80.2%。人参产业收入占产业园农民人均可支配收入的 80% 以上，占全市农民人均可支配收入的 60% 以上。一是强化顶层设计。通过聘请高水平咨询团队，高标准编制人参产业园发展规划，统筹规划生产、加工、物流、研发、示范、服务等功能板块，着力建设规模化人参种植大基地，培育人参加工大集群，打造人参产业大品牌。二是做强产业集群。建立“龙头企业 + 基地（合作社、村委会）+ 农户”联结机制，培育人参企业 126 户，其中国家级重点龙头企业（上市公司）2 家，省级重点龙头企业 5 家；人参专业合作社 90 个，种植大户 21 户，户均种植面积 279 亩。同时，创建省级农民工返乡创业基地 1 个，省级创业孵化基地 1 个，为农民和其他有创业愿望的人才提供线上、线下创业服务，现已扶持 905 户农民工创业，吸纳就业 2368 人，带动就业 7000 余人。此外，大力推广人参种植基地按照 GAP 技术规范、有机种植技术规范、“长白山人参”品牌原料基地规范建设，从源头保证人参质量安全，现已建成 GAP 基

地6000亩，有机人参基地8071亩，“长白山人参”基地1320亩，被评为国家级人参标准化生产示范市。二是延伸产业链条。注重人参文化传承发扬，与高句丽文化等旅游资源融合互动，开发人参文化旅游产品，提升产业效益。现已建成国内唯一的野山参博物馆，拥有2项人参相关非物质文化遗产，制作了《国参传奇》《参娃与天池怪兽》等动漫产品，打造了“清河野山参节”“人参美食大赛”等节庆活动，开辟了“人参之路”旅游线路，年接待游客150万人次。同时，鼓励企业开发人参食品、保健品、药品、化妆品等新产品，开展人参根、茎、叶、花、果综合利用，形成了4大系列600余个品种产品，其中人参新资源食品24种。

（三）持续深化改革开放，全省向南开放窗口建设速度加快

改革开放有序推进。集安市被国家列入《沿边重点地区名录》，被省委、省政府确定为全省加快开放发展试点市，要将集安打造成为我省南部对外开放的重要门户和窗口，并赋予了地级市经济社会管理权限。一是全力推进边境经济合作区建设。口岸区、路网等基础设施上半年已完工，公路口岸具备通关条件，开工建设国门景区，推进B型保税物流中心、进出口加工区等功能区建设。公路口岸获批为国家一类口岸；一期土地征收、回迁安置小区、鸭绿江堤防等工程已结束；国门项目即将投入使用，客检、货检、边检营房、路网等工程正在建设。二是加强开放通道建设。扎实推进开放通道建设，集安铁路口岸、老虎哨口岸、青石口岸完成升级改造，集通高速公路已全面开工并已完成工程总量的20%，中朝界河公路大桥引道引桥，集青公路正在建设，集桓高速公路列入国家高速公路网，集安支线机场列入国家发改委和民航总局“十三五”规划前期推进项目。三是加快开放平台建设。谋划实施了总投资100亿元的边境经济合作区项目。大力开展招商引资，先后引进了中国宝安集团、东北亚铁路集团、香港爱家金融集团等一批大型企业，累计引进资金五年平均增长14.6%。加快开发区发展步伐，开发区综合实力位列全省第7位，比2011年前移了13位。深化财政税收、医疗卫生和文化教育等各类改革，发展活力进一步增强。全力优化经济发展环境，新

建了政务大厅和村、社区标准化服务大厅，建立了并联审批制度，审批时限压缩50%以上，政府行政效能显著提升。四是高标准推进开发区清河新区建设。围绕打造城市副中心和岭北经济文化中心，完成新区总规、控详规等编制，重点实施参创大厦、污水处理厂、供水排水、路网等工程，完成新区公园一期建设；开工建设中国·东北（澳洋）道地中药材产业园和中国·清河（澳洋）野山参国际交易中心，仓储物流基地、GMP中药饮片加工、合泰生物科技人参精深加工等项目主体完工，野山参国际交易中心一期工程已投入使用。

五　政策与建议

（一）进一步优化政府服务职能

一是持续深化“放、管、服”改革，按照“最多跑一次”的理念和目标，建立重大项目审批“绿色通道”，实行审批事项代办等制度，让“不找关系不求人，马上就办、办就办好”成为集安优质服务特色品牌。二是深入推进商事制度改革，全面实施“多证合一”和“双随机一公开”，不断激发市场主体活力。三是深化城市管理执法体制改革，建立现代城市治理体系，构建“大城管”格局。四是拓宽市场准入。集安市作为“国家重点生态主题功能区”试点区，由市政府牵头列出产业负面清单，除负面清单外，按照“非禁即入、非禁即许”原则，凡是法律、法规没有明令禁止准入的行业和领域，均可向民营企业开放。对国家有限制性规定的条款，可在法律允许的条件下，根据实际情况，履行相关手续后允许其在一定期限内逐步达到规定要求。全面放宽企业名称登记限制，最大限度释放企业名称资源。

（二）坚决支持民营经济转型升级

一是建立现代企业制度计划。采取定向培育、专家辅导和咨询服务等方式，引导民营企业加强基础管理，强化营销和风险管控，完善法人治理结构，推进管理创新，提高经营管理水平。二是鼓励民营企业参与各类标准制订。支持企业强化质量、标准化和计量等基础管理，对牵头制定国际标准、国家标准、行业标准获批的企业，从产业发展专项引导资金中一次性奖励企业。三是实施民营企业自主创新计划。在市财政每年列支一定资金，重点支持人参种植、人参加工、新材料研制、通用机械等方面的技术创新，鼓励和引导企业坚持把自主创新作为发展的核心推动力，支持大型骨干企业不断加大研发投入。对经市财政部门组织认定并列入《政府采购自主创新产品目录》的本地产品，政府予以优先采购。对中小企业具有自主知识产权的高新技术、新产品或试制品，属于政府采购范围的，实行政府首购制度。四是实施企业开展对标计划。依托资源优势，围绕医药、人参、五味子、葡萄产业，鼓励企业实施扩能提升和重大技术改造项目，对企业采用高新技术和先进适用技术及购置国内外先进设备改造提升传统产业的技术改造项目或新建新兴产业项目给予优先申报国家、省产业发展资金支持，优先安排用地指标。五是实施“三品”创建计划。重点支持“专、精、特、新”中小企业、“质量标杆”企业、科技型中小企业，实施品牌培育示范工程。鼓励民营企业注册商标和争创“驰名商标”“著名商标”“知名商标”。六是实施企业直接融资计划。协调金融机构，优先为民营企业提供贷款支持，建立银企对接机制。同时，加强企业对利用“新三板”、区域股权市场等融资辅导，引导企业提升融资能力。

（三）积极改善要素市场环境

一是实施创业兴业工程。按照“劳动者自主择业、市场调节就业、政府促进就业和鼓励创业”方针，以稳增长促就业、鼓励创业就业带动经济增长。协调吉林银行对进入城镇创业和返乡创业、就地就近从事第二、三产业创业的农村劳动者提供一定额度无息贷款。对劳动者创办社会组织、众创空间、从事网络创业创新工厂符合条件的，给予相应创业、创新扶持政策。二是实施创业平台建设工程。通过政府出资和企业出资等方式，充分利用现有交易市场基础设施和资源优势，通过政府出资和企业出资等方式，孵化企业，带动企业及个体人参商户。三是实施企业集群发展工程。建立人参产业集群和葡萄产业集群，在国家、省推动“互联网+产业集群”建设行动下，利用各种平台扩大销售渠道。同时引导企业加强与国内知名电商平台合作，利用第三方电子商务平台开展在线交易，帮助企业利用电子商务改造传统商业模式、开拓市场新空间。四是实施企业降本减负工程。开展企业降成本专项行动，落实降低企业制度性交易成本、税费成本、财务成本、人工和物流成本、用电用地要素成本、管理成本等各项政策措施，切实减轻企业负担。

（四）强化财税金融支持政策

一是加大资金扶持力度。在市财政每年列支民营经济发展专项引导资金，重点用于支持民营企业技术创新、市场开拓、人才培训（引进）、融资促进、管理提升和奖励对地方经济发展做出重要贡献的民营企业。同时各相关部门积极争取国家、省技术创新、产业发展等资金扶持。二是加大研发投入力度。逐年增加财政对科技三项经费投入，重点支持人参种植、人参加工、新材料研制、通用机械等方面的技术创新，全力扶持集安市益盛药业、康美新开河等骨干企业发展，破解非林地栽参技术难题，开发出人参医药、人参食品保健品、人参化妆品三大领域产品。财政通过每年列支科技创新资金，对项目改造、科技研发、上市筹备等方面予以扶持。三是加大税收优惠政策落实力度。加强税收政策宣传，及时公开享受优惠政策的条件和程序。市政府对购置并实际使用符合规定的环保设备、节能节水、安全生产等专用设备企业，其投资额的10%可以从企业当年的应纳税额中抵免。当年不足抵免的，可以在以后5个纳税年度结转抵免。四是发挥“助保金”的作用。强化建设中小微企业“助保金”项目，协商建设银行、邮政储蓄银行、农村商业银行等金融机构，通过出台工作方案及实施意见，推进“助保金”项目全面实施。五是鼓励担保机构扩大担保业务。建立健全民营企业信用担保体系，简化贷款审批程序及手续，降低中小企业融资成本。同时，加大担保机构扶持力度，鼓励和引导担保机构降低对民营企业担保收费，支持中小企业信用担保机构按照国家规定，税前计提担保赔偿准备和未到期责任准备。对符合条件的担保机构从事中小企业信用担保或再担保业务取得的收入，自办理免税手续之日起3年内免征增值税。六是支持拓宽融资渠道。支持民营企业采用知识产权、仓单、商铺经营权、商业信用保单等动产进行质押融资。鼓励融资创新，支持发展融资租赁业务并给予一定资金扶持。支持民间资本参与发起设立和增资扩股村镇银行、小额贷款公司和典当、拍卖等融资服务机构。建立民营企业“红名单”制度。通过制订《工业企业守信激励和失信惩戒制度》及《守信激励和失信惩戒实施意见》，选取有潜力、有项目、有信誉的规模企业，向金融部门推荐，各金融部门要优先给予贷款支持。

（五）进一步健全人才支撑体系

一是鼓励科研人员在符合国家有关规定和方式下离岗创业。对于离岗创业的科研人员，经原单位同意，可在3年内保留人事关系，与其他在岗人员同等享有参加职称评聘、岗位等级晋升和社会保险等方面的权利。二是加强人才资源开发引进。出台《集安市人才管理办法》。依托集安市特色资源、服务产业发展的原则引进人才，紧紧围绕健康产业、重大项目、关键领域，重点引进人参、葡萄、五味子等特色产业、医药业、装备制造业、矿产业、文化产业及旅游业等方面的科技创新创业人才，并享受人才引进相关优惠政策。三是加大对民营企业各类人才的培训力度。深入开展“双万”培训活动，制订培训计划，培训创业者、小老板。同时实施企业家培养和“企业家接班人培养工程”，组织企业家、企业家子女到北京高等学府参加培训。积极鼓励企业、社会团体、社会培训机构对矿管、安全、消防、质监、食品卫生、检验检疫等特殊行业培训及骨干专业技术人员专项培训。利用党校、云端课堂等平台，有针对性地培养提升企业管理人才素质。组织创新交流，定期举办沙龙、座谈和论坛，培育“工匠精神”，推动企业人才素质提升。

参考文献

国家统计局吉林调研总队、吉林省统计局：《2016 吉林统计年鉴》，中国统计出版社。

国家统计局吉林调研总队、吉林省统计局：《2017 吉林统计年鉴》，中国统计出版社。

崔岳春、张磊主编《吉林省城市竞争力报告（2017）》，社会科学文献出版社，2018。

倪鹏飞主编《中国城市竞争力报告 No. 16》，中国社会科学出版社，2018。

《集安市政府工作报告（2017）》，集安市政府网站。

B.16

吉林省城市竞争力（延吉市）报告

丁　冬*

摘　要： 延吉市竞争力水平对延边地区经济社会的快速发展有重要作用。本文首先通过延吉市国民经济基本情况分析其格局与优势。其次，结合综合经济竞争力指标数据分析其现状与现存问题。例如，延吉市目前科教投入与社会医疗保障支出仍显不足，和谐城市与生态城市竞争力短板尚存在，进而总结延吉市社会经济发展中的现象与规律。再次，比较近几年延吉市信息城市、全域城市、知识城市与文化城市竞争实力等排名变化，探索其发展的趋势。最后，对延吉市未来发展提出对策建议，旨在提升其综合竞争力，在乡村振兴背景下为吉林省的可持续发展起到积极作用。

关键词： 延吉市　可持续发展　综合经济竞争力

延吉市位于吉林省东部、延边中部、长白山脉北麓。作为吉林省延边朝鲜族自治州的首府，延吉市东与图们市长安镇相邻，西接安图县，南与龙井市东盛涌乡接壤，北与敦化市、汪清县毗邻，距吉林省省会长春市 356 千米，是延边朝鲜族自治州的政治、经济和文化中心。截至 2017 年，延吉市辖区面积 1748 平方公里，总人口 55 万人（见表 1）。

---

* 丁冬，硕士，吉林省社会科学院农村发展研究所，助理研究员，研究方向："三农"问题和农村发展。

表1　2017年延吉市基本情况

项目	市域数据
辖区面积(平方公里)	1748
全市户籍人口(万人)	55
GDP及增长率(亿元,%)	336.42,4.5
三次产业比重	1.4:36.8:61.8

资料来源：《吉林统计年鉴（2017）》《2017年延吉市统计公报》。

作为吉林省延边朝鲜族自治州的首府，延吉市是全州政治、经济、文化与对外交往的中心，是吉林省东部的中心城市、中国优秀旅游城市、全国百强县之一。同时，延吉市处于东北亚经济圈的腹地，是联合国拟定的图们江域大“金三角”中方的一个支点。东直距中俄边境仅60公里，直距日本海80公里；南直距中朝边境10余公里。多年来，延吉市深入实施“诚信立市、工业强市、依法治市”战略，全力抓好经济、社会和城乡建设，整体上呈现出经济稳步增长、民生持续改善、社会和谐稳定的良好局面。

2017年，延吉市在新的经济形势下，加快产业结构调整与产业转型的节奏和步伐，通过项目建设逐步提高有效投资水平，稳步推进供给侧结构性改革，培育经济增长的内生动力机制。延吉市综合经济竞争力指数在吉林省20个县级市中排名第2，指数值为0.98，紧随梅河口市（指数值1.00）之后；可持续竞争力综合指标在吉林省所有县级市中位列第3，指数值为3.92，位列敦化市（指数值4.60）与集安市（指数值4.48）之后。其中，信息城市（第1）、全域城市（第2）、知识城市（第2）与文化城市（第4）这几个子项的优势非常明显。

一　格局与优势

（一）总体概况

2017年是全面深化改革向纵深推进的关键一年，也是实施“十三五”规划的重要一年。延吉市继续实施县域突破战略，坚持科学发展、跨越发展，把贯彻落实供给侧结构性改革、适度扩大总需求等政策贯穿于社会发展的各个方面。延吉市扎实推进振兴发展的各项工作，为决胜全面小康社会奠定了坚实的基础，取得了经济、城乡、社会、民生建设新的进步。

1. 社会经济发展状况

2017 年，延吉市实现地区生产总值 336.42 亿元，三次产业结构为 1.4∶36.8∶61.8，人均生产总值 61431 元。农业、工业及建筑业发展稳定，带动国民经济稳中向好。2017 年，延吉市实现农林牧渔业总产值 8.32 亿元，比上年增长 3.0%。全年粮食产量 94000 吨，下降 2.3%。2017 年全年全部工业增加值 111.96 亿元，比上年增长 3.5%，规模以上工业增加值增长 5.2%。全年实现资质以上建筑业产值 48.28 亿元，比上年增长 13.3%。同时，全年完成固定资产投资 223.94 亿元，比上年下降 5.2%。全年实现社会消费品零售总额 262.60 亿元，比上年增长 5.1%。在限额以上商品销售中，汽车类零售额 29.75 亿元，增长 6.8%；石油及制品类零售额 31.81 亿元，下降 8.8%；服装类零售额 16.74 亿元，与上年持平；食品类零售额 12.33 亿元，下降 4.5%。外贸进出口总额 10.42 亿元，比上年下降 13.5%。其中，出口总额 7.64 亿元，下降 19.2%，占比 73.3%；进口总额 2.78 亿元，增长 7.1%。另外，2017 年全年公共财政预算全口径收入 74.20 亿元，比上年下降 5.6%；一般公共预算财政支出 61.65 亿元，增长 1.4%。其中，教育支出 9.90 亿元，增长 8.8%；社会保障和就业支出 11.17 亿元，增长 11.6%。

2. 人民生活和社会保障状况

2017 年全年延吉市居民消费价格累计上涨 2.3%，八大类商品及服务项目价格“六涨一平一降”。其中，衣着价格上涨 2.3%，居住价格上涨 1.1%，生活用品及服务价格上涨 1.4%，交通和通信价格上涨 4.5%，教育文化和娱乐价格上涨 0.6%，医疗保健价格上涨 13.0%，食品烟酒价格与上年持平，其他用品及服务价格下降 0.9%。2017 年全年延吉市城镇常住居民人均可支配收入 32261 元，比上年增长 5.6%；农村常住居民人均可支配收入 13833 元，增长 6.9%。2017 年年末延吉市城镇私营企业劳动者 63094

人；城镇个体劳动者43200人。2017年年末全市城镇登记失业人员2401人，比上年增加480人；登记失业率为1.0%，比上年增加0.2个百分点。2017年末延吉市参加基本养老保险人数173246人，比上年增长4.0%。其中，参保职工101317人，增长0.7%；参保离退休人员71929人，增长8.9%。参加失业保险人数80639人，增长3.1%。参加基本医疗保险人数481270人，增长4.3%。其中，城镇职工参保人数220239人，与上年持平；城镇居民参保人数261031人，增长8.3%。工伤保险人数133035人，与上年持平；生育保险人数128009人，下降0.2%。参加新型农村合作医疗人数58242人，参合率96.5%，筹资总额3669.25万元；2017年全年新农合补偿人数84776人次，基金共计支出3239.74万元。其中，普通门诊补偿24996人次，基金支出108.85万元；一般慢性病补偿48978人次，基金支出488.27万元；特殊疾病补偿4248人次，基金支出287.45万元；住院补偿6554人次，基金支出2355.17万元。2017年延吉市共有社会福利机构58个，收养人数2080人。其中，民办福利院54所，收养1849人；农村福利服务中心3个，收养110人；民政社会福利机构1所，收养人数121人。全市享受城镇低保人数12693人，农村最低生活保障人数4793人。延吉市社保制度进一步完善，保险体系日趋成熟。2017年延吉市拥有各类保险公司28家，全年实现保费收入46.31亿元，比上年增长45.6%。其中，人身险保费收入41.72亿元，增长49.2%；财产险保费收入4.59亿元，增长19.5%。全年各类保险赔款支出8.13亿元，增长49.7%。其中，人身险赔款5.99亿元，增长66.4%；财产险赔款2.14亿元，增长16.9%。

3. 文化、卫生和体育事业发展状况

延吉市通过多渠道投入资金用于卫生医疗项目的建设，关注社区医疗制度和农村卫生事业。2017年，延吉市共有卫生机构611家，其中各类别医院41家，拥有专业卫生技术人员6285人。其中，执业医师2530人，注册护士2875人，卫生机构拥有病床4868张。保障了群众享受医疗卫生的基本服务条件。延吉市政府重视文化、体育事业的长期发展，关注群众对健身的基本需求。2017年，延吉市拥有艺术表演团体1个，文化站10个，公共图书馆2个，体育场馆3个，博物馆4个。广播电台2座，广播节目7套；电视台2座，电视节目4套；中短波转播发射台2座，调频转播发射台3座，电视转播发射机17部。广播综合人口覆盖率100%，电视综合人口覆盖率99.6%。全年共组织延吉市运动会14次；组织参加全州运动会学生组22次；参加青少年省赛14次；共获得省级比赛10个第一名。

4. 科技、教育和文化发展状况

延吉市共有两所高等学校。2017年，招收研究生1554人，在校研究生4086人，毕业研究生1220人；在校大学生19981人，毕业大学生4897人。延吉市有中等专业学校5所，在校学生2248人，毕业生728人；普通高中7所，在校学生9137人，毕业生2956人；普通初中17所，在校学生13138人，毕业生4474人；职业中学2所，在校学生2603人；小学27所，在校学生30036人；幼儿园在园儿童16765人；特殊教育学校1所，在校学生138人。各类教育均衡发展是延吉市教育事业的显著特征，教育事业的投资优化和硬件上的资金技术保障是延吉教育事业不断前进的重要因素。2017年全年扶持科技含量较高的产品项目15项。其中，列入省级项目12项，州级项目1项，市级项目2项。全市获得省科学技术奖7项。全年专利申请量308项。其中，发明专利110项，实用新型专利135项，外观设计专利63项。全年专利授权154项。其中，发明授权29项，实用新型71项，外观设计54项。全市文化事业繁荣活跃，增强了城市文化底蕴。

（二）现状格局

1. 综合竞争力跃升为第2名

2016年，延吉市综合竞争力指数值为0.984，在吉林省20个县级市的排名中，由第3名升至第2名，仅位列梅河口市之后。从综合经济竞争力的两大子项看，综合效率竞争力在吉林省所有县级市中仍然居于首位，保持绝对领先。另一子项综合增量竞争力指数值为0.728，排名第5，较2015年的第6名提高1个名次，在吉林省20个县级市中处上游水平。总体上，延吉市2016年综合竞争力依然较强，较之2015年排名第3有所提升，其原因主要在于综合增量竞争力水平的提升，指数由 2015 年 0.565 增至 2016 年的 0.728（见表2）。2016 年，吉林省共有 10 个县级市的地区生产总值出现负增长，在这种下行压力较大的情况下，延吉市 2016 年地区生产总值由上年的 309.47 亿元增至 321.32 亿元，提高了 10 多亿元，延续上一年度的强势水平，呈现出强劲的经济竞争力。

表2　2015～2016 年延吉市在吉林省县级市中综合竞争力情况

年份	综合经济竞争力		综合增量竞争力		综合效率竞争力	
	指数	排名	指数	排名	指数	排名
2015	0.924	3	0.565	6	1.000	1
2016	0.984	2	0.728	5	1.000	1

资料来源：中国社会科学院城市与竞争力指数数据库、吉林省社会科学院城乡发展指数数据库。

2. 可持续竞争力领先中略有下滑

2016 年，延吉市可持续竞争力综合指数值为 3.92，在吉林省 20 个县级市中排名第 3，位列敦化与集安市之后。与 2015 年的第 1 名相比，仍然保持前三优势，但可持续竞争力领先中略有下滑。在构成可持续竞争力指标体系的各个子项中，2016 年延吉市信息城市竞争力在县级市中的排名依然保持第 1；全域城市竞争力与知识城市竞争力均排名第 2；文化城市竞争力排名第 4，位列集安、图们、敦化之后；延吉市和谐城市竞争力排名与生态城市竞争力与上年比较，有一定的下降，短板仍然存在。2016 年延吉市在信息城市、全域城市与知识城市竞争力的共同提升下保持领先，但是和谐城市与生态城市竞争力还有待进一步提升。和谐城市与生态城市竞争力的短板使得延吉市 2016 年可持续竞争力在吉林省 20 个县级市排名中略有下滑。

3. 信息城市、全域城市、知识城市与文化城市竞争实力强劲

2016 年，延吉市信息城市竞争力在县级市中的排名依然以第 1 的成绩保持上年度水平。从数值看，2016 年，延吉市海关出口额 1.43 亿元，全社会固定资产投资 266.75 亿元，当年实际使用外资 6707 万元；公路交通比较

便利，公路有延吉至长春高速，途经延吉的珲乌高速，国道图乌公路穿越全境，并有一条省道；公路可直通朝鲜、俄罗斯；铁路直达国内多个城市并可通往朝鲜和俄罗斯；拥有延边唯一的民用航空运输机场延吉朝阳川机场。延边朝鲜族自治州于2015年9月开通了高铁特快服务，使人们出行时间大大缩短，在为人们出行带来便利的同时给延边地区旅游也带来了新的发展机遇，促进了延边地区朝鲜族特色文化“走出去”，深深吸引了世界各地的游客“走进来”，欣赏延边地区特色的朝鲜族民俗文化。从指数看，构成信息城市指标体系的各类子项中，客体贸易下的出口贸易、主体交流、信息交流以及物质交流等项目测算后的标准化值在吉林省县级市中都处于上游水平。

2016年，延吉市全域城市竞争力标准化数值为0.93，排名第2。从数值看，2016年延吉市城镇居民人均可支配收入3.06万元，农民人均纯收入1.29万元；公共图书馆藏书96.5万册；延边地级市教育支出共45.12亿元，延吉市教育支出9.09亿元；地级市医生数5454人，县级市医生数5078人；国际互联网用户数17.25万户；森林面积8.26万公顷。从指数看，构成全域城市指标体系的各类子项中，延吉市的城市化与工业化适应性、城乡人均收入比水平、公共图书馆藏书量比、人均教育支出比、每千人国际互联网用户数比、绿化覆盖率等项目测算后的标准化数值在吉林省县级市中优势明显，城乡一体化发展又有了新的突破。

2016年，延吉市知识城市竞争力标准化数值为0.91，在吉林省县级市中排名第2，位列梅河口市之后。2016年延吉市科技经费支出8775万元，教育支出9.09亿元，各类专业技术人员2.57万人。普通高校在校生2.05万人，中等及以上学校在校生占全部学生比重约为40%。延吉市政府高度重视科技创新对于经济的引导性，以科技带动新兴产业的发展，优化产业结构。延吉市的延边大学是国家“211工程”重点建设大学、西部开发重点建设院校、吉林省和教育部共同重点支持建设大学，也是我国最早在少数民族地区建立的高校之一。随着延吉市教育事业的投资优化，延吉市各类教育均呈现出良好的发展态势。

2016年，延吉市文化城市竞争力标准化数值为0.65，在吉林省县级市中排名第4，位列集安、图们、敦化之后。延吉市是一座具有朝鲜族民族特色的边疆开放城市，历史悠久，远在两万六千多年前的新石器时代，其祖先“安图人”就在布尔哈通河流域繁衍生息。沉淀出诸多文物古迹，有渤海国时期的建筑——城子山山城，有爱丹城、大小墩台、古长城、安图人遗址等。延吉市拥有吉林省非物质文化遗产12项，著名的阿里郎、伽倻琴艺术列入了国家级非物质文化遗产名录，优美淳厚、色彩斑斓的朝鲜族民俗文化和民俗饮食更是构成了一道别样的风景。同时，延吉市高度关注市内公共图书馆等文化活动站的高效运行，公共图书馆藏书96.5万册。另外，延吉市也重视体育事业的长期发展，室内体育场馆有3个，剧场、影院数共3个。延吉市关注群众基本需求，文化事业繁荣活跃，丰富市民的业余文化生活，形成了浓郁的文化氛围。

二　问题与不足

（一）可持续竞争力有待进一步提高

延吉市2016年可持续竞争力在吉林省县级市中排名由2015年的第1降至第3，其主要原因在于和谐城市与生态城市竞争力与上年比较，有一定的下降，一些短板仍然存在。经济方面，通过分析延吉市近五年的地区生产总值GDP的增量，排名始终徘徊在6～7名。2017年延吉市GDP完成336.42亿元，较上年上涨4.5%，有所进步，但仍有待提升；产业结构方面，“工业强市”一直是延吉市一个重要的发展目标，2017年延吉市三次产业结构为1.4∶36.8∶61.8。通过三次产业比重可以看出，延吉市工业企业发展放缓，二产比重下降，延吉市科技带动产业发展升级能力明显不足。

（二）科教投入与社会医疗保障支出仍显不足

虽然延吉市知识城市竞争力在吉林省20个县级市中排名第2，处于领先位置，但是科教投入与社会医疗保障支出仍显不足。2016年，延吉市财政收入28.7亿元，其中科技经费支出8775万元，占比仅为3.05%，教育支出9.09亿元，年人均教育支出0.17万元，绝对值虽然排名超前，但在20个县级市中占比均处于中下游水平。通过分析其指标构成可以看出，领先的知识竞争力主要由"知识投入"这一子项贡献。由延吉市的高等院校——国家"211"工程高校延边大学的贡献使得延吉市"知识投入"子项标准化数值远远高于其他县级市，掩盖了延吉市科技投入与教育支出相对不足的现状。延吉市是全国科技兴市试点市、国家星火西进科技示范市，也是全国科普示范市、全国科技进步先进市，并坐拥"211"工程高校延边大学，然而较低的科技投入和教育支出水平，明显与其科技和教育的荣誉头衔不相匹配。尽管作为唯一一个拥有普通高等教育学校的县级市，在人才培养和教育资源方面，比其他县市要优越许多，同时也为延吉市知识城市竞争力增分不少，但是对于通过科技研发、技术创新来培育经济增长新动能的意识还显不足。

另外，2016年，延吉市社会保障和就业支出10.01亿元，年人均金额仅为0.18万元，在吉林省县级市中处于中下水平，与和谐城市单项第1名的县级市和龙（0.36万元）相比，仅为其一半水平；2016年延吉市医疗卫生支出4.06亿元，年人均支出0.075万元，在吉林省县级市中排名靠后，和谐城市单项第1名县级市和龙人均支出为0.15万元。相对较低的社会保障和医疗卫生支出，说明延吉市社会保障整体水平仍有待提高，城市和谐水平也有待提升。

（三）和谐城市与生态城市竞争力短板尚存在

2016年延吉市和谐城市竞争力与生态城市竞争力排名与2015年比较，有一定的下降，短板仍然存在。作为上年的短板项目，延吉市生态城市竞争力2016年的排名仍然不乐观，绿化面积与节能减排效果不够显著，生态竞争力不具备一个"全国生态文明示范工程试点市"应有的优势。延吉市在社会保障、就业、医疗卫生以及交通安全、消防安全等各方面，都不同程度地需要进一步和谐发展。2016年，延吉市供水总量5374.42万吨，绝对数值居各个县级市之首。从单位用水量的GDP看，每吨水产生的GDP仅为597.86元，在各个县市中排倒数。由此可见，延吉市节约利用、有效利用资源的意识不够，可持续发展的原则没有得到深入贯彻，导致了生态城市竞争力指数值的下滑。延吉市的生态环境先天条件非常优越，具有“中国十佳空气质量最优城市”冠军、“2015 中国绿色竞争力十强县”等多项荣誉称号。但是在经济发展中对环境的保护意识不够，单位 GDP 的二氧化硫排放量在吉林省县级市中属于下游水平，这些都是导致延吉市生态城市竞争力下降的重要因素，影响了延吉市的综合经济竞争力水平。

三　现象与规律

（一）可持续竞争力保持较强优势

2016 年，延吉市可持续竞争力的 6 个分项指标，有 1 项指标蝉联首位，3 项指标的排名处于前三的位置，在吉林省 20 个县级市中保持较强优势。支撑延吉市可持续竞争力的主要是信息城市竞争力、知识城市竞争力与全域城市竞争力。同时，延吉市位居全国中小城市综合实力百强县市第 69 位、全国新型城镇化质量百强县市第 59 位、全国创新创业百强县市第 66 位，是全省唯一荣获全国三大百强县市称号的城市。作为一个旅游城市，延吉市的开放便捷条件是一个基础要求，开放型的城市提升了延吉市的可持续竞争力水平。延吉市拥有较多的互联网、移动电话用户，开通了 20 组高铁动车，延吉朝阳川国际机场更是扩大了延吉市的连通范围，开通了国内外多条航线。由于延吉市在互联网、移动电话等信息交流方面，立体化的交通设施方面，都在各个县市中拥有着无可比拟的优势地位，使得信息城市竞争力也成为延吉市可持续竞争力持续强劲的一个影响因素。2017 年延吉市经济结构竞争力和金融资源竞争力均居全国第 3 位；园区发展指数和金融便利指数均居全国 10 强；居民收入增长居全国县市 4 强；卫生福利竞争力居全国 30 强。

（二）外部环境总体趋于改善

近年来我国经济下行压力较大，延吉市地区生产总值在压力中保持稳步增长。随着我国全面深化改革、东北振兴、加快推进新型城镇化建设和沿边开发开放合作的深入实施，吉林省经济仍将继续保持平稳增长，延吉市经济的外部环境亦会持续改善，经济发展将呈现止跌企稳的运行态势，逐步进入经济发展的回升期。目前，延吉市同时享受国家西部大开发、东北老工业基地振兴、边疆少数民族地区、长吉图开发开放、延龙图一体化等多项政策，是优惠政策的叠加区。随着大图们江流域开发合作的不断升温、长吉图开发开放的深入推进、“一带一路”倡议的贯彻实施，延吉的发展潜能必将得到充分释放。可见，延吉市外部环境总体趋于改善。

（三）地域特色辐射优势不断显现

延吉市的地域位置恰好处于延边朝鲜族自治州的核心区域，其他 7 个县市拱卫周边。从全国百强县，到吉林首强县，从打造吉林东部重要发展极，到建设图们江区域国际化城市，延吉立足自身经济实力的一枝独秀、不断提速的强势崛起已成为一个现象级存在。从综合经济竞争力的主要指标来看，延吉市作为延边朝鲜族自治州，甚至是吉林省东部地区的区域性中心城市，肩负着发挥极化效应与扩散效应的重任。延吉市依靠其综合经济实力、企业规模效益、对外开放活力、基础设施支撑能力、综合服务水平、科技研发水平等各个层面的先进性，在经济、政治、社会、文化等方面带动、组织周边县市的区域经济发展。延吉市高新、新兴工业园区建设实现新突破，百亿级产业发展取得新成就。

四　趋势与展望

（一）对外开放逐步形成具有活力的新格局

延吉市对外开放领域不断拓宽，服务业外商投资得到明显提高，对外开放新格局逐步成型。延吉市独特的区位特征为其外贸经济提供诸多便利条件，同时延吉市是吉林省唯一拥有民用机场的县级市，这两项要素使得延吉市2016年在信息城市竞争力上仍保持第1的排名。延吉市具有东邻朝鲜、俄罗斯，与韩国、日本隔海相望的地理位置优势，周边的12个对外口岸可以带来巨大的商机。近年来，延吉市始终坚持实施开放带动战略，积极推动长吉图开发开放，国际化程度大幅提升，包容内外、开放兼容。作为东北地区沟通内外的重要窗口，延吉市已经成为图们江地区人流、物流、资金流、信息流和技术流的高度集中区，是中国东北地区外向度最高、经济发展最为活跃的市（县）之一。从产业结构布局、基础设施建设、经济组织培育、对外合作交流等各方面，打通对外开放的通道，构建延吉市对外开放的新格局。

（二）服务业助力魅力宜居城市崛起

延吉市地处我国高纬度地带山林盆地，呈大陆性气候特点，属于中温带半湿润气候区，四季分明，气候宜人，城市三面环山，两河绕城，整座城市被森林、植被所环绕，森林覆盖率达62.7%，非常适合人们休闲度假、生活居住。基于延吉市的民族特色，虽然身处农业大省，但延吉市在产业结构上较之传统农业大县独具特征。2017年延吉市三次产业比例为1.4∶36.8∶61.8，第三产业增长较快。服务业从业人员和投资规模较大，对延吉市的经济贡献度较高，也是未来发展中构成延吉市经济竞争力的主要因素。2016年，延边朝鲜族自治州实现服务业增加值400.2亿元，同比增长10.1%，服务业增加值占GDP比重不断提高，达到43.7%，并且服务业企业规模、数量不断扩大。未来，延吉市应通过服务业助力魅力宜居城市崛起，并重视环卫、物业、交通的管理，不断提高城市综合管理能力。不断创新城市建设运作方式，引导民间资本积极参与城市建设，确保城市建设稳步推进。提高城市管理水平，创新城市管理方式，细化城市管理分工，切实提升城市管理的有效性，加强法治化管理，推进数字化管理，注重人性化管理，促进城市管理与提高市民素质相结合。另外，充分发挥延吉市中小企业服务平台作用，全面加强中小企业服务体系建设，推动民营经济平稳健康发展。通过挖掘现代服务业以及提升城市管理能力，来助力延吉市魅力宜居城市的崛起。

（三）绿色生态建设成为重点发展方向

2016年延吉市的生态城市竞争力出现了排名的大幅下降，在吉林省20个县级市中位列下游。其中，单位GDP的水电能耗、污染物排放等指标值较低，使延吉市生态城市竞争力指数得分受到不利影响。同时，指标也表明目前经济发展对资源有较高的依赖性和增长方式的粗放性。未来，在延吉市的发展中应重视经济结构的调整、经济发展方式的转变以及社会保障体系的逐渐完善，绿色生态建设应成为重点发展方向。保持延吉市良好的生态环境质量，加强生态文明建设。首先，注重资源节约利用，提高资源的有效利用率；其次，注重环境质量保护，减少工业废气、废水以及固体废弃物的排放量，同时保证排放符合环境保护标准；最后，注重保护生态资源，加快自然生态保护区的建设，打造和谐、宜居的生态环境，提高生态城市竞争力水平。

五　政策与建议

（一）提质增效，提升综合经济竞争力

延吉市综合经济竞争力的提升需要找到适合其实际情况的产业结构转型升级路径，培育经济增长的新动能。延吉市的传统支柱产业烟草制品业出现明显的下滑态势，对工业整体发展形成制约。因此，需要推进符合消费市场需求、高附加值的绿色产业项目，工业经济的定位主要是医药产业和食品加工业，而这两项产业的市场竞争日趋白热化。首先，增加技术创新的财政支出水平，突出科技创新，大力发展新型产业，做强工业经济，推动工业经济转型升级。培育战略性新兴产业群，促进高科技含量产品的孵化。其次，发展延吉市新兴产业项目，挖掘经济增长新动能，培育新的经济增长极。准确把握宏观经济走势，做好工业经济运行分析，及时发现并解决企业在生产经营中遇到的困难和问题，积极培育增加规模以上工业企业。加快发展民营经

济，认真落实发展民营经济的各项政策措施。最后，做强骨干企业，继续开展“工业企业服务年”活动，推动企业加强经营管理，搞好生产研发，不断提升工业企业整体实力。发展壮大新兴工业区人参食品、生物医药等特色园区，推动设立中韩科技健康产业园区，加大园区配套设施建设，引导产业向园区聚集、企业向园区布局，全面提高园区的产业集聚度和投入产出率。

（二）坚持产业兴市，提升服务品质

延吉市的产业基础雄厚，拥有较好的经济基础与社会环境。有较强的引进资金、技术并加以消化的能力，有利用形成新的高新技术产业优势。近年来，延吉市三产“三、二、一”的产业格局已经趋于稳定，第三产业处于相对优势地位。延吉市传统服务业的主要支柱是商贸流通业和餐饮服务业。当下应在改造提升优化传统服务业的同时，积极发展交通、旅游、电商、物流等新型产业。延吉市应坚持产业兴市，巩固发展基础。坚定不移走产业转型升级之路，将产业发展作为延吉跨越提升的强力引擎，食品产业产值突破100 亿元，成为第一个百亿级产业。坚持生产型服务业与生活型服务业并重、传统服务业与现代服务业并举，推动服务业结构优化、水平提升。全力发展商贸流通业，继续扶持传统重点商贸企业发展，积极培育限额以上商贸企业，壮大一批新型商业综合体，搞好农副产品市场运营，规范发展综合物流企业，构建现代商贸流通体系。发挥延吉市“中国电子商务发展百佳县”优势，加快电子商务集散中心项目建设，积极引导第三方电子商务企业入驻，以电子商务的快速发展推动三产结构的优化升级。

另外，旅游产业是延吉市服务业的一大亮点，高铁的开通给延吉市的旅游业发展带来了机遇。省内游客到延吉市品尝美食、休闲购物的可能性大大提高，因此旅游业的快速发展，也间接带动了餐饮、商贸流通业的发展。旅游收入的增长幅度大于旅客人数的增长幅度，意味着人均旅游消费收入有所增加。因此，在旅游业发展中不断深入创新，开发民宿资源，糅合民族风情、文化元素，打造延龙图文化旅游区，形成独特的旅游资源。完善旅游配套服务，加大旅游市场管理力度，打造优质的旅游环境，积极推进跨境旅游合作，提升延吉旅游的知名度和国际影响力。通过推进高附加值项目，实现产业集聚化发展，并带动周边县市的上下游相关产业协同发展。加快现代服务业发展进度，与高新科技结合，并向周边县市扩散。

（三）强化绿色发展，筑牢生态屏障

延吉市在经济发展中，单位 GDP 所耗费的水、电资源数量较多，在各个县市中排在下游，单位 GDP 工业二氧化硫排放量也较高。近年来，延吉市不断加强以改善居住环境为目标的城乡建设，以社会管理创新加快改善民生为重点的社会建设，入围中国魅力城市 200 强，是全国社会管理创新综合试点城市之一。延吉市正以优越的人居环境，吸引着更多人来延吉工作、学习和生活。全面推进“河长制”，开展布尔哈通河 18 个直排口排污治理、撤并改 75 台小锅炉，空气质量优良率达到 93%；加强土壤污染源头治理，清收还林面积 270 公顷，森林覆盖率达到 83. 3%，延吉的天更蓝、水更清、地更绿。在延吉市未来生态社会的建设中，要实现青山绿水共为邻，必须树立集约利用、循环利用的理念，不断为城市增添绿色。优化城市规划布局，按照“东优西扩，南控北延”的城市发展战略，促进城市特色、民族特点，土地规划、空间规划、产业规划、生态规划有机融合，实现城区范围规划全覆盖、要素全统筹、建设“一盘棋”。提升城市承载功能，推进城镇化建设，做好“国家新型城镇化综合试点”工作，加快城市基础设施向镇村延伸，不断创新城市建设运作方式，引导民间资本积极参与城市建设，确保城市建设稳步推进。同时，延吉市应开展工业污染、燃煤小锅炉和机动车尾气治理，探索秸秆综合利用、餐厨废弃物资源化利用，扶持粉煤灰综合利用、垃圾填埋场渗透液处理等工程项目建设，发展循环经济模式。

（四）完善民生保障功能，增强可持续发展创新能力

延吉市如果想成为一座和谐指数高的城市，必须要大力发展民生福祉事业。健全完善社会保障体系，是保障人民基本生活的客观需要，也是社会稳

定和谐的重要保证。提高延吉市城市管理水平，创新城市管理方式，细化城市管理分工，切实提升城市管理的有效性，加强法治化管理，推进数字化管理，注重人性化管理，加快“智慧城市”建设，促进城市管理与提高市民素质相结合。加大教育事业的投入力度，提升基础教育质量。另外，延吉市应不断健全就业服务体系，完善社会保障体系与社会救助体系，提高农村养老保险参保率，做到应保尽保；增大社会福利院的救助力度，救助失去生存能力的老弱残疾；发展社会养老事业，减轻家庭养老负担；均衡配置基本医疗卫生资源，全面推进健康城市建设，大力发展健康服务业。最后，坚持以社会保障、社会救助、住房保障为重点，不断完善社会保障体系。

B.17

吉林省城市竞争力（敦化市）报告

倪锦丽*

摘 要： 敦化市是吉林省内面积最大的县级城市。2016年敦化市综合经济竞争力在20个县级市中排在第18位，可持续竞争力排在第1位。多年来其经济社会发展水平不断提高，在经济建设、公共服务、创新驱动、社会保障等方面取得较快发展，但仍然存在经济实力不强、生态环境遭到破坏等问题。针对存在的问题，结合敦化市特殊的地理位置、自身特点和优势，为了进一步提高城市竞争力，敦化市还应继续改造升级传统产业、做强生态旅游业、加快发展现代物流业、全力打造生态宜居之城。

关键词： 敦化市 城市竞争力 可持续发展

敦化市地处吉林省东部山区，位于长白山腹地，隶属于延边朝鲜族自治州，是延边的西大门。全市面积11957平方公里（见表1），是吉林省内面积最大的县级城市，下辖16个乡镇和4个街道。2016年敦化市总人口为46.65万人。敦化市与吉林省内和黑龙江省的九县市相接，是吉林省重要的交通枢纽，是长吉图开发开放先导区的重要节点城市之一。敦化市素有“千年古都百年县”之称，同时还是中国优秀旅游城市、国家园林城市、国家卫生城市、全国“双拥”模范城市、中国北方医药名城、中国实木制品

* 倪锦丽，硕士，吉林省社会科学院农村发展研究所，副研究员，研究方向：农业与农村经济。

名城和中国刀画艺术之乡。

2016 年敦化市可持续竞争力指数为 4.605，在 20 个县级市中排名第一。但综合经济竞争力指数为 0.1736，排在第 18 位。其中，综合增量竞争力指数为 0.6315，排在第 6 位；综合效率竞争力指数为 0.023，排在第 19 位。可持续竞争力与综合经济竞争力形成鲜明的反差。

表 1　2016 年敦化市基本情况

项目	市域数据
土地面积(平方公里)	11957
总人口(万人)	46.65
GDP 及增长率(亿元,%)	178.63,1.45
三次产业占 GDP 比重	16.68∶43.35∶39.62

资料来源：《2017 吉林统计年鉴》。

一　格局与优势

（一）总体概况

2016 年，敦化市以推进供给侧结构性改革为主线，经济和社会事业全面健康发展。全年实现生产总值 178.63 亿元，同比增长 1.45%。其中，第一产业实现增加值 29.8 亿元，比 2015 年增长 2.9%；第二产业实现增加值 77.43 亿元，比 2015 年增长 8.3%；第三产业实现增加值 71.4 亿元，比 2015 年增长 10.5%。三次产业比为 16.68∶43.35∶39.62（见表 1）。

2016 年，敦化市农林牧渔业总产值达到 53.3 亿元，比 2015 年增长了 3.0%。粮食作物播种面积为 16.4 万公顷，比 2015 年增长了 3.1%。粮食总产量为 51.1 万吨，比 2015 年下降了 2.3%。其中，水稻产量为 2.0 万吨，比 2015 年下降了 5.2%，玉米产量为 36.7 万吨，比 2015 年下降了 7.1%，大豆产量达到 11.9 万吨，比 2015 年增长了 16.4%。

2016年，敦化市规模以上工业企业已达到119户，实现总产值334.0亿元，比上年增长了8.6%，产销率达到96.6%。全市规模以上企业工业实现主营业务收入268.8亿元，比上年增长了11.6%。全市规模以上工业企业完成利润总额10.6亿元，比上年下降了28.4%。医药制造业完成生产总值42.5亿元，实现主营业务收入34.5亿元，分别比2015年增长了6.2%和16.9%；食品业完成生产总值66.7亿元，实现主营业务收入52.3亿元，分别比2015年增长了6.4%和7.9%。机械制造业完成生产总值37.2亿元，实现主营业务收入31.5亿元，分别比2015年增长了20.1%和11.8%。

2016年，敦化市规模以上服务业21户。其中，道路运输业有8户，营业收入占规模以上服务业营业收入的35.7%；商务服务业有4户，营业收入占规模以上服务业营业收入的31.3%；公共设施管理业有2户，营业收入占规模以上服务业营业收入的13.9%；物业管理业有4户，营业收入占规模以上服务业营业收入的8.8%；居民服务业有1户，营业收入占规模以上服务业营业收入的8.7%；仓储业有2户，营业收入占规模以上服务业营业收入的1.6%。

2016年，敦化市完成全社会固定资产投资168.2亿元，比2015年增长了10.3%。其中，5000万元以上的固定资产投资项目达到56个，投资额为106.6亿元；5000万元以下的固定资产投资项目为164个，投资额为61.6亿元。从产业划分看，第一产业完成投资额1.9亿元，比2015年下降了13.6%；第二产业完成投资额72.7亿元，比2015年增长了6.4%；第三产业完成投资额93.6亿元，比2015年增长了16.0%。

2016年，敦化市全口径一般预算收入实现21.5亿元，比2015年增长了1.2%。其中，地方级财政收入实现14.5亿元，比2015年增长了0.2%，一般预算支出完成52.9亿元，比上年增长了15.3%。农村居民人均纯收入为12656元，比上年增长了6.7%，城镇居民人均可支配收入为23080元，比上年增长了7.4%。

2016年，敦化市全年社会消费品零售总额完成114.83亿元，比2015年增长了10.04%。城镇消费品零售总额为103.83亿元，比2015年增长了22.67%。乡村消费品零售总额为11.0亿元，比2015年下降了44.19%。全市批发业实现零售额2.1亿元，比2015年增长13.3%；零售业实现零售额96.3亿元，比2015年增长8.9%；住宿业实现零售额3.2亿元，比2015年增长22.4%，餐饮业实现零售额13.2亿元，比2015年增长了15.7%。

（二）现状格局

（1）综合经济竞争力水平较低。2016年敦化市综合经济竞争力指数为0.1736，在20个县级市中排在第18位，比2015年上升一个位次，仅排在和龙、扶余之前，经济发展较为缓慢。其中，敦化市的综合增量竞争力指数为0.6315，排在第6位，比上年上升1个位次，排在德惠、公主岭、梅河口、榆树、延吉之后；综合效率竞争力指数为0.023，排在第19位，与上年排位相同，仅位于和龙市之前（见表2）。

表2　2016年敦化市在20个县级市中综合经济竞争力情况

县级市	所属地市	所属地区	综合经济竞争力指数	排名	综合增量竞争力指数	排名	综合效率竞争力指数	排名
敦化	延边	东部	0.1736	18	0.6315	6	0.023	19

资料来源：中国社会科学院城市与竞争力指数数据库、吉林省社会科学院城乡发展指数数据库。

（2）可持续竞争力水平名列前茅。2016年敦化市可持续竞争力综合指数为4.605，排在第1位（见表3）。其中，和谐城市竞争力指数为0.976，排在第2位；信息城市竞争力指数为0.967，排在第2位；文化城市竞争力指数为0.744，排在第2位；知识城市竞争力指数为0.845，排在第3位；生态城市竞争力指数为0.579，排在第7位；全域城市竞争力指数为0.492，排在第8位。

表3　2016年敦化市在20个县级市中可持续竞争力分项指标

城市	可持续竞争力		知识城市竞争力	和谐城市竞争力	生态城市竞争力	文化城市竞争力	全域城市竞争力	信息城市竞争力
	指数	排名	等级	等级	等级	等级	等级	等级
敦化	4.605	1	★★★★★	★★★★★	★★★	★★★★	★★★	★★★★★

资料来源：中国社会科学院城市与竞争力指数数据库、吉林省社会科学院城乡发展指数数据库。

（3）城乡一体的全域城市竞争力水平位居中游。2016 年敦化市全域城市竞争力指数为 0.492，排在第 8 位，排在图们、延吉、珲春、和龙、龙井、临江、桦甸之后。从城乡人均收入比看，2016 年敦化市城镇居民人均可支配收入 23080 元，农民人均可支配收入 12656 元，城乡人均收入比 1.82∶1，而 2015 年为 1.81∶1，城乡收入差距稍有扩大。在公共服务方面，全市的公共图书馆藏书量占整个延边朝鲜族自治州图书馆藏书量的 14.01%，教育支出占整个延边地区教育支出的 19.27%，医生数占整个延边地区医生数的 24.31%。在公共设施方面，敦化市国际互联网用户数占整个延边地区的 18.07%。在城乡结构方面，敦化市的城镇化率为 54.82%。在空间一体化方面，敦化市公路网密度为 0.17 公里/平方公里。在生态环境一体化方面，敦化市绿化覆盖率为 18.10%。

（4）环境友好的生态城市竞争力位居中游。2016 年敦化市环境友好的生态城市竞争力指数为 0.579，排在第 7 位，位于桦甸、蛟河、集安、舒兰、梅河口、榆树之后。敦化市位于长白山腹地，依山傍水，共有 2 个国家级自然保护区，1 个 5A 级旅游景区，1 个 4A 级旅游景区，3 个 2A 级旅游景区。六鼎山、雁鸣湖、老白山等风景区山水秀丽、景色宜人，是旅游和休闲的良好场所。敦化市在资源节约方面，2016 年单位 GDP 耗水 9.23 吨/万元，单位 GDP 耗电 274.86 千瓦时/万元。在环境质量方面，敦化市单位 GDP 工业二氧化硫排放量为 0.0007 吨/万元。2016 年全市继续对 20 吨以上燃煤锅炉实施脱硫和除尘治理，完成总吨位为 260 吨的锅炉烟气脱硫改造工程。同时，取缔城区小锅炉 8 座，大气环境质量得到显著提升。

（5）创新驱动的知识城市竞争力水平较高。2016 年敦化市创新驱动知识城市竞争力指数为 0.845，排在第 3 位，位于梅河口、延吉市之后。其中，在知识需求方面，科技经费支出占财政收入的比例为 5.30%，人均教育支出为 1856.90 元。在知识投入方面，中等以上学校（高中、成人高等、普通高等）学生人数占各级各类学校学生总数的 15.37%。在知识经济方面，每万人拥有专业技术人员 650.19 人。

（6）多元一本的文化城市竞争力水平较高。2016 年敦化市多元一本的文化城市竞争力指数为0.744，排在第2位，仅位于集安市之后。在文化事业方面，近年来敦化市先后在市区建成健身场馆6处，建筑总面积34000平方米；建成广场21个，总面积达357万平方米。在吉林省县级市中，敦化市的健身馆和广场的数量、面积以及规格都位居第一，在东北三省的县级市中也是名列前茅。目前，敦化市4个街道的19个社区全部自筹资金建成文化活动室，乡镇综合文化站也已全面建成。农村文化大院、农家书屋已实现行政村全覆盖，82%的行政村广场配置了体育健身器材，农民体育健身工程走在全省前列。敦化市每年以“社区、广场、农村、节庆”为关键节点，广泛开展各项文体活动。每年开展的广场主题文化活动能达到200场以上，各体育协会开展的各类各项比赛及联谊活动达到300多场次，无论在数量还是质量上，与全省其他县市比较，都处于领先地位。

（7）开放便捷的信息城市竞争力水平居前列。2016年敦化市开放便捷的信息城市竞争力指数为0.967，排在第2位，位于延吉市之后。与2015年相比，由第1位降到第2位，被延吉市超越。在信息交流方面，2016年敦化市全网有线数字电视城乡覆盖率为100%，用户已发展到13.9万户；全网双向化覆盖率达到78.9%，用户已发展到10.9万户；开通的双向体验用户已达到1.5万户；订购交互业务用户已达到1.7万户，双向渗透率为56.0%。在公路便利程度方面，敦化市有1条长春至图们的铁路，珲乌和鹤大2条高速公路，2条国道，使敦化成为吉林省东部重要的节点城市和交通枢纽。在对外贸易方面，2016年敦化市拥有进出口经营权的企业达到197户，比2015年增加13户；外贸进出口总额达到1.83亿美元，比上年增长了1.0%。其中，出口额实现1.7亿美元，比上年增长2.0%，进口额达到0.2亿美元，比上年下降6.0%。

（8）公平包容的和谐城市竞争力水平较高。2016年敦化市公平包容的和谐城市竞争力指数为0.976，排在第2位，位于和龙市之后，与2015年相比上升了3个位次。在社会保障方面，2016年全市城镇基本养老保险参保人数达到157169人，比2015年增长了0.6%；农村基本养老保险参保人数达到102139人，比上年增长了1.1%。城镇居民医疗保险人数达到164005

人，增速与2015年持平。全市16个乡镇全部开展了农村合作医疗保险，参合人数达到207243人，比2015年减少了25160人。2016年全市失业保险人数累计69007人，比2015年下降了2.5%；全市享受最低生活保障的居民为19602人，其中城市居民为11757人，农村居民为7845人。

二　问题与不足

（一）经济实力不强

近些年，敦化市的国民经济得到了持续的发展。2016年全年实现生产总值178.63亿元，在20个县级市中排在第10位，比2015年增长1.45%；人均生产总值3.81万元，排在第13位，比2015年增长1.45%。总的来看，敦化市的经济发展在20个县级市中占据中游，经济实力不强。敦化市经济实力较弱的原因，除了当前经济下行压力加大之外，再就是自身也存在制约经济增长的因素。敦化市木材加工、食品加工、医药等传统行业发展瓶颈始终难以突破、行业内部发展不均衡，而“互联网+”等新兴行业发展不充分，带动力弱，导致对整体经济增长贡献明显不足，发展形势不容乐观。虽然敦化市的旅游业、物流业发展速度较快，但因其规模和发展水平有限，还无法成为支柱产业和经济发展的中坚力量。

（二）生态环境遭到破坏

多年来，依托丰富的资源，敦化市大力发展木材产品加工业、药业以及食品加工业，这些都是典型的资源型产业。其中木材产品加工业和制药业已成为敦化经济中最具规模的支柱产业。这些资源型产业对资源的需求量大，科技含量低，造成严重的环境污染。一是工业的废水、废气和废渣污染较严重。工业“三废”的排放直接或间接地污染了居民的生活环境。二是土地被大量占用和破坏，土地复垦率低。工业固体废弃物的堆放占用了大量的土地，并对大气、土壤和水体造成二次污染。三是水资源遭到污染和破坏。由于过度使用，地表水和地下水的动态平衡系统遭受破坏。另外，各种工业废水，大都不符合排放标准，使得江河的污染加剧。正是资源型产业对生态环境的破坏，使得敦化市的环境友好生态城市竞争力不强。

三 现象与规律

（一）资源主导型经济不可持续

敦化市是吉林省的重要林区之一，其森林覆盖率为77.9%，林木蓄积量达到10599万立方米，约占全国的2.5%，年均出材约为110万立方米，是吉林省重要的木材产区之一。敦化市多年来依托丰富的自然资源发展了木材产品加工业、制药业以及食品加工业等相关产业。其中制药和木材产品加工业已经成为敦化市最具规模的支柱产业。随着经济发展的加快，这些资源型产业对资源的需求急剧增加。虽然短时期内促进了敦化市的经济增长，但带来的却是资源的枯竭和环境的破坏。目前，大气污染、水源破坏和地表塌陷等一系列的环境生态问题，已成为经济持续健康发展的制约因素。因此，敦化市综合经济竞争力水平在20个县级市中始终排在后面，2016年排在第18位，2015年排在第19位。

（二）第三产业对经济的支撑作用增强

一直以来第三产业是国民经济的重要组成部分。在三次产业中，第三产业的发展水平是衡量一个国家、一个地区发达程度和发展水平的重要标志。相对于第一产业和第二产业来说，第三产业可以创造更多的就业岗位，并创新服务模式和经济业态，带动经济的发展。敦化市近年来第三产业发展迅速，所占比重和对经济增长的贡献率逐年提高。2015年敦化市第三产业占国民生产总值的比重为35.08%，2016年达到39.62%，到2017年占比已达到了40.09%。2017年敦化市三次产业对经济增长的贡献率分别为11.8%、

42.8%和45.4%，其中第三产业贡献率最高。可见第三产业对经济发展的支撑作用逐渐增强。在第三产业中，敦化市的旅游业发展尤为突出和迅猛。2015年敦化市旅游业发展取得重大突破，入选“美丽中国十佳旅游县市”，其六鼎山文化旅游区成为国家5A级景区。2015年全年共接待游客210万人次，比上年增长了30.0%；全年旅游总收入实现26.5亿元，比上年增长了32.5%。2016年全年共接待游客265万人次，比上年增长了26.2%；全年实现旅游总收入33.0亿元，比上年增长了24.5%。2017年全年共接待游客500万人次，比上年增长了26.2%；实现旅游总收入41.58亿元，比上年增长了24.5%。第三产业，特别是旅游业已成为敦化市经济发展的新动力。

四 趋势与展望

（一）由资源型城市逐步向生态宜居城市转型

资源型城市是指因开采自然资源而兴起或发展壮大，且资源型产业在工业中所占比重较大的城市。按照经济发展所依赖的不同自然资源进行划分，敦化市属于典型的森林工业城市，拥有4个省属的林业局。多年来敦化市对资源型产业的依赖，一是造成了资源枯竭的问题。多年来靠拼资源发展经济，使得在改革开放初期价格双轨制时拼光了老底，目前面临着资源枯竭的问题。同时国家近年来实施严格天然林保护政策，对地方经济的发展造成了不小的冲击。二是生态环境恶化问题。敦化市的木材产品加工业主要以初加工为主，采用的多是粗放型和高消耗的经济增长方式。通过消耗大量资源、污染环境和破坏生态为代价来换取经济发展，对生态系统造成了严重的破坏，转型成为必然。根据敦化市的地理位置和自身特色，敦化市有条件由资源型城市向生态宜居城市转型。敦化市地处长白山腹地，山水资源丰泽，交通便捷，城市风光优美宜居，历史文化底蕴深厚，这些都为敦化市实现绿色转型、打造生态宜居城市创造了条件。

（二）生态旅游业将逐步成为支柱产业

敦化市历史悠久，曾是古渤海国的发祥地和都城，有着“千年古都百年县”之称，其故都遗址和古墓群等古代遗迹使旅游开发极具魅力。同时，敦化市旅游资源也非常丰富，敦化市是牡丹江的发源地，拥有牡丹峰奇观、新开岭冰挂、寒葱岭红叶和珍珠门湖上游等可供开发利用的自然景点 130 多处。目前敦化市的六鼎山文化旅游区是 5A 级旅游景区，位于长白山脉丘陵地带，依山傍水，群峰环绕。位于六鼎山旅游开发区的正觉寺，是东北最大的佛教寺院，也是亚洲最大的佛教尼罗道场。其金鼎大佛是世界最高的露天坐佛，该寺院天人合一的建筑风格和理念更具神韵。雁鸣湖风景旅游区是 4A 级旅游景区，是长白山湿地类型最为丰富的地区之一，雁鸣湖水域风光秀美，野生动植物种类繁多。敦化市还拥有老白山风景区、北山森林公园和陈翰章烈士陵园等 17 家 3A 级旅游景区，2A 级旅游景区 3 家。在接待能力上拥有 3A 级乡村旅游经营单位 6 家，2A 级乡村旅游经营单位 3 家。2014 ~ 2017 年全市旅游接待总人数从 163 万人次增加到 500 万人次；旅游总收入从 20 亿元增长到 41.58 亿元。因此，无论是从敦化市旅游业的发展现状看，还是从其发展潜力分析，敦化市的生态旅游业仍具有较大的提升空间和发展前景。多种迹象表明，生态旅游业将是实现结构调整、方式转变的重要突破口和关键点，也必将成为敦化市的支柱产业。

（三）现代物流业将进一步发展壮大

随着市场经济的发展，物流业已由过去的末端行业上升为引导生产和促进消费的先导行业。现代物流业是一个新型的跨部门、跨行业、渗透性极强的复合型产业，包括了交通运输、装卸搬运和其他的运输服务业、仓储业、批发业、零售业等。它是以现代运输业为重点，以商业和制造业为基础，以信息技术为支撑，集信息化、系统化和仓储现代化为一体的综合性产业。现代物流业必将对优化产业结构和提高经济运行质量起到巨大的推动作用。敦化市从其地理位置和交通状况看，具备发展现代物流业的条件和优势。敦化市位于吉林省的东北部，与省内和黑龙江省的共九个县市相接，是“长吉图开放带”物流网上的重要枢纽和节点城市，也是连接延边口岸和内地的重要货物集散地。在交通便利程度方面，图们至北京铁路横贯敦化市全境，铁路长图线（长春至图们）途经敦化市境内99.5公里共计9个站点。公路网通达各个方向，有珲乌和鹤大2条高速公路，以及201和302两条国道。201国道途经敦化市境内140多公里，302条国道途经敦化市境内80多公里，这使得敦化市成为东北区域骨干公路网上的重要节点。从物流基础设施看，敦化市经过多年的发展已拥有了铁路货场、公路货运枢纽站、商业流通批发市场、仓储用地、企业内部仓储设施、运输装卸机械停放场、物流公司和物流园区等物流基础设施。从运输能力看，2015年公路货运量完成1091万吨，货物周转量完成159575万吨公里；2016年公路货运量完成959万吨，货物周转量完成143483万吨公里；2017年公路货运量完成1048万吨，货物周转量完成152508万吨公里，货运能力不断提高。敦化市凭借优越的地理位置和便利的交通条件，其现代物流业的发展壮大之势是显而易见的。

五　政策与建议

（一）改造升级传统产业

资源型城市不能单纯把转型的重点放在第三产业上面，改造和升级传统产业同样是资源型城市结构调整与产业转型的重要环节。敦化市的传统产业主要是木材加工、制药业和食品加工。应遵循科技含量高、资源消耗低、经济效益好、环境污染少的原则对传统产业进行改造。对有一定基础的重点行业和优势企业应加快进行技术改造和结构调整，走出一条新型工业化的道路，在这个过程当中实现资源型城市的再工业化。传统产业改造升级后，企业集中度和科技水平将会提高，生产会向少数大企业集中，竞争力必然增强。同时，大企业的辐射带动作用为产业链上的中小企业的发展营造良好的环境，数量众多的中小企业的迅速崛起，也会促进资源型城市的工业结构形成多样化的互补性格局。

（二）做强生态旅游业

敦化市做强生态旅游业，要突出一个品牌，就是打造金鼎大佛佛教文化旅游系列产品；重点开发渤海、满族文化游，山水风光游和乡村休闲游等三大系列旅游产品；建设六鼎山、雁鸣湖湿地、老白山和寒葱岭等四大旅游风景区；整合四条精品线路，如文化游（包括佛教文化、满族民俗文化、渤海文化游）、湿地风光游（包括雁鸣湖湿地、雁鸣湖温泉、敖东工业园及鹿园）、山水风光游（包括老白山自然保护区、威虎岭森林公园、朱尔多河漂流、黄泥河镇黑木耳休闲采摘园）、红叶观赏游（包括寒葱岭枫叶谷、红石乡临江朝鲜族民俗村、王牛沟红松果林保护区、翰章大鹅之乡、香河水利枢纽）等。敦化市做强生态旅游业，还应完善生态旅游的配套设施，特别是雁鸣湖湿地风景区和老白山风景区的配套建设。

（三）加快发展现代物流业

敦化市加快发展现代物流业，一是要明确物流业发展定位，确定物流业发展方向，优化物流专业化市场。二是要完善物流基础设施建设。如合理规划和建设停车位及停车场，完善物流集散地周边路网建设，提高道路施工质量，延长道路使用寿命等。三是要加强对现有物流企业的培育。引导、支持物流企业进行各种形式的资产重组和各种形式的企业联合与合作，加快传统仓储型、运输型物流企业转型成为一批实力强、规模大的第三方、第四方物流企业。四是要引导物流业与电子商务、商贸流通业、制造业、“互联网+”等产业深度融合、联动发展，提升现代物流水平和市场竞争力。五是要鼓励物流企业建立信息管理系统，通过运用先进的运输管理、仓储管理、电子订货、货物分拨等信息系统软件，提高物流管理的信息化水平。六是要引进和培养高素质的物流人才。鼓励企业引进掌握现代物流专业知识的复合型人才，并积极开展在职培训。

（四）全力打造生态宜居之城

敦化市打造生态宜居城市，要从多方面发力。一是要进一步加快经济发展，提高居民的富裕度，经济因素是生态宜居城市建设的前提。首先，推进产业结构优化升级，加快构建现代产业体系。其次，在园区建设、项目建设和民营经济发展上实现重大突破。二是完善社会保障机制，提高城市的安全与稳定度。增加社会保障的投入，扩大社会保障范围和保障水平。对失业居民进行再就业培训，提高他们的就业技能，积极发展第三产业，提供更多的就业岗位。三是加强生态环境建设，提高生态环境的优美度。加强减排和污染治理，深入开展城乡清洁工程，进一步推动城乡环境的综合治理，将发展和环境保护结合起来。四是重视文化教育发展，丰富居民的文娱生活。注重公共图书馆的建设，丰富居民的文化教育生活，提高居民的精神生活满意度。五是完善基础设施建设，提高居民的生活便捷度。建设城市路网系统，构建便捷畅通的城市道路框架。进一步完善城市的供电、供水、供暖、排水、通信、绿化、文体卫生设施、公益性设施等基础设施的建设，尽可能地为居民提供安全、便捷、舒适的生活方式。

参考文献

《吉林统计年鉴（2017）》。

专题报告

Special Reports

B.18 吉林市与绵阳市、宜昌市比较研究

张立巍*

摘　要： 长吉一体化、哈长城市群、吉林省一主六双格局等国家、省域战略的实施，对吉林市提出了新的要求。通过吉林市与绵阳市、宜昌市的比较，报告认为，吉林市一体化发展应由双核心式向融入式过渡，主导产业发展应由规模发展向特色发展过渡，城市群融入发展应由中部城市群向哈长城市群发展格局过渡，城市产业功能由新型工业基地向先进制造业基地过渡，城市旅游功能由中国北方特色的旅游城市、国家历史文化名城向面向东北亚的休闲型旅游目的地过渡。

* 张立巍，吉林化工学院副教授，研究方向：城市发展与产业经济。

关键词： 吉林市 融入式发展 绵阳 宜昌

引言

绵阳市和宜昌市分别为四川省和湖北省的第二大城市，与吉林市在吉林省的排名和地位等同。吉林市“十三五”提出“6411”产业发展战略，并以“五谋五建”推动老工业基地全面振兴。然而，长吉一体化、哈长城市群等省域、国家战略对吉林市发展战略提出了新的要求和挑战。因此，吉林市迫切需要在一体化发展方式定位、主导产业发展定位、城市群融入发展定位、城市产业功能定位和城市旅游功能定位等五个方面借鉴兄弟城市的发展经验，重新谋划和布局。

一 一体化发展方式定位：由双核心式发展向融入式发展过渡

问题的提出：

吉林市是吉林省第二大城市，一直对吉林省的发展发挥着重要作用。随着长吉一体化战略的提出，吉林市与长春市必然加速一体化，向千万人口城市迈进。但长春市和吉林市双核心式一体化方式进展缓慢，是否应该做出改变？

比较研究：

（1）与绵阳市的比较。绵阳市与成都市并没有一体化的发展设计，因为二者之间隔了一个德阳市。第三大城市德阳市却主动向成都市融入，谋求同城化，并效果显著。绵阳市与成都市的融合发展，主要是通过成德绵经济圈来破解地理障碍。四川城市一体化具有明显主次，第三大城市主动融入，第二大城市以经济圈方式进入，核心都是成都市；吉林市与长春市的一体化发展具有先天的地理优势，两座城市毗邻而居，长春市又明显倾向向东发展，吉林市占尽地利，因而缺少主动融入长春市的竞争压力，即缺少“融入城市”的定位。

（2）与宜昌市的比较。宜昌市与武汉市之间隔了一个荆门市，所以二者之间没有一体化的可能。但是，宜荆荆（宜昌市、荆门市、荆州市）城市群一体化小有成效，其中，宜昌市占据了一定的主导，明确提出带领“宜荆荆”城市圈向西融入川渝经济圈；考虑到经济体量大小，吉林市没有能力与接壤的延边朝鲜族自治州、白山市、通化市等城市一体化，缺少“主导城市”的定位空间。

应对措施：

（1）长吉一体化过程中，吉林市应积极推行融入式发展，准确定位为“融入城市”。四川的德阳市与成都市，湖北的宜昌市与荆门市、荆州市，这些城市在一体化过程中都自然地形成了主导城市和融入城市，并没有出现双核心式的一体化模式。长吉一体化过程中，长春市的经济体量是吉林市的2.5倍，这并不符合双核发展中经济体量相当的要求。而且，吉林市推进融入式发展并不会降低吉林市在吉林省的地位，反而通过与长春市的一体化发展，可以获得更多的政策、资金、人才和资本的加持。

（2）发挥“融入城市”的推动作用，制定一体化发展规划。吉林市在制定“长吉一体化发展框架下的吉林市发展规划”的基础上，应积极推动长吉两市共同制定“十三五”一体化发展规划，明确重大产业、基础设施、生态环保、市场机制等一体化合作内容。

二　主导产业发展定位：由规模发展向特色发展过渡

问题的提出：

当前，我国化工园区正在努力告别“千园一面”的产业结构，国家也重点建设一批瞄准化工新材料、高端精细化工等前景广阔的细分领域的化工园区。在此背景下，吉林省两大化工循环经济园区之一的吉林松原石油化学工业循环经济园区与农产品产业相结合，形成了以生物质能源化工为核心的特色产业发展方向。在吉林市化工与汽车产业初步融合的基础上，吉林化工循环经济园区是否应深化与汽车产业的融合，实现高端定位，特色发展？

比较研究：

（1）与绵阳市的比较。化工产业和汽车产业属于绵阳市支柱产业，由于化工产业规模尚小，绵阳市对二者没有明确提出融合发展的思路；吉林市化工产业已成规模，汽车产业依托长春一汽发展态势良好。吉林市已经具备了以化工与汽车产业融合为核心的“特色发展的产业基础”。

（2）与宜昌市的比较。汽车产业在宜昌市地位不高，化工产业规模虽大，但被列入需要“改造提升的传统优势产业”，宜昌市通过“关、搬、转”强势对化工产业去产能。可见，宜昌市错过了化工产业由规模发展向特色发展的契机；吉林市化工产业规模正处于上升期，但是应认识到规模的一味扩大并不是发展的终点。吉林市已经进入了以化工与汽车产业融合为核心的“特色发展的最佳窗口”。

应对措施：

（1）推进化工和汽车产业融合的进度。应以吉林省“汽车与石化产业配套协作战略联盟”为基础，构建吉林市化工和汽车两大产业沟通与对话的常态化平台；规划汽车用化工品工业园，建立企业协同创新基地，对技术难题共建创新平台，联合推出化工新材料和汽车用化工品；鼓励化工和汽车企业之间兼并与互相投资。

（2）面向全球精准招商汽车用化工品企业。应面向全球建立汽车用化工品企业的筛选平台，对从中发现的与吉林市化工产业特色发展相适合的企业进行精准招商；同时，通过提供企业发展所需的公共服务设施，优化发展软环境，形成汽车用化工品产业集聚效应，提高招商吸引力。

三　城市群融入发展定位：由中部城市群向哈长城市群发展格局过渡

问题的提出：

城市发展既需要自身的动力，也需要外在的助力。吉林市想要快速发展，光靠自身提速是不够的，还要进入更高发展格局的轨道。吉林省中部城市群是省内布局对吉林市发展的外在促进，但是随着国家哈长城市群的建立，吉林市是否应对现有发展格局做出调整？

比较研究：

（1）与绵阳市的比较。绵阳市从省域成都城市群到国家级成渝城市群，一直都是在较大的城市发展格局中进行规划和发展，具有融入城市群发展的经验。吉林市一直依靠自身产业优势参与省域经济布局，并在省域城市群建设中不断强化优势产业。但随着国家城市群的建立，城市之间的同质性会显露出来，吉林市还缺少在国家城市群体系中调整自身产业的经验。

（2）与宜昌市的比较。宜昌市隶属于国家级的长江中游城市群，同时，宜昌市2015年倾力打造了以其为核心的三峡城市群。宜昌市在城市群发展中更有主动性，并且发挥了一定的引领作用。吉林省中部城市群以长吉大都市区为核心，以四平市、辽源市、松原市为节点，吉林市在该城市群中具有重要的核心地位。但是目前来看，吉林市还没有在该城市群中发挥引领作用。

应对措施：

（1）差异化定位发展策略。中心城市发挥带动作用需要经过两个阶段，集聚和辐射。哈长城市群刚刚建立，而且由于东北城市区域辽阔，集聚阶段需要一定的时间，吉林市应利用这段时间，根据国家战略布局，谋划差异化定位。如哈长城市群将大庆市定位为世界石化产业基地，那么吉林市与大庆市产业定位就会产生同质化竞争，只有差异化定位才能从城市群的辐射中精准获益。

（2）一体化融入发展策略。长吉图一体作为两翼之一融入哈长城市群，并不是吉林市孤立地融入其中。所以，吉林市在省域城市群中的地位决定了其在哈长城市群中的地位。因此，吉林市必须立足省域城市群，在省域城市群中发挥更多引领作用，进而带动省域经济整体向城市群经济转变，实现由吉林省中心城市向长吉图发展带区域性中心城市过渡。

四　城市产业功能定位：由新型工业基地向先进制造业基地过渡

问题的提出：

吉林市城市总体规划（2011～2020年）提出，吉林市要建成全国重要的以化学工业为主的新型工业基地。而2016年国家批复的《哈长城市群发展规划》提出，将吉林市定位为先进制造业基地。吉林市产业功能定位如何按照国家战略进行调整成为当务之急。

比较研究：

（1）与绵阳市的比较。绵阳市“十三五”规划提出，要把绵阳建成西部地区先进制造研发创新中心，西部先进制造业基地、国家军民融合创新改革示范基地和创新驱动发展特色示范基地。概言之，绵阳市以创新来推动先进制造业基地的建设。吉林市在推动老工业基地全面振兴中提出“五谋五建”，其中首要一点是谋创新发展、建动力之城。与绵阳市类似，吉林市也抓住和发挥了先进制造业基地建设中创新的驱动作用。

（2）与宜昌市的比较。宜昌市城市总体规划（2011～2030年）提出，宜昌市未来要建设以装备制造、化工、生物医药等产业为代表的先进制造业走廊，并特别强调了先进装备制造业的地位。吉林市在先进制造业的产业选择上只明确了先进装备制造业，所以吉林市在先进制造业的产业聚焦上还具有很大空间。

应对措施：

（1）产业聚焦。由新型工业基地到先进制造业基地，吉林市要聚焦产业，明确制造业的产业发展内涵，结合吉林市“6411”发展战略，做大做强先进装备、汽车、化工新材料等相关产业。

（2）金融聚合。制造业发展离不开金融的支撑，吉林市应聚合金融资源，引进战略资本，挖掘金融机构潜力，促使金融力量与制造业对接。

（3）创新聚集。先进制造业的核心是创新，吉林市应大力引进学科领军人才，整合市内外高校、研究院所、企业研发机构，搭建创新平台，形成创新活动的活跃区域，赋能先进制造业。

（4）智慧聚变。2014 年国家提出的“中国制造 2025”凸显了顶层设计的智慧，是我国实现制造强国战略的第一个十年行动纲领。吉林市应以“先进制造业基地”对接“中国制造 2025”，做好吉林市的顶层设计，以“智造”来推动吉林市“制造”的由大变强。

五　城市旅游功能定位：由中国北方特色的旅游城市、国家历史文化名城向面向东北亚的休闲型旅游目的地过渡

问题的提出：

吉林市自身城市旅游功能定位是中国北方特色的旅游城市、国家历史文化名城。中国北方特色的旅游城市指向观光旅游，优势在于吉林雾凇。国家历史文化名城指向休闲旅游，优势是满族文化和京剧。吉林市是满族的发祥地之一，京剧的第二故乡。哈长城市群国家战略提出，吉林市旅游业应定位为面向东北亚的休闲型旅游目的地。从北方特色到面向东北亚，吉林市城市旅游功能定位应如何调整？

比较研究：

与绵阳市的比较。绵阳市拥有以大李白故里文化旅游区为代表的 5 个文化资源旅游区，文化辐射范围主要是国内。吉林市满族文化与日本、韩国、俄罗斯、朝鲜、蒙古等国家有一定的渊源，满族文化可辐射东北亚各国。因此，吉林市天然具有面向东北亚的文化旅游资源优势。

与宜昌市的比较。宜昌市在“十三五”期间建设了 19 个以三峡旅游新区为代表的自然资源旅游区，并明确提出建设面向国际的旅游目的地。长江三峡与吉林雾凇同列中国四大自然奇观，但是因为气候的同质性，吉林雾凇的冰雪文化更容易获得东北亚区域民众的接受。吉林市天生具有面向东北亚的自然旅游资源优势。

应对措施：

（1）旅游产品品牌化。第一，确立以雾凇为核心的旅游品牌。吉林市应以雾凇奇观为支撑点，以冰雪旅游和萨满民俗旅游为两翼，全面带动吉林市旅游产业的发展。第二，确保品牌影响力不减，冰雪旅游资源四季不断。冰雪旅游的短板是具有季节性，应利用现有技术贯通季节障碍，可参考吉林市与体育总局联合在建的吉林北山四季越野滑雪场。第三，提升品牌的区域知名度。萨满文化对日、韩、朝、俄、蒙皆有影响，地域关系又使东北亚各国更容易与吉林市产生认同感，因此，吉林市应面向东北亚发挥萨满文化优势和地域裙带优势，提升雾凇品牌的区域影响力。

（2）旅游品牌商业化。第一，引入专业资本，构建大旅游景区，实施专业化运作。吉林市景区旅游资源禀赋较高且已形成较为稳定的现金流，一旦有外部资金投入，进行基础设施完善、产品质量优化，将会产生立竿见影的效果。第二，鼓励本地旅行社与东北亚优质旅行社合作，设计精品旅游线路，使游客停留时间保持在 5 ~ 7 天。第三，引进专业旅游文化运作团队，挖掘雾凇、冰雪文化和萨满文化，商业化运作，提高旅游品牌的文化内涵和知名度。这些活动应包括雾凇形象大使的选定，大型室外实景演出的编排，国际旅游文化节的召开，东北亚旅游文化论坛的举办等。

六　经验总结

（1）在长吉一体化发展战略中，吉林市应主动推进融入式发展，逐步淡化“双核心”式发展，并依托新一轮长吉协同一体化发展战略规划的制定和实施，将掣肘吉林市发展的短板纳入长吉一体化框架下寻求突破。

（2）吉林市应重视和发挥化工和汽车两大产业的产业集聚能力，在吉林化工循环经济园区从清洁生产向企业间循环、区域循环升级的过程中，主动推动两大产业的融合发展，形成以“汽车用化工品特色园区”为载体的特色主导产业。

（3）吉林市从省域城市群向哈长城市群过渡中，要着力提高自己在城市群中的辨识度，在哈长城市群中进行差异化定位发展，在省域城市群中发挥中心城市的引领作用。

（4）吉林市先进制造业基地的建设中，应明确化工、汽车、装备等相关产业的地位，从资金、人才和顶层设计上推动创新活动的开展，发挥创新在先进制造业基地建设中的作用。

（5）吉林市要深入挖掘面向东北亚的旅游资源，打造与东北亚各国基于共同价值体系的可商业化运作的旅游品牌，即以雾凇品牌统领冰雪旅游和萨满文化旅游，以人造冰雪运动场所突破季节限制，使吉林市雾凇旅游品牌享誉东北亚。

B.19 浙江环杭州湾城市群城市竞争力评价

吴晓露*

摘　要： 本文依托《中国城市竞争力报告（No.16）》，从综合经济竞争力、可持续城市竞争力和宜居城市竞争力等三个维度对浙江环杭州湾城市群六市的城市竞争力做了系统评价；并以此为基础，进一步提出推进浙江环杭州湾城市群高质量发展的对策建议。

关键词： 环杭州湾城市群　城市竞争力　浙江

浙江环杭州湾城市群位于浙江省东北部，长三角南翼，近沪邻苏，包括杭州、宁波、绍兴、嘉兴、湖州、舟山等六大主要城市（基本信息如表1所示）。2017年，浙江省第十四次党代会明确提出，加快建设环杭州湾城市群；谋划实施“大湾区”建设行动纲要，重点建设杭州湾经济区，加强全省重点湾区互联互通，推进沿海大平台深度开发，大力发展湾区经济。[①] 浙江正式拉开了新时期环杭州湾大发展的序幕，为环杭州湾城市群的发展带来

* 吴晓露，博士，浙江省社会科学院区域经济所副研究员，研究方向：公共经济学与产业经济学。

① 2017年6月12日，浙江省省委书记车俊在全省第十四次党代会报告中首次明确提出“大湾区”建设构想，要谋划与实施“大湾区”建设行动纲要，重点建设杭州湾经济区，支持杭州湾区经济发展试验区建设，加强全省重点湾区互联互通，推进沿海大平台深度开发，大力发展湾区经济。同年12月4日浙江省省长袁家军在第四届世界互联网大会的“数字经济论坛”上再次明确提出，力争到2035年把杭州湾经济区建成世界级大湾区，并为其确定了世界级大湾区的规划定位与建设时间表。与此同时，浙江省发改委在2017年11月30日的第四届世界浙商大会上，首次亮出浙江大湾区建设路线图，指出大湾区建设由十大任务、十大平台、百个项目和万亿投资构成。

了新的机遇与挑战。[①] 一年多来，浙江以“八八战略”为引领，以实现“两个高水平”和建设“六个浙江”为目标，始终“秉持浙江精神，干在实处，走在前列，勇立潮头”，成功推进了全省经济发展方式的根本转变，经济社会建设取得了历史性成就。2017 年，浙江省的经济总量迈上 5 万亿新台阶，比上年同期增长 7.8%，财政总收入跨过 1 万亿大关，比上年同期增长 10.6%，经济运行基础更加稳固；以新产业、新业态、新模式为主要特征的“三新”经济增加值达到 1.25 万亿元，比上年增长 15.5%，占地区生产总值的 24.1%，对 GDP 的贡献率达到 37.1%，产业创新发展和辐射带动作用明显增强。全方位、多层次、宽领域的全面开放新格局取得新突破；以“最多跑一次”改革为引领的全面深化改革取得了实质性进展。

浙江环杭州湾城市群作为浙江省经济社会文化最发达和最活跃的地区在全省的深化改革、经济社会和城市建设中走在前列；2017 年，浙江环杭州湾城市群的六大核心城市的综合经济竞争力和宜居城市竞争力相较 2016 年都稳中有升，尤其后者提升显著；可持续竞争力与 2016 年相比，勉强持平，部分城市略有下降。但区域内各城市间的经济发展不平衡依然存在；浙江环杭州湾城市群六大城市与杭州湾北面的上海与江苏省（苏州、无锡、常州、南通）等五大城市间的一体化建设障碍依然没有得到有效缓解；[②] 再加上，该区域作为高外贸依存度的典型，未来中美贸易带来的不确定性也将势必影响该区域的发展。

---

① 事实上，早在习近平同志主政浙江期间就曾明确提出“规划建设环杭州湾产业带和城市群”的要求，“把杭州湾作为重点开发区，把环杭州湾产业带发展摆在突出的战略地位”，并围绕杭州湾的发展，在完善海洋港口规划布局、推动宁波舟山港一体化、发展先进制造业基地、建设杭州湾大通道等方面做出了一系列决策部署。2003 年 12 月，浙江省政府就曾制定和印发《浙江省环杭州湾产业带发展规划》，为环杭州湾大发展拉开了序幕。2010 年，浙江省的专家学者再次提出建设环杭州湾城市群；2012 年浙江省政府做出了环杭州湾新型城市化发展规划。

② 杭州湾城市群，虽然对浙江省而言只包括杭州、宁波、绍兴、嘉兴、湖州和舟山 6 个城市；但就全国范围来看，还应包括上海，以及江苏省的苏州、无锡、常州、南通四大城市。故应主要由全国 11 个城市组成。

表1　2017 年浙江环杭州湾城市群的基本信息

项目	数据
土地面积	4.54 万平方千米,占全省面积的44%
常住人口	2926.6 万人,占全省常住人口的51.7%
城镇人口占常住人口的比例及增长率	65.3%,1.0%
GDP 总量、占全省 GDP 的比重及增长率	35561.24 亿元,68.7%,12.8%
第一、二、三产业占 GDP 的比重	3.5∶44.7∶51.8

注：名义 GDP 增长率。

资料来源：由2017 年浙江省及浙江环杭州湾六大城市的《国民经济和社会发展统计公报》相关数据整理而得。

一　现状分析

总体概况：2017 年，浙江环杭州湾六大主要城市的综合经济竞争力指数处于0.09～0.22。其中，杭州和宁波排名靠前，在全国所有省市中分别排名第21 位和第24 位，比2016 年分别上升了3 位和1 位；舟山和湖州排名靠后，在全国只排到第76 位和第87 位，但前者较2016 年有大幅提升，后者略有上升。六大城市的可持续城市竞争力指数处于0.464～0.769，其中，竞争力较强的是杭州和宁波，在全国所有省市中分别排名第6 位和第13 位，前者与2016 年持平，后者比上年下降了1 位；竞争力较弱的湖州和绍兴，在全国只排到第51 位和第33 位，但两者较2016 年都有所提升，尤其后者提升显著。六大城市的宜居城市竞争力指数处于0.514～0.734，其中，较好的仍然是杭州和宁波，在全国所有省市中分别排名第3 位和第9 位，两者都比2016 年上升了3 位，尤其杭州的宜居城市竞争力指数为0.734，仅次于香港和无锡，湖州和绍兴较弱，在全国只排到第57 位和第42 位，但两者较2016 年都有大幅提升，前者从原来的第86 位上升到第57 位，后者则从原来的第54 位上升到第42 位（见图1）。

现状格局：2017 年，浙江环杭州湾城市群竞争力主要呈现以下格局。

第一，综合经济竞争力整体有待进一步提升，区域内各主要城市间的差

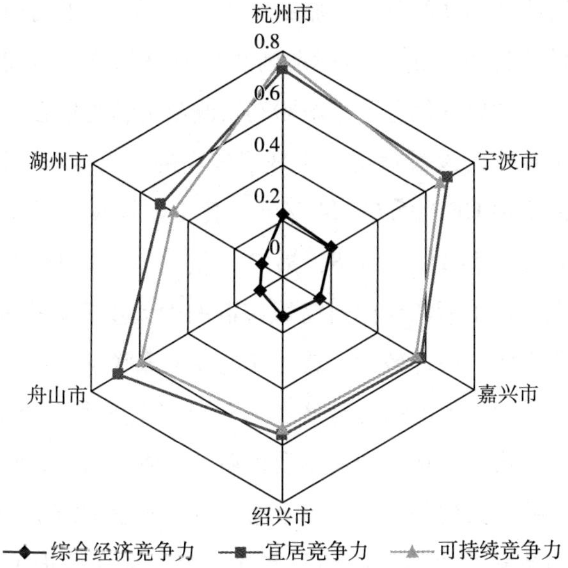

图 1　浙江环杭州湾城市群主要城市竞争力雷达图

资料来源：中国社会科学院城市与竞争力指数库。

距较大，发展不平衡问题仍然存在。首先，浙江环杭州湾城市群中的六大主要城市的综合经济竞争力仍有待进一步增强。虽然 2017 年杭州、宁波、嘉兴和绍兴的综合经济竞争力都进入了全国 50 强，经济基础较弱的舟山和湖州的综合经济竞争力也挤入了全国前 90 位；且从增速上看，综合经济竞争力指数除宁波略有下降、嘉兴和绍兴持平外，杭州与湖州都比上年提升了 3 位，舟山则增长更为显著，从 2016 年的全国第 99 位一举升至第 76 位。但其与全国其他城市相比，尤其与环杭州湾北面的五大城市相比，仍显薄弱，从表 2 可见，全国环杭州湾的 11 个城市中，除南通外，其他城市的综合经济竞争力都远远超过浙江的 6 个城市。其次，区域内六大主要城市间的综合经济竞争力差距仍然存在。2017 年，作为区域内综合经济实力最强的杭州的 GDP 为 12556.16 亿元，比上年同期实际增长了 8%，实现净增长 1242 亿元；而综合经济实力最弱的舟山的 GDP 只有 1218.95 亿元，低于杭州市同期 GDP 增量（见图 2）。这一方面说明，浙江省自 2016 年以来，为适应经济新常态、推进供给侧结构性改革而实施的“五水共治”“浙商回归”“四换三名”“三改一拆”“特色小镇”等一系列转型升级组合拳取得了良好成效，初步形成了以环境和要素倒逼、创新驱动及改革引领为核心的转型升级新格局；经济恢复了较快的发展速度，实现了较高的发展效率。2017 年，浙江环杭州湾城市群实现 GDP 35561.24 亿元，比上年同期增长了 12.8%；[①] 三大产业结构调整为 3.5∶44.7∶51.8，第二、第三产业共同支撑了区域经济增长。另一方面也显示了浙江环杭州湾城市群的六大主要城市间因当地要素、当地需求、企业本体、硬件环境、软件环境及全球联系等原因形成的经济实力与产业结构差异而导致的综合经济实力与经济发展潜力的差距依然存在。例如，杭州近年来成功抓住了产业发展机遇，形成了以互联网电子商务为代表的信息经济产业和文化创意产业、金融产业、旅游休闲产业、健康产业、时尚产业、高端装备产业的“1+6”产业集群，成功推进了杭州经济的发展。2017 年，杭州的三大产业结构调整为 2.5∶34.9∶62.6，服务业成为经济增长的第一拉动力，对 GDP 增长的贡献率达 74.4%；信息经济成为杭州经济的主引擎，对经济增长贡献率超过 50%，年均增速高于同期 GDP 增速 13.8 个百分点。宁波一方面以新材料、高端装备和新一代信息技术为代表的三大战略引领产业，既做强做优以汽车制造、绿色石化、纺织服装、智能家电、清洁能源等为代表的五大传统优势产业，又积极培育以生物医药、海洋高技术、节能环保为代表的一批新兴增长产业和以工业创新设计、科技服务、检验检测、信息服务为代表的一批生产型服务业的“3511”产业体系；另一方面则得益于近年来宁波港的快速发展，使其在 2017 年实现了 9846.94 亿元的 GDP 及 7.8% 的年增速。而舟山市则因经济基础较为薄弱，第一产业比重较大，第二、第三产业不发达而一直以来综合经济竞争力较弱，但随着 2017 年后浙江自由贸易试验区的筹建，国际绿色石化基地、油品储运基地、国际海事服务基地及国际油品交易中心的相继落地，为其带来前所未有的发展机遇，2017 年实现了 8.8% 的 GDP 增长率。湖州、绍兴与

① 名义增长率。

嘉兴则受当地要素和企业本体影响，传统产业比重较大，新兴产业尚未成长壮大，经济体量相对较小，增长速度有限（见表3）。

表2　环杭州湾城市群主要城市竞争力（2017）

城市	综合经济竞争力	
	指数	排名
杭州	0.220	21
宁波	0.207	24
嘉兴	0.151	39
绍兴	0.140	44
舟山	0.095	76
湖州	0.090	87
上海	0.728	3
苏州	0.386	8
无锡	0.288	14
常州	0.227	20
南通	0.184	27

资料来源：中国社会科学院城市与竞争力指数库。

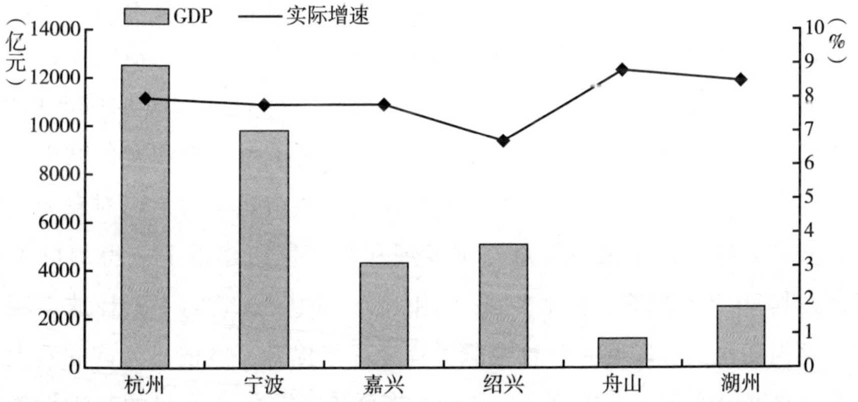

图2　浙江省环杭州湾城市群主要城市的GDP及实际增速（2017）

资料来源：浙江省统计局。

表 3　浙江环杭州湾城市群六大主要城市综合经济竞争力指数（2017）

城市	综合经济竞争力		综合增量竞争力		综合效率竞争力		企业本体	当地要素	当地需求	软件环境	硬件环境	全球联系
	指数	排名	指数	排名	指数	排名	排名	排名	排名	排名	排名	排名
杭州	0. 220	21	0. 454	12	0. 029	37	104	7	10	44	56	8
宁波	0. 207	24	0. 325	18	0. 039	29	135	34	14	76	32	28
嘉兴	0. 151	39	0. 155	62	0. 043	25	200	94	37	66	59	15
绍兴	0. 140	44	0. 198	44	0. 026	44	146	95	31	78	63	18
舟山	0. 095	76	0. 064	185	0. 036	31	274	72	63	212	5	79
湖州	0. 090	87	0. 105	105	0. 017	68	150	99	49	73	44	21

资料来源：中国社会科学院城市与竞争力指数库。

第二，可持续竞争力总体稳定，基本保持在全国上游水平。从纵向看，2017 年，浙江环杭州湾城市群六大主要城市的可持续竞争力指数与上年基本持平；各分项除和谐城市竞争力与上年相比有较大幅度下降外，其他指数稳中略有上升，其中，信息城市竞争力与全域城市竞争力总体排名靠前，和谐城市竞争力与生态城市竞争力排名相对靠后。从横向看，十个环杭州湾的主要城市中（上海除外），浙江的六个城市与其他城市相比，总体未见明显差距；在各分项上，浙江在信息城市竞争力和文化城市竞争力上有相对优势，而在和谐城市竞争力和生态城市竞争力上相对较弱。这充分反映了浙江近年来在信息经济发展和智慧城市建设上取得的巨大成就；尤其 2017 年以来，随着“最多跑一次”改革成效的不断释放，城市信息化程度和“互联网 +”社会服务程度逐年提升，以杭州为首的六大城市的信息城市竞争力大幅提升。然而，浙江近年来投入大量的基础设施建设、城中村拆迁改造及环杭州湾六大城市间轨道交通及高速公路建设，在一定程度上影响了上述城市和谐城市竞争力和生态城市竞争力的全国排名（见表 4）。

表4　环杭州湾城市群主要城市可持续城市竞争力指数（2017）

城市	可持续竞争力		知识城市竞争力	和谐城市竞争力	生态城市竞争力	文化城市竞争力	全域城市竞争力	信息城市竞争力
	指数	排名	排名	排名	排名	排名	排名	排名
杭州	0.769	6	8	75	21	3	9	11
宁波	0.657	13	17	94	94	7	17	13
嘉兴	0.561	29	80	38	148	27	13	19
绍兴	0.549	33	83	161	135	13	18	17
舟山	0.595	21	61	56	19	55	16	21
湖州	0.464	51	76	194	143	59	19	37
上海	0.887	3	2	182	7	9	3	2
苏州	0.658	12	12	54	61	46	10	18
无锡	0.645	16	20	31	33	29	15	32
常州	0.535	34	40	55	115	49	23	42
南通	0.499	44	28	110	63	78	42	54

资料来源：中国社会科学院城市与竞争力指数库。

第三，宜居城市竞争力整体靠前，上升趋势显著，宜居宜业优势明显。2017年，浙江环杭州湾六大主要城市的宜居城市竞争力上升趋势显著，不仅杭州和宁波分别从上年的全国排名第6位和第12位上升到第3位和第9位，而且原本排名靠后的湖州和绍兴也有大幅上升，尤其湖州一举从第86位上升至第57位；至此，除湖州的宜居城市竞争力较弱外，其他五大城市均进入全国50强。从分项指标看，“活跃的经济环境”指数除绍兴排名第41位外，其他城市均排名全国前35位；六大城市的“便捷的基础设施”指数也全部排名全国65位前。而“安全的社会环境”指数和“健康的医疗环境”指数虽然仍有待进一步提升，但也有多个城市排名靠前。然而，从全国环杭州湾城市群的11个城市看，浙江的六大主要城市排名居后，仍有大幅提升空间（见表5）。这充分说明，浙江近年来一方面围绕“美丽浙江”建设，城市宜居工作全面推进，城市基础设施得到有效提升，市民居住环境显著改善；另一方面，得益于依托“企业家精神＋服务型政府”和“最多跑一次”改革而在浙江形成的宜居宜业的创业创新生态，成功孵化了众多高新区、科创大走廊、智造大走廊、特色小镇等融生活、文旅和创业创新为一体的发展平台，吸引了大量的高端人才和创业创新人才。

表 5　浙江环杭州湾城市群主要城市宜居城市竞争力指数（2017）

城市	宜居竞争力		优质的教育环境	健康的医疗环境	安全的社会环境	绿色的生态环境	舒适的居住环境	便捷的基础设施	活跃的经济环境
	指数	排名	排名	排名	排名	排名	排名	排名	排名
杭州	0.734	3	32	5	154	36	55	58	10
宁波	0.697	9	26	49	187	65	24	18	26
嘉兴	0.576	38	77	189	62	107	14	61	34
绍兴	0.562	42	70	78	225	75	15	52	41
舟山	0.690	13	108	170	93	23	35	3	24
湖州	0.514	57	96	88	203	91	170	33	28
上海	0.692	12	2	22	228	27	141	30	19
苏州	0.685	17	29	51	116	53	166	17	7
无锡	0.818	2	18	27	69	55	22	4	18
常州	0.646	19	45	67	67	45	173	22	6
南通	0.710	5	46	58	122	32	42	87	31

资料来源：中国社会科学院城市与竞争力指数库。

二　问题与劣势

第一，浙江环杭州湾城市群的三大城市竞争力发展不平衡。首先，综合经济竞争力落后于可持续竞争力和宜居城市竞争力。无论与国内其他城市，还是与环杭州湾北面五大城市相比，浙江环杭州湾六大城市不仅综合经济实力不强，除杭州和宁波外，其他四个城市的综合经济实力都排在省外其他五大城市后；而且城市间的经济发展水平差距也较大，湖州和舟山排名在全国 80 位左右，而其他四大城市都能排进或靠近全国前40位。因而，未来的浙江环杭州湾城市群建设仍必须把各方面的工作重心有效引导到如何更好地适应经济新常态，培育与壮大新经济增长点，加快推进产业转型升级，切实打造浙江经济“升级版”上；尤其要解决浙江经济长期存在的“多”而不“精”、“富”而不“强”等问题，通过加大研发投入，提升企业技术含量与企业规模，有效解决目前区域内存在的“企业本体”得分偏低，城市群在集聚高端制造要素、发展高端产业等方面的竞争力不足问题。其次，生态城市建设仍面临较大压力。2017年，浙江环杭州湾六大主要城市的可持续竞争力虽然总体稳定在全国上游水平，但与环杭州湾北面的五个城市相比仍存在一定差距，尤其是生态城市竞争力一直排名较后，这主要源于区域内城市生态系统和结构功能布局的不甚合理，例如，老城普遍存在人口密度与建筑密度过大，土地开发强度偏大，绿化覆盖率偏低等问题。最后，近年来，浙江的常驻人口一直呈上升趋势，也给城市人口综合服务与调控、生态环境整治、和谐城市构建等方面带来了巨大压力。

第二，环杭州湾城市群南北两岸城市群间缺乏统筹规划布局的态势依旧无法改变。受政府管理权限限制，浙江省无法插手江苏和上海的城市与经济发展规划，同样，对方政府在考虑自身城市建设与经济发展时不会将浙江环杭州湾城市纳入其规划范围，因而无法真正实现环杭州湾城市群在经济、社会与文化上的紧密合作，这在一定程度上阻碍了创新要素在上述城市的有序集聚而导致稀缺资源配置的无效率。

第三，中美贸易战给经济发展带来的负面影响有所提升。浙江的开放经济由来已久，一直是外向型经济较为发达的地区，环杭州湾的六大主要城市更是出口依存度普遍较高的地区；2017年，杭州、宁波、嘉兴、绍兴、湖州与舟山的出口依存度分别是28%、51%、41%、36%、28%和32%。在未来国际社会的不确定因素进一步增加和中美贸易战不断升级的情况下，经济发展风险也将随之增加；尤其中美贸易战的一个重要目标就是针对“中国制造2050”，其势必对浙江环杭州湾城市群的经济转型升级和“八大万亿产业”的打造带来一定负面影响。

三　现象与规律

浙江环杭州湾城市群是浙江城镇分布最密集、经济发展和城市化水平最高的区域。虽然该区域六大主要城市的综合经济竞争力尚无法位居全国前列，但却是全国经济最活跃、经济发展后劲最强健的区域之一。首先，浙江环杭州湾地区各市的城市化率居全省和全国前列。2017 年，杭州、宁波、嘉兴、绍兴、湖州与舟山的城市化率分别是 76.8%、72.4%、64.5%、65.5%、62%和67.9%，高于同期浙江省 68%和全国 58.5%的城市化率。其次，浙江环杭州湾城市群是以扎实的城市经济实力为依托，通过产业结构优化和科学技术创新来推进城市群的发展和提升城市群的质量。2017 年，浙江环杭州湾城市群六大主要城市的综合经济竞争力和可持续竞争力分别进入全国 90 强和 50 强，总体经济实力居全国前列。最后，浙江环杭州湾城市群六大主要城市可持续竞争力和宜居城市竞争力的整体排名靠前，尤其是宜居城市竞争力上升明显，民生福祉持续增进。这些都为未来浙江环杭州湾城市群的质量提升创造了良好的产业基础和人才入驻空间。

四　趋势与展望

虽然未来经济运行可能面临外部环境更多的不确定性和复杂性，但浙江环杭州湾城市群也有其自身优势。首先，该区域是全国民营经济最发达的地区，也是全国市场化程度最高的地区，劳动力、土地等要素市场的创新都走在全国前列，大大降低了经济发展所需要的各种成本和费用。该区域的外向型经济模式、灵活的经济体制及良好的创业创新环境，决定了其能继续巩固竞争力的优势地位，令综合经济竞争力和持续竞争力继续保持在较高阶段。其次，浙江环杭州湾城市群所处区域的自然条件决定其在宜居竞争力上具有天然优势。最后，浙江勇于探索创新，敢于打破政策壁垒、争取政策红利的不懈努力也令其在宜居宜业方面创造了更多制度优势。因而，浙江环杭州湾城市群有望成为中国城市转型发展的试验地和排头兵。

五　政策建议

战略回顾：

2017 年，浙江环杭州湾城市群以“最多跑一次”改革为牵引，以“一带一路”“海洋经济示范区”“自由贸易试验区”“大湾区、大通道”建设为导向，全面深化改革取得重大突破。全面推进供给侧结构性改革，经济增长的质量效益进一步提高。全面践行以人民为中心的发展思想，各项民生工作有序推进。因而，浙江环杭州湾地区的城市质量得到了有效提升。

政策建议：

一是继续发挥城市区位优势，积极融入长江三角都市圈。长三角城市群是中国城镇化基础最好的地区之一，浙江环杭州湾城市群地处长江三角的核心区域，又地处沿海，地理位置优越，交通设施健全，产业基础良好，人才储备丰富，具有得天独厚的区位优势。在未来的城市发展中，要充分利用国家的发展政策，抓住长江三角的发展机遇；既要继续加强跟上海、江苏等发达地区的联系和交流，资源互通有无，发展优势互补，发挥产业的集群作用，又要利用沿海优势，继续对外开放，加大对外贸易，充分利用外来资金和先进技术，提高社会生产劳动率，生产更多高附加值的产品，把自身打造成为更加现代化和国际化的城市群。

二是调整产业结构，促进经济转型升级。优化产业结构，抓住互联网发展的机遇，加快发展物流和商贸等现代服务业；积极发展现代农业、高新技术产业，先进制造业、文化创意产业和海洋产业；加强与区域外的交流和沟通，发展外向型经济；重视人才的作用，以区域内重要的大学和研究机构为依托，不断提高城市的科技创新能力，提升城市群的综合经济竞争力。

三是树立可持续发展理念，建设文明、生态、和谐的新型城市群。改变传统粗放型的城市发展方式，树立可持续发展理念，处理好城市发展、生态环境保护和资源保障之间的关系，做到既要金山银山，又要绿水青山。以科学进步和技术创新来推动经济发展，减少对资源环境的依赖；大力发展旅游产业、互联网产业等高效绿色产业，改善区域内的生态环境状况，扎实推进“五水共治”，严格控制大气污染排放，集中治理固体废弃物污染，防范农业污染，建立生态功能保护区，加强生态公益林建设和城市环境保护建设等；提高城市的资源环境承载力、土地资源和水资源的使用效率等。

四是提升城市运行效率，释放城市发展潜力，增强城市居民的获得感和幸福感。以“最多跑一次”改革为抓手，深入推进城市管理体制改革，简政放权，建立分工明确、责任到位、监督有力、运转高效、科学规范的城市管理长效机制；完善城市功能、改善城市环境，提高城市居民的生活品质和城市发展的竞争力。

B.20
江苏城市竞争力的评价分析与提升途径

方维慰*

摘　要： 城市竞争力是指城市在区域激烈竞争中所拥有的吸引、争夺、转化资源，占领、控制、调配市场，扩大对外影响力，提升对内凝聚力的综合能力。本报告在既有的研究基础上，针对江苏城市竞争力评价的具体要求，选择使用“多指标综合评定法”，对江苏省城市竞争力进行了评估。在评估的基础上，对提升江苏城市综合竞争力提出了政策建议，一是优化产业结构，推进成本竞争向能力竞争演化；二是硬环境与软环境建设并举，提升城市运营效率；三是推动政产学研协同创新，构建创新型、学习型城市；四是推进智能城市建设，优化城市综合服务能力；五是城市竞争从对抗向协作转变，形成共赢型发展格局。

关键词： 城市发展　竞争力评估　错位发展

随着我国工业化进程的不断加快，城市化也在加速进行。作为区域增长极和企业集聚地的城市，往往代表国家和地区参与国内外竞争，成为竞争的主体。城市竞争力就是城市在激烈的角逐战中所拥有的吸引、争夺、转化资源，占领、控制、调配市场，扩大对外影响力，提升对内凝聚力的

---

* 方维慰，江苏省社会科学院财贸研究所副所长、研究员、博士后。

综合能力。江苏省是我国城市密度最大的省份之一，2017 年，江苏城市化率达到68.8%，全省 2/3 以上的人口居住在城镇中，苏州、南京、无锡是江苏三个 GDP 过万亿元的城市，城市在江苏经济社会发展中扮演着举足轻重的角色。而城市竞争力不仅关系到单体城市的繁荣，而且影响到城乡统筹和区域一体化进程，因此，分析、评价、提升城市竞争力具有重要的现实意义。

一 江苏城市竞争力的综合评价

竞争是多个客体实力的展现，一个城市竞争力的强弱也是相对于其他城市而言的，在此，本文将江苏的多个地级市进行横向的对比分析，从而显现出江苏城市竞争力的具体水平和相对高低。城市竞争力不是一个直观的变量，评估工作必须借助有效的评估方法。目前，城市竞争力评价除衍生波特“钻石模型”、IMD 模型、WEF 模型等国家竞争力的理论外，还独立构建了彼得模型、丹尼斯模型等。欧美的权威杂志和统计机构定期对世界城市进行定量评价，我国近年来也对国内城市进行了一系列测评排名，这些实证研究成果对于城市竞争力评价方法的构建都具有指导意义。基于既有的研究基础，针对江苏城市竞争力评价的具体要求，本文选择使用“多指标综合评定法”进行评估，相对而言，“多指标综合评定法”拥有多维的评价因子，以简单明了的基础性统计数据为支撑，操作难度不大，结果清晰直观，适合多个客体之间的对比研究。

1. 构建评价城市竞争力的指标体系

首先，城市竞争力的大小与城市规模息息相关，城市规模体现着城市的体量、人气和潜在的市场机会，当前的全球性城市无一不是超大规模城市。其次，已有的经济实力和对外开放程度是城市参与竞争的基础。再次，城市生产要素（土地、资金、人力）的丰度和成本、城市软硬件服务设施水平、城市作为区域中心所具备的与外界交流互动的能力是决定城市竞争胜负的关键。最后，城市居民福利机会的增加、社会关系的和谐，生态环境的改善，是“以人为本”和“可持续发展”的现代型城市竞争的“资本”。基于以上分析，本文遵循城市竞争力评估的整体性和可行性原则，拟定14个评价因子，20项解释性指标组成城市竞争力指标体系，并运用特尔菲法确立各因子的权重，如表1所示。

表1　城市竞争力评价指标体系

	评价因子	权重值	解释性指标	
A1 城市竞争力	C1 城市规模	0.10	V1 年末户籍人口	
	C2 经济水平	0.12	V2 人均国内生产总值	
	C3 开放程度	0.05	V3 当年实际利用外资金额	
	C4 服务功能	0.10	V4 第三产业占 GDP 的比重	
	C5 辐射外联	0.05	V5 客运总量	V6 货运总量
	C6 资金丰度	0.05	V7 一般公共预算收入	V8 储蓄年末余额
	C7 土地丰度	0.05	V9 市区土地面积	
	C8 劳动力成本	0.05	V10 城镇非私营单位就业人员平均工资	
	C9 创新能力	0.07	V11 普通本专科在校学生数	V12 专利申请受理量
	C10 城市化水平	0.08	V13 城镇人口比重	
	C11 信息化程度	0.05	V14 年末移动电话用户	V15 互联网宽带接入用户
	C12 文卫设施	0.05	V16 医疗卫生机构数	V17 公共图书馆藏书量
	C13 交通便捷度	0.10	V18 每万人拥有公共交通车辆	V19 人均拥有道路面积
	C14 生态环境	0.08	V20 建成区绿地覆盖率	

2. 收集整理被评估城市各项指标的数据

由于受自然禀赋、经济基础、区位优势、国家政策等因素影响，江苏经济发展形成了苏南、苏中、苏北三个差异显著的区域。在此，本文从每个区域选择3个地级市作为代表，进行测评。收集和整理这9个城市的各项解释性指标的统计数据（见表2）。数据来源于《江苏统计年鉴（2018年）》，统计年限为2017年，除V10指标外，其余指标统计口径一律为城市市区范围，不包含所辖区县。

表 2　江苏城市竞争力的解释性指标

区域	苏南地区			苏中地区			苏北地区		
序号(单位)	南京	无锡	苏州	南通	泰州	扬州	徐州	宿迁	连云港
V1 人口(万人)	680.67	259.23	356.3	214.47	163.92	233	337.85	176.34	222.61
V2 产值(元)	141103	150120	140864	121783	122501	133566	103339	59102	69127
V3 外资(亿元)	36.73	22.52	23.59	23.59	9.32	9.99	11.42	2.72	2.72
V4 三次产业比重(%)	59.7	57.9	53.3	52.2	46.2	49.1	53.3	43.1	47.1
V5 客运(万人)	53106	8404	31272	7310	6504	3421	11013	5265	4607
V6 货运(万吨)	61656	13806	13614	12656	2800	7112	19485	4194	9283
V7 预算(亿元)	1271.91	583.7	1012.91	260.06	184.71	212.17	274.75	274.75	151.28
V8 储蓄(亿元)	29944.86	9132.47	15824.77	5035.13	2958.36	3931.06	3970.2	1254.89	2025.25
V9 土地(km^2)	6587	1644	4652	2140	1567	2306	3063	2108	3012
V10 工资(元)	98106	86780	87431	74640	63929	70497	62101	59279	66952
V11 学生(万人)	72.15	10.23	16.47	9.95	6.17	8.28	12.93	2.1	3.99
V12 专利(件)	75406	38571	67099	67099	16864	17783	12599	4895	5993
V13 城镇化比重(%)	82.3	76	75.8	66	66.1	66.1	63.8	58.5	58.5
V14 电话(万户)	1159.83	534.23	996.68	338.67	183.98	297.96	422.34	162.67	239.03
V15 网络(万户)	401.24	187.15	284.35	104.02	66.68	101.28	112.54	47.34	78.65
V16 医疗(个)	2340	1343	1545	1545	649	1026	1343	1026	1379
V17 图书(千册)	18793	4654	13443	2303	1579	2959	1679	953	1644
V18 公交车(辆)	23.1	17.9	20.8	21.8	13	16.6	16.2	17.6	18.8
V19 道路(m^2)	23.8	27.5	32.8	31.9	28.4	21.6	22.9	26.3	24.5
V20 绿化率(%)	44.9	43	41.3	43.5	42.2	44	43.8	43	43.5

由于原始数据具有量纲，异类数据不具有可比性，因此，本文根据各项解释性指标的作用性质，采用两种标准化模型消去量纲的限制。V1 ~ V9、V11 ~ V20 指标规模越大越好，采用极大值标准化法计算：

$S_{iy} = \frac{X_{iy}}{maxX_y} \times 100$ 公式中 S_{iy}为 I 城市 y 因素的标准化分值；X_{iy}是 i 城市 y 指标的原始数值；$maxX_y$是 y 指标中最大的原始数值。V10 指标数值越小越好则进行逆向处理，采用极小值标准化法计算

$S_{iy} = 100(1 - \frac{X_{iy}}{maxX_y})$ 。

3. 计算各城市竞争力的综合评价值

采用线性加权法：

$$E_i = \sum_{k=1}^{n} F_{ik} W_k ;$$

式中 E_i是 i 城市竞争力综合评估值；W_k是 k 因素的权重；F_{ik}是 i 城市 k 因素的标准化分值。经过计算，江苏 9 个城市竞争力最终评价结果如表 3 所示。

表 3　江苏城市竞争力的综合评价值

区域	苏南地区			苏中地区			苏北地区		
城市	南京	无锡	苏州	镇江	南通	扬州	徐州	宿迁	连云港
C1 城市规模	10.00	3.81	5.24	3.15	2.41	3.42	4.96	2.59	3.27
C2 经济水平	11.28	12.00	11.26	9.73	9.79	10.68	8.26	4.72	5.53
C3 开放程度	5.00	3.07	3.21	3.21	1.27	1.36	1.55	0.37	0.37
C4 服务功能	10.00	9.69	8.93	8.74	7.74	8.22	8.93	7.22	7.89
C5 辐射外联	5.00	0.96	2.02	0.86	0.42	0.45	1.31	0.42	0.59
C6 资金丰度	5.00	1.91	3.31	0.93	0.61	0.75	0.87	0.65	0.47
C7 土地丰度	5.00	1.25	3.53	1.62	1.19	1.75	2.33	1.60	2.29
C8 人力成本	0.00	0.58	0.54	1.20	1.74	1.41	1.84	1.98	1.59
C9 创新能力	7.00	2.29	3.91	3.60	1.08	1.23	1.21	0.33	0.47
C10 城市化	8.00	7.39	7.37	6.42	6.43	6.43	6.20	5.69	5.69
C11 信息化	5.00	2.32	3.92	1.38	0.81	1.27	1.61	0.65	1.01
C12 文卫设施	5.00	2.05	3.44	1.96	0.90	1.49	1.66	1.22	1.69
C13 交通便捷	8.63	8.07	9.50	9.58	7.14	6.89	6.99	7.82	7.80
C14 生态环境	8.00	7.66	7.36	7.75	7.52	7.84	7.80	7.66	7.75
合计	92.91	63.05	73.54	60.13	49.05	53.19	55.52	42.92	46.41

二　江苏提升城市竞争力的途径

评估结果表明，江苏十个城市竞争力虽然具有不均衡性，但是总体水平较强，特别是南京、苏州、无锡等苏南地区的城市在服务功能、对外引资、生态环境方面都具备一定的比较优势。目前，就城镇规模而言，江苏已经拥有特大城市、大城市、中等城市、小城市、小城镇的等级序列完整、分工有序、特色鲜明的城镇体系。在江苏的沿沪宁线、沿江、沿海等经济水平较高的地区，城镇密集区日益增多，已形成具有板块特征的城市群与城市带。区域中心城市在人口产业不断集聚、规模体量不断扩展、经济实力不断加强的同时，出现了郊区城市化的现象，开始形成多核心的城镇分布格局。《江苏省城镇体系规划（2015～2030年）》提出，至2030年，江苏城镇化水平将达80%左右，城镇人口约7200万人，形成两个特大城市，15个大城市、12个中等城市、28个小城市和540个镇的城市等级规划体系。当前阶段，为了全方位地提升城市竞争力，江苏的城市发展更加注重追求品质与内涵，城市建设的重点将放在构建高效的经济运行系统、公平的社会保障系统、健全的行政管理系统、丰富的城市文化系统、完备的基础设施系统、优质的生态环境系统上。

1. 优化产业结构，推进成本竞争向能力竞争演化

江苏城市人口密度大，土地丰度并不具备比较优势，而劳动力的成本优势随着经济水平的提高也日渐弱化，同时，能源、原材料供应的瓶颈问题却日益突出。为此，近年来，江苏试图推进城市的竞争方式，从低成本的价格竞争向高质量的品牌竞争转化，并且适当降低对外依存度，谋求自主发展空间。在苏南地区，城市以低土地成本、廉价劳动力、优惠政策吸引投资的竞争阶段已经告一段落，新的竞争方式将以完善的城市功能、规范的企业制度、成熟的产业集聚以及富有活力的创新环境作为竞争元素。积极推进高新产业集群建设，使得大企业的“实力”和中小企业的“灵活”有机结合，形成互惠互荣、分工协作的专业化共生产业体系。着力推进市场前景好、增

长潜力大、带动作用强的金融、现代物流、科技服务、软件和信息服务、服务外包、商务服务、文化创意、商贸流通、旅游、家庭服务，努力以现代服务业为突破口，优化产业结构，通过提升产业竞争力，实现城市经济增长方式由粗放型向集约型的转变。

2. 硬环境与软环境建设并举，提升城市运营效率

为了提高城市之间的通达性，江苏非常重视交通与信息基础设施的建设，目前，一个连接南北、横贯东西的立体式大交通格局与内畅外联、高速安全的现代信息网络正展现在江苏大地上，距离摩擦作用被减弱，设施建设的“乘数效应”被放大。由于城市竞争力是由要素成本和交易成本组成的，而交易成本太高是中国城市普遍的病症，因此，在塑造硬环境的同时，江苏非常重视城市各项服务功能的完善，积极转变政府职能，消除管理体制障碍，建构统一市场规则。通过高效廉洁的办事作风、科学民主的决策方式、透明公平的市场环境、安全稳定的治安状况、文明高雅的城市氛围、诚实友善的信用环境来降低企业、个人的交易成本，提高城市的运行效率。

3. 推动政产学研协同创新，构建创新型、学习型城市

在风云变幻的全球化时代，城市的竞争地位瞬息变化，城市只有不断地吐故纳新，具备顽强的学习精神和创新能力，才能获得持久的竞争力。为此，江苏以提升科技支撑力与产业竞争力为着力点，将创新型、活力型、学习型城市建设与产业科技创新中心建设结合起来，通过大学校区支撑和引领、高新园区集聚和辐射、城市社区统筹和承载，将高校院所的科研资源、产业园区的综合资源、龙头企业的产业资源、政府力推的孵化资源进行有效整合。在城市内部，重点通过市区联动、区校联动、区镇联动等方式，对相关地域单元进行功能细分，例如：划分为创新引领区、众创集聚区、产业承载区，以推动创新创业资源的空间优化配置。目前，江苏正在以“一院（省产业技术研究院）、一区（苏南国家自主创新示范区）、一城（南京国家科技体制综合改革试点）、两县（常熟市、海安县科技创新体制综合改革试点）”为改革试点，希望通过聚集、整合与重组，形成以“一院、一区、一城、两县”为核心载体的跨区域、跨领域、跨机构技术研发、扩散与转化

体系。同时，在城市中积极营造尊重知识、运用智慧、鼓励个性、激励创新的外部氛围，加大教育、科技的投资力度，强化人才培养、人才吸引、人才使用的政策措施，特别是推进企事业单位人才继续教育的制度化和法律化建设，建立终身学习机制。

4. 推进智能城市建设，优化城市综合服务能力

信息化是城市实现现代化的必由之路，也是城市增强竞争力的有力手段。作为信息制造业大省，江苏非常重视发挥信息化对城市发展的促进性作用，先后以省辖市为龙头，深入推进“数字城市”“智慧城市”建设，加强城市之间、城乡之间物资流、资金流和信息流的交融。在城市中将信息产业作为产业结构调整的主导产业，运用信息技术改造传统产业的管理方式和工艺流程，增强城市产业的竞争力。积极发展信息服务业，以新业态、新模式改造传统服务业，为城市产业优化供应链、降低流通成本、满足个性需求提供支持。努力构建高速、移动、安全的新一代信息基础设施，将信息技术渗透于城市的规划、行政、交通、治安、户籍等各个领域，深入推进“三网融合”，稳步推进“互联网＋”行动、大数据战略、信息安全建设、物联网建设，以技术创新推动城市管理的创新。

5. 城市竞争从对抗向协作转变，形成共赢型发展格局

城市要在整个城市体系中占据特有的、不易取代的地位，除了在竞争中提升自己，还要善于与其他城市合作，合理分工，以避免因发展模式雷同而导致的恶性竞争。城市分工合作的基点是产业，江苏一直以“产业”为切入点，通过产业空间的动态转承，来推进城市之间的经济合作。针对苏南、苏中、苏北的产业梯度差异，实施产业的梯度推移策略，鼓励苏南地区将占地多、耗能高的加工业和劳动密集型产业向苏北和苏中转移，以便给予苏南“腾笼换鸟”、苏中“釜底加薪”、苏北“雪中送炭”。同时，为了构筑共赢型的城市关系，江苏还在21世纪初，提出构建“苏锡常”、“宁镇扬”、徐州三个都市圈，并且在全国率先出台都市圈发展规划，以突破行政区划对规划思维的固有束缚，以期通过相邻城市之间高效的经济互动与紧密的治理关系来形成“城市空间共同体”。在推进本省城市产业合作、资源互补的同

时，江苏努力克服地方保护主义，积极参与长江三角洲区域经济一体化的建设，推进市场体系统一开放、基础设施共建共享、公共服务统筹协调、生态环境联防共治，希望能够为长三角地区形成功能各异、优势互补、错位竞争的城市格局而贡献力量。

参考文献

倪鹏飞：《中国城市竞争力理论与实证分析》，中国经济出版社，2001。

迈克尔·波特著：《国家竞争力优势》，李明轩、邱如美等译，华夏出版社，2002。

杨小林、张亚美、金英淑、朱万晶：《基于竞争　合作视角的中原城市群城市竞争力空间格局研究》，《改革与开放》2018 年第 15 期。

方维慰：《江苏产业空间优化的实践模式与动力机制》，《江苏社会科学》2017 年第 5 期。

于诗琪、许诗辰：《城市竞争力综合评价研究——以淮海经济区为例》，《中国集体经济》2018 年第 25 期。

B.21
后　记

本书依托中国社会科学院城市与竞争力指数数据库及指标体系，结合吉林省各层级城市的发展数据和相关资料，综合分析全省地级市和县级市的综合经济竞争力、宜居竞争力、可持续竞争力情况，明确吉林省各市竞争力发展中存在的问题和不足，并据此提出符合各市竞争力发展方向的政策建议。

本书以“城市辐射半径、网络地图数据与城市竞争力”为主题，提出数字经济时代，更是共享经济时代，城市发展离不开“朋友圈”，更离不开网络数据平台。城市的辐射半径能否衔接重合，是城市间能否形成伙伴关系的关键；城市的形象数据能够在网络平台体现，并为其他城市、群众所搜索，是建立城市间信任关系的重要因素。为此，依托编者近两年来对网络地图数据（主要是百度地图数据）的采集和关注，从城市辐射半径、网络地图数据两个角度对城市竞争力的原因进行了剖析，同时也希望这种研究方法能够对城市竞争力的研究发挥一定的补充作用。

本书分析了城市辐射半径与城市群发展态势，总结出网络地图数据与城市经济发展水平，从城市辐射距离、网络地图数据下城市发展的总体水平与分享水平两个方面与城市竞争力的关系进行分析。总体而言，依据城市辐射距离和网络地图数据分析得到的城市发展水平是具有一定可靠性的。在这种条件下，归纳出吉林省城市发展的一些独特特征。本书认为吉林省城市发展的核心离不开“集聚”二字：只有加快集聚资源、集聚人口，才能产业兴旺和城市繁荣；只有提高人口密度、要素密度，才能加速创造和提高效益；只有吸纳广域资源和战略资源，才能优化配置和引领发展。新时代吉林省城市发展的突破口在于“集聚”二字，必须把握各种机遇，大胆解放思想，全力促进资源集聚，全力强化市场机制，才能建设起繁荣发达的城市经济体系。

Abstract

This book is divided into five parts: theme report, comprehensive report, prefecture-level city competitiveness report, county-level city competitiveness report and special report. The theme of the report is "urban radiation radius, network map data and urban competitiveness", and proposes urban development cannot be separated from "friend circle", and it is also inseparable from the network data platform in digital economy era. Whether the city's radiation radius can be connected is the key to whether a partnership can be formed between cities; the image data of the city can be reflected on the network platform and searched by other cities and people, which is an important factor in establishing trust relationship between cities. The comprehensive report includes a summary of the competitiveness rankings and situation of the prefecture-level cities and county-level cities in Jilin Province in 2017, which comprehensively summarizes the development overview and comprehensive performance of the competitiveness of the cities in the province. The prefecture-level city competitiveness report summarizes the competitiveness reports of eight prefecture-level cities in Jilin Province, and analyzes in depth the present situation and advantages, problems and deficiencies, phenomena and laws of each city's competitiveness development, and thus proposes policy recommendations for improvement to promote urban competition in a targeted manner. The county-level city competitiveness report includes the competitiveness reports of four major county-level cities in Jilin Province, and analyzes the present situation and trends of competitiveness of major county-level cities in terms of comprehensive economic competitiveness, livable competitiveness, and sustainable competitiveness, and thus provides decision-making reference for the clear development direction of county-level cities in the province. The special report includes three research reports on the comparative study of Jilin City, Mianyang City and Yichang City, the evaluation of the competitiveness of Zhejiang Hangzhou Bay City Group, the evaluation and improvement of Jiangsu's urban competitiveness, and put forward countermeasures and suggestions for realizing the improvement of urban competitiveness in Jilin Province from different perspectives.

Contents

I Subject Report

B. 1 Urban Radiation, Web Map Data and Urban Competitiveness

—*Concurrently on the Breakthrough of Urban Development in Jilin Province in the New Era* *Zhao Guangyuan* / 001

Abstract: Whether the radiation radius of a city can overlap is the key to form a partnership between adjacent cities. Whether the impression of a city can be reflected on the internet and searched by other cities and the people is an important factor in building trust relationship between cities. So, it has certain theoretical value and practical significance to analyze the causes of urban competitiveness from the urban radiation and the web map data, which can play a supplementary role in the study of urban competitiveness, and also can speed up the pace of urban development in Jilin Province.

Keywords: Jilin Province; Urban Agglomeration; Urban Competitiveness

II Comprehensive Reports

B. 2 Ranking Urban Competitiveness (Prefecture-level City) of Jilin Province in 2017 / 036

B. 3 A Summary of Urban Competitiveness (City Level City) of Jilin Province in 2017 *Cui Yuechun*, *Xu Jia* / 038

Abstract: In 2017, jilin province continued to make coordinated efforts to promote the overall layout of "five-in-one" . Taking the opportunity of the new round of national revitalization of the old industrial base in northeast China, We will thoroughly implement the "four comprehensives" strategy and The "three five" development strategy. We will improve the economic structure, accelerate the transformation of the pattern of development, and accelerate the cultivation of new drivers of growth. The ranking of Jilin province urban comprehensive economic competitiveness and sustainable competitiveness is relatively stable, The overall performance of livable city competitiveness is fair. With the improvement of economic efficiency, the problem that restricts the comprehensive economic growth capacity will be solved. By further deepening the reform of the system and mechanism, the sustainable competitiveness and livable competitiveness of the province will have more space for development.

Keywords: Jilin Province; Comprehensive Economic Competitiveness; Sustainable Competitiveness; Habitable City

B. 4 Ranking Urban Competitiveness (Country-level City) of Jinlin Province in 2017 / 056

B. 5 A Summary of Urban Competitiveness (County-level City) of Jilin Province in 2017 *Sun Baochun* / 059

Abstract: As the nodes connecting the regional central cities and the vast rural areas, the competitiveness level of county-level cities plays an important and positive role in the rapid and healthy development of Jilin Province's economy and society. By sorting out the general economic development situation of county-level cities and analyzing the overall pattern of comprehensive economic competitiveness and sustainable competitiveness, this paper finds out the problems and shortcomings that hinder the further improvement of competitiveness, and summarizes the phenomena and rules of the county-level city social and economic development. With the emergence of economic phenomena such as emerging industries becoming new momentum of economic development, the gradual formation of cluster development pattern, the constant attention paid to brand building, and the continuous development and innovation of business models, adjusting and optimizing industrial structure, promoting the integration development of primary, secondary and tertiary industries, building a quality and safety system and improving product Markets Competitiveness; promoting the increase of farmers' income, promoting non-agricultural employment; adhering to the concept of green development and achieving eco-friendly growth will be the effective ways to promote the competitiveness of county-level cities in Jilin Province.

Keywords: Jilin Province; County-level City; Comprehensive Economic Competitiveness; Sustainable Competitiveness

Ⅲ Competitiveness of Prefecture-level City Reports

B. 6 Jilin Province City Competitiveness (Changchun City) Report

Yao Zhenhuan / 080

Abstract: Under the guidance of the balanced development strategy about regional economy in our country, as well as a new round about the Northeast revitalization strategy was implemented, Changchun should use its own location and resource advantages, continue to promote the development of industrial transformation, promote the level of core competencies; implement the

Characteristic urbanization strategy deeply, promote the balanced development of urban and rural areas; increase the dynamism of exploitation, create a convenient city; optimize the environment about education and medical, fill the short board of livable city; promote the construction of cultural city vigorously, create a multi-dimensional urban culture. Accelerate the upgrading of integrated carrying capacity, and improve the ability of sustainable development constantly. Ultimately, achieve the overall competitiveness of the city.

Keywords: Changchun; City Competitiveness; Transformation Development

B. 7 Jilin Province City Competitiveness (Jilin City) Report

Wang Xiaoqun / 099

Abstract: In 2017, Jilin has made great progress in giving full play to the advantages of urban resources, promoting the development of strategic emerging industries and building beautiful cities. In April 2018, Jilin's national innovative city was approved, and the orientation of urban economic transformation and upgrading was clearer. According to the requirement of quality development, Jilin City grasped the development law of "new economy", accelerated the construction of modern industrial system and accelerated the realization of the transformation of new and old kinctic energy. Facing the future development, Jilin should strive to create a high-quality business environment and improve the investment and market environment that restricts economic development. Accelerate the construction of urban innovation system and promote the integration of innovation technology, industry, elements and culture. Promote the construction of talent support industry development system and provide solid intellectual support for the high-quality development of urban economy. We should speed up the pace of smart city construction and build a city competitive advantage for the future.

Keywords: Jilin; City Competitiveness; Innovative City

B. 8 Jilin Province City Competitiveness (Siping City) Report

Li Ping / 117

Abstract: In 2017, although Siping's economy remained stable and moderate to good, its comprehensive economic competitiveness and sub-index ranking declined due to the changes in economic development mode, industrial restructuring and economic situation at home and abroad, and the sustainable competitiveness index and ranking of Siping City were also slightly higher than that of last year. The competitiveness of harmonious city, cultural city, global city and information city has increased in the national ranking, while the competitiveness index and ranking of livable city have decreased. In the future, Siping still needs to deepen the structural reform of supply side, vigorously develop the private economy, stimulate the vitality of economic development, optimize the ecological environment, build new advantages of livable cities, improve the public service system, and focus on promoting the integration of urban and rural development.

Keywords: Siping City; Comprehensive Competitiveness; Sustainable Competitiveness

B. 9 Jilin Province City Competitiveness (Songyuan City) Report

Zhang Lina / 132

Abstract: Songyuan City is a typical resource-based city. Under the Influence of the low international crude oil price and economic downturn in recent years, the ranking of comprehensive competitiveness of the city has continued to decline. In 2017, Songyuan adhered to the theme of ecological revitalization, transformation and rise, and went all out to fight the "three major battles", Economic and social development made some progress. The downward trend of comprehensive competitiveness slowed down and sustainable competitiveness increased slightly. However, the competitiveness of knowledge-based and information-based cities was short-cut. It has not been effectively solved, and the new kinetic energy of economic development has not been enough to form new support. In the future, Songyuan still needs to strengthen ecological construction, accelerate industrial transformation, improve the quality of economic development, and then improve the competitiveness of the whole city.

Keywords: Comprehensive Competitiveness; Industry Transformation and Upgrading; Ecological Construction

B. 10 Jilin Province City Competitiveness (Tonghua City) Report

Wu Yan / 148

Abstract: This paper analyzed the urban competitiveness index and the annual ranking of TongHua, to pinpoint problems and predict future trends. This paper pointed out the main problems of urban competitiveness of Tonghua City: The annual ranking of economic competitiveness slipped. Some indicators of The Sustainable Competitiveness are not ideal. The slow economy and the resident income and the population scale had restricted the urban competitiveness. Looking to the future, the development of wellness and building Tonghua City into the important open window will enhance the economic competitiveness and wil promote the urban competitiveness.

Keywords: Tonghua City; Urban Competitiveness; Economic Competitiveness; Livability Competitiveness; Sustainable Competitiveness

B. 11 Jilin Province City Competitiveness (Liaoyuan City) Report

Liu Lian / 162

Abstract: 2017 is an important year for the implementation of the 13th Five-Year Plan in an all-round way, as well as the deepening of structural reform on the supply side. Facing the increasing downward pressure of the global economic trend, the economic development situation in Northeast China is still grim. The Liaoyuan Municipal Government fully implements the spirit of the Nineteenth National Congress of the CPC, comprehensively promotes the overall layout of the "Five in One" and coordinates the promotion of the "Four in All" strategic layout, adapts to grasp the new normal of leading economic development, and manifests itself in urban competition. In terms of competitiveness, the comprehensive economic competitiveness has been steadily improved, the sustainable competitiveness has a greater room to rise, and the competitiveness of livable cities has been steadily improving.

Keywords: Competitiveness; Sustainable; Transformation and Upgrading; Liayan City

B. 12 Jilin Province City Competitiveness (Baicheng City) Report

Chang Chunhui / 176

Abstract: Under the severe and complex domestic and international macroeconomic situation and downward economic pressure, facing increasingly complex domestic economic development environment, the resources and regional advantages of the Bai Cheng, We have to seize the strategic opportunity of building characteristic urbanization and Ji lin western ecological economic zone, we will continue to advance supply-side structural reform, and we will ensure steady growth, promote reform, adjust the economic structure, benefit the people. Bai cheng city should optimize industrial structure deeply, implement the rural revitalization strategy; promoting the construction of city culture, attracting talent people; and continue to improve public services. Actively build of city; give play to the advantages of ecological environment, create a livable commodity brand city. Improve the livable and business environment, and we should accelerate the improvement of comprehensive capabilities. Bai cheng city competitiveness is expected to improve even more.

Keywords: Baichen City; City Competitiveness; Industrial Structure; Livable Appropriate Business

B. 13 Jilin Province City Competitiveness (Baishan City) Report

Wang Tianxin / 192

Abstract: In 2017, Baishan's economic and social construction achieved new results. However, the ranking of comprehensive economic competitiveness has not changed much. Baishan's task of solid economic development and accelerating the transformation of old and new kinetic energy is still arduous. Baishan's sustainable competitiveness has improved significantly, and livable competitiveness has declined slightly, but its ranking remains at the top three in the province. In the future, as Baishan accelerates the development of the real economy, gathers efforts to promote scientific and technological innovation, dig deep into characteristic cultural resources, and vigorously optimize the living environment, Baishan's comprehensive competitiveness will be expected to be enhanced.

Keywords: Urban Competitiveness; Real Economy; Technological Innovation; Cultural Business; Livelihood Improvement

Ⅳ Competitiveness of County-level City Reports

B. 14 Jilin Province City Competitiveness (Meihekou City) Report

Yu Fan / 207

Abstract: Recent years, development is regarded as the most important task in Meihekou. With reformation and innovation, county-territory economy develops continuously, and the city is full of vitality. The comprehensive economic competitiveness is so excellent that it is at the top of the list in Jilin Province. With the comprehensive efficiency competitiveness ranks the second and the comprehensive increment competitiveness ranks the third. After that, the sustainable competitiveness also gets an excellent grade in the index system, ranking the fourth in Jilin Province. Inside it, the competitiveness of knowledge is so prominent that it jumps to the top; but the competitiveness of integration loses its advantages, falls to the medium level; and the competitiveness of culture and harmony are still waiting for the chances to promote. The work of urban construction is still arduous. Now, we should make full use of the advantages of the city, accelerate industrial transformation and promotion, facilitate integrative development, invest in public service, and settle livelihood issues.

Keywords: Comprehensive Competitiveness; Sustainable Competitiveness; Industrial Transformation and Promotion; Meihekou City

B. 15 Jilin Province City Competitiveness (Ji 'an City) Report

Li Dongyan / 221

Abstract: Ji 'an has a long history and profound cultural deposits, Ji 'an, as the only border city of tonghua city, faces north Korea across the yalu river in the southeast, with a border length of 203. 5 kilometers. Ji 'an is one of the main producing areas of ginseng in jilin province. With a good ecological environment and pleasant climate, ji 'an is reputed as "little jiangnan of jilin and national ecological park". Through in-depth analysis of current development pattern and advantages, existing problems and deficiencies of ji 'an city, the writer summarizes development phenomena and laws, makes objective judgment on its development trend, and puts forward feasible policies and Suggestions.

Keywords: Ji 'an; Competitiveness; Private Economy

B. 16 Jilin Province City Competitiveness (Yanji City) Report

Ding Dong / 236

Abstract: The level of competitiveness of yanji city plays an important role in the rapid economic and social development of yanbian region. Firstly, through the basic situation of yan ji national economy analyzes its pattern and advantages. Secondly, based on the data of comprehensive competitiveness, this paper analyzes its current situation and existing problems. For example, at present, scientific and educational investment and social medical security expenditure in yanji city are still inadequate. There still exist shortfalls in the competitiveness of harmonious city and ecological city, and then this paper summarizes the phenomena and laws in the social and economic development of yanji. Thirdly, comparing the ranking changes of information city, whole area city, knowledge city and cultural city in recent years we explore the development trend. Finally, this paper puts forward countermeasures and suggestions for the future development of yanji city, aiming at enhancing its comprehensive competitiveness and playing a positive role for the sustainable development of jilin province under the background of rural revitalization.

Keywords: Yanji City; Sustainable Development; Comprehensive Economic Competitiveness

B. 17 Jilin Province City Competitiveness (Dunhua City) Report

Ni Jinli / 252

Abstract: Dunhua City is the largest county-level city in Jilin Province. In 2016, Dunhua's comprehensive economic competitiveness ranks 18th among 20 county-level cities, and its sustainable competitiveness ranks first. Over the years, its economic and social development level has been continuously improved. It has achieved rapid development in economic construction, public services, innovation-driven, social security. But there are still problems such as weak economic strength and destruction of the ecological environment. In view of the existing problems, combined with the special geographical location, characteristics and advantages of Dunhua City, it should continue to transform and upgrade traditional industries, strengthen eco-tourism, accelerate the development of modern logistics industry, and build an ecologically livable city.

Keywords: Dunhua City; Urban Competitiveness; Sustainable Development

V Special Reports

B. 18 A Comparative Study of Jilin and Mianyang and Yichang

Zhang Liwei / 265

Abstract: With the implementation of national and provincial strategies such as Changji integration, Harbin-Changchun urban agglomeration, one main six double patterns of Jilin Province, new requirements have been put forward for Jilin City's development strategy. By comparing Jilin City with Mianyang City and Yichang City, the report concludes that Jilin City's integrated development mode should transit from dual-core development to integrated development, the leading industry development should transit from scale development to characteristic development, and the integration of urban agglomeration should transit from middile urban agglomeration to the development pattern of Harbin-Changchun urban agglomeratim. During the transition, the function of urban industry should be transformed from a new industrial base to an advanced manufacturing base, and the function of urban tourism should be transformed from a "tourist city with northern Chinese characteristics, a famous national historical and cultural city" to a "leisure tourism destination oriented to Northeast Asia".

Keywords: Jilin; Integrated Development; Mianyang; Yichang

B. 19 Urban Competitiveness Report on Urban Agglomeration around Hangzhou Bay in Zhejiang Province *Wu Xiaolu* / 274

Abstract: Based on *Annual Report of China's Urban Competitiveness* (No. 16), this paper systematically evaluates comprehensive economic competitiveness, sustainable urban competitiveness and livable urban competitiveness of six cities around Hangzhou Bay in Zhejiang Province. On this basis, the some suggestions are put forward to promote the high quality development of Urban Agglomeration around Hangzhou Bay.

Keywords: Urban Agglomeration around Hangzhou Bay; Urban Competitiveness; Zhejiang

B. 20 Evaluation and Improvement of Jiangsu's Urban Competitiveness *Fang Weiwei* / 287

Abstract: Urban competitiveness refers to the attractiveness, competition, and transformation of resources that cities have in fierce regional competition, occupy, control, and deploy markets, expand external influence, and enhance the comprehensive ability of internal cohesion. Based on the existing research, this paper chooses to evaluate the urban competitiveness of Jiangsu province by using the multi-index comprehensive evaluation method. On the basis of the evaluation, we put forward policy suggestions for improving the overall competitiveness of Jiangsu cities. First, we should optimize the industrial structure and promote the evolution of cost competition to capability competition. Second, we should simultaneously build a hard environment and a soft environment to improve the efficiency of urban operations. Third, we should promote collaborative innovation among government, industry, university and research institution, to build innovative and learning-oriented cities. Fourth, we should promote the construction of smart cities, and optimize the ability of cities to provide comprehensive services. Fifth, we should promote the transformation of urban competition from confrontation to cooperation, and form a win-win development pattern.

Keywords: Urban Development; Competitiveness Assessment; Differentiated Development

S 基本子库
UB DATABASE

中国社会发展数据库（下设 12 个子库）

全面整合国内外中国社会发展研究成果，汇聚独家统计数据、深度分析报告，涉及社会、人口、政治、教育、法律等 12 个领域，为了解中国社会发展动态、跟踪社会核心热点、分析社会发展趋势提供一站式资源搜索和数据分析与挖掘服务。

中国经济发展数据库（下设 12 个子库）

基于"皮书系列"中涉及中国经济发展的研究资料构建，内容涵盖宏观经济、农业经济、工业经济、产业经济等 12 个重点经济领域，为实时掌控经济运行态势、把握经济发展规律、洞察经济形势、进行经济决策提供参考和依据。

中国行业发展数据库（下设 17 个子库）

以中国国民经济行业分类为依据，覆盖金融业、旅游、医疗卫生、交通运输、能源矿产等 100 多个行业，跟踪分析国民经济相关行业市场运行状况和政策导向，汇集行业发展前沿资讯，为投资、从业及各种经济决策提供理论基础和实践指导。

中国区域发展数据库（下设 6 个子库）

对中国特定区域内的经济、社会、文化等领域现状与发展情况进行深度分析和预测，研究层级至县及县以下行政区，涉及地区、区域经济体、城市、农村等不同维度。为地方经济社会宏观态势研究、发展经验研究、案例分析提供数据服务。

中国文化传媒数据库（下设 18 个子库）

汇聚文化传媒领域专家观点、热点资讯，梳理国内外中国文化发展相关学术研究成果、一手统计数据，涵盖文化产业、新闻传播、电影娱乐、文学艺术、群众文化等 18 个重点研究领域。为文化传媒研究提供相关数据、研究报告和综合分析服务。

世界经济与国际关系数据库（下设 6 个子库）

立足"皮书系列"世界经济、国际关系相关学术资源，整合世界经济、国际政治、世界文化与科技、全球性问题、国际组织与国际法、区域研究 6 大领域研究成果，为世界经济与国际关系研究提供全方位数据分析，为决策和形势研判提供参考。